J.-J. ROUSSEAU

JUGÉ PAR LES GENEVOIS

D'AUJOURD'HUI

GENÈVE, IMPRIMERIE J.-G. FICK.

J.-J. ROUSSEAU

JUGÉ PAR LES GENEVOIS D'AUJOURD'HUI

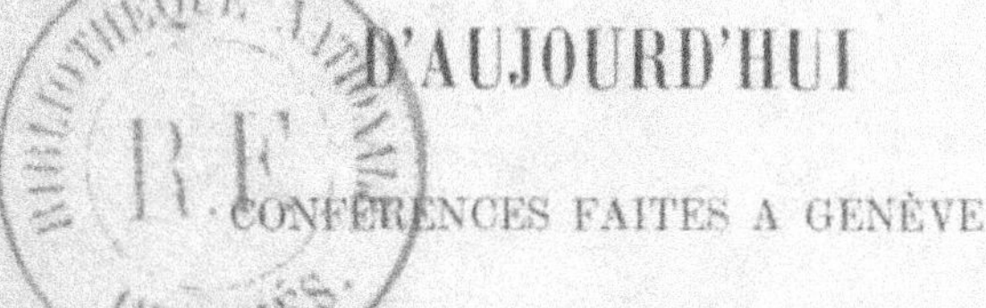

CONFÉRENCES FAITES A GENÈVE

PAR

J. BRAILLARD, H.-F. AMIEL, A. OLTRAMARE, J. HORNUNG,

A. BOUVIER & MARC-MONNIER

GENÈVE

LIBRAIRIE JULES SANDOZ

NEUCHATEL   PARIS

JULES SANDOZ   SANDOZ ET FISCHBACHER

1879

PRÉFACE DE L'ÉDITEUR

On connaît l'origine et l'occasion de ce volume.

Genève célébrait le Centenaire de celui de ses enfants qui l'a le plus illustrée dans le domaine des lettres et de la pensée. Une fête populaire groupait autour de la statue de J.-J. Rousseau les citoyens de tous rangs et de tous partis, dans un même sentiment de légitime orgueil national.

Mais cette manifestation eût été trop éphémère, si la science et la pensée n'en eussent consacré le souvenir par un monument plus durable.

Dans ce but, le Comité du Centenaire avait organisé une série de conférences, en quelque sorte officielles, destinées à reproduire sous ses traits multiples la physionomie si mobile et si complexe du grand écrivain.

Loin de se répéter, ces conférences devaient se compléter et former un tout harmonique. Leurs auteurs étudiaient successivement dans Rousseau le philosophe, le politique, l'éducateur, tout ce qui, en un mot, a fait de lui le grand initiateur, sous tant de rapports différents.

Ce programme a été rempli avec toute la conscience et tout le talent que l'on était en droit d'attendre des hommes distingués auquel il avait été confié. On peut dire que chacune de ces conférences, qui seraient peut-être mieux appelées des Etudes, épuisait un sujet, et leur ensemble demeurera comme un document dont la critique impartiale devra désormais tenir compte. Sous une forme populaire, et qui ne rappelle point le panégyrique, le lecteur y trouvera un examen approfondi et une appréciation judicieuse de la personne et de l'œuvre de Rousseau.

Ainsi que s'exprime excellemment un des auteurs de ce volume : « Un Centenaire est un jugement de seconde instance ; il représente, en l'agrandissant, une institution fameuse de l'Egypte pharaonique, le tribunal des morts..... Au lieu de quarante juges, c'est un peuple, c'est l'humanité qui siége et fait, pour ces grandes renommées, la redoutable pesée des mérites. »

Le verdict de ce tribunal, pour la Genève du XIXe siècle du moins, ce sont les conférences que nous offrons au public.

Nous désirons qu'elles soient lues dans l'esprit de justice historique qui les a dictées. En tout cas, et à tous égards, il est d'un haut intérêt d'entendre les compatriotes de Rousseau prononcer sur lui, non plus avec la passion inévitable de contemporains, mais avec l'impartialité qui, à un siècle de distance, remplace l'apothéose et la persécution par une juste distribution de l'éloge et du blâme.

Ce volume s'adresse à tous, comme Rousseau lui-même a

été, dans l'activité multiple de sa pensée, l'homme de tous les grands problèmes qui agitent encore aujourd'hui notre société.

Plus encore qu'à être lues, ces pages demandent à être méditées.

J. SANDOZ.

J.-J. ROUSSEAU ÉCRIVAIN

PAR

J. BRAILLARD

Professeur.

Mieux que personne, l'auteur de ce discours sait tout ce qui manque
à son œuvre, qu'il ne comptait pas livrer à l'impression. Plusieurs des
points qu'il n'a qu'indiqués, mériteraient une conférence entière. Sans entrer sur le terrain de la philosophie, de la pédagogie ou de la politique,
les ouvrages de Rousseau prêteraient à des développements d'un grand
intérêt ; mais il faudrait un cours, et non un discours seulement, pour une
appréciation littéraire complète de notre éminent écrivain. Or, l'Université ne demandait qu'un discours, un discours de fête, pas trop long et
à la portée du grand public. C'est ce que l'auteur a cherché à réaliser
dans la limite de ses moyens. Peut-être essaiera-t-il plus tard de compléter son travail.

Nous sommes ici dans le sanctuaire des sciences et des lettres, et il est de règle, en pareil lieu et devant une assemblée d'élite, de se conformer à certaines bienséances oratoires que les démocraties les plus progressives n'ont point encore abolies. Permettez-moi donc de réclamer dès l'abord votre bienveillante attention. J'espère ne pas vous fatiguer, parce que je m'efforcerai d'être court ; je compte sur votre sympathie, parce que je n'ai pas l'intention de toucher aux points noirs d'où sortent les orages. J'en rends grâces à mes honorables collègues qui m'ont confié la tâche que je remplis en ce moment, je n'aurai à discuter ni la religion, ni la morale, ni la politique, ni la pédagogie de Rousseau ; je ne risque donc point de faire éclater céans des passions qui, après un siècle écoulé, et quel siècle ! ont conservé tout leur feu et toute leur actualité. Je n'aurai pas davantage à insister sur les fautes de notre malheureux concitoyen : tout a été dit sur cette existence si accidentée, le mal plus peut-être que le bien, et je n'en prendrai que ce qui me sera nécessaire pour expliquer l'écrivain.

C'est, en effet, de l'écrivain seulement que j'ai mission de vous entretenir. Vue de ce côté, la figure de Rousseau est toute radieuse; nous pouvons l'admirer à notre aise et sans réserve. Ainsi restreint, mon sujet est encore d'une grande richesse et j'aurais besoin de quelques heures pour l'épuiser ; mais je ne dispose que de trente minutes et je me vois obligé de ne vous offrir qu'une esquisse, au lieu d'un tableau, de supprimer les détails et de m'en tenir aux traits les plus caractéristiques de ce talent qui a laissé une trace si profonde dans l'histoire des lettres.

Quatre hommes résument à eux seuls le XVIIIe siècle. Deux d'entre eux, Montesquieu et Buffon, par leur caractère et la nature de leurs travaux, n'ont pas quitté les sereines régions de la science et de la pensée pure ; les deux autres, Voltaire et Rousseau, furent en même temps des penseurs et des hommes d'action.

Rousseau était le plus jeune. La première chose qui frappe quand on les compare, c'est que les trois aînés semblent avoir accaparé dès leur naissance tout ce qui fait la vie facile, heureuse, brillante, et n'avoir laissé à leur cadet que ce qui la rend triste et pénible.

Montesquieu naît au château de la Brède, en Guyenne, d'une famille de magistrats honorés, au sein de laquelle il reçoit une éducation forte et saine. A vingt-cinq ans, il est président au Parlement de Bordeaux. Bientôt célèbre comme homme d'esprit et comme savant, on l'admire, on l'écoute comme un oracle. L'aristocratie anglaise, qui lit *L'Esprit des lois* et ne dédaigne pas les bons crûs, le flatte en lui demandant de son vin. Il meurt quand son œuvre est achevée, en pleine possession d'une gloire

incontestée, et quelques jours avant sa mort, il peut écrire :
« Le matin je me lève avec une joie secrète de voir la
lumière, et tout le reste du jour je suis content. »

Au château de Montbard, en Bourgogne, le sort n'est
pas moins favorable à l'enfant qui sera Buffon. Une fée dé-
pose dans son berceau des dons qui se trouvent rarement
réunis : un grand nom et une grande fortune, une intelligence supérieure et une volonté ferme ; elle y ajoute, ce
qui ne gâte rien, la beauté du corps et une santé splendide que le travail, les voyages et les plaisirs du monde
ne parviendront pas à ébranler. A trente ans, l'Académie
des Sciences lui ouvre ses portes et il est surintendant du
Jardin du Roi. Le pavillon de Montbard devient un temple,
dont le dieu trône avec une majesté souveraine et vers
lequel convergent les hommages et les tributs du monde
entier. Lui aussi ne meurt qu'après avoir pleinement joui
de sa gloire et s'être admiré dans la statue que la France
lui a élevée à l'entrée du Jardin des Plantes.

Le troisième, François Arouët, n'est ni baron ni comte ;
il s'appellera simplement Voltaire, ce qui vaut tous les
titres féodaux. Mais la renommée s'occupe de lui dès le
collége. Son professeur, le Père Porée, un jésuite qui a du
flair, déclare que ce garçon malingre ira loin et qu'en
attendant il a déjà tout l'esprit du diable. Sur quoi Mlle Ninon de Lenclos se le fait amener, l'embrasse et lui lègue
mille écus. La prédiction du Père Porée et le baiser de
Ninon, n'est-ce pas là un encourageant début ? La chance
veut que, pour son coup d'essai, il soit mis à la Bastille.
Dès lors sa longue vie n'est plus qu'un long règne. Il est
roi de l'opinion et l'Europe applaudit aux légèretés comme

aux chefs-d'œuvre qui tombent de sa plume. Ferney devient un lieu de pèlerinage plus fréquenté que Lourdes et La Mecque, et quand, parvenu au dernier échelon de la gloire et de la popularité, il se décide à revoir Paris, la foule en délire dételle ses chevaux, traîne sa voiture et l'acclame de ses bravos idolâtres. Après sa mort, on se dispute les reliques de ce nouveau saint ; l'un emporte son cœur, l'autre prend son cervelet, un troisième se contente d'une dent qu'il porte en guise de scapulaire. Les adulations le suivent jusqu'au delà du tombeau ; on disait le siècle de Louis XIV, on dira le siècle de Voltaire.

Et maintenant, si nous ramenons nos regards vers Genève, quel contraste entre ces enfants privilégiés et l'infirme rejeton de l'ouvrier horloger !

« Ma naissance fut le premier de mes malheurs, » a-t-il écrit cinquante ans plus tard. Privé de l'amour de sa mère, abandonné de son père, entouré de vauriens dont les exemples cyniques le corrompent, tombé aux mains d'un maître d'apprentissage brutal et sans conscience, c'est dans ce milieu malsain qu'il apprend la vie et fait connaissance avec la société.

Les bons instincts ne lui font pourtant pas défaut ; il a le cœur aimant, l'imagination vive ; il comprend sa misère, et ces jouissances élevées dont il éprouve le besoin, il va les demander aux livres et à la nature, à Plutarque et à la contemplation des Alpes. Mais il est seul ; la vie de famille, ce foyer de force et d'affection, n'existe pas pour lui et les bons instincts ne suffisent pas, hélas ! pour maintenir un enfant sur le chemin du devoir et pour lui alléger le fardeau de la souffrance physique et morale.

Un jour, pour éviter le bâton qui l'attend après une escapade, Jean-Jacques s'enfuit et arrive affamé devant le presbytère de Confignon. Pourquoi la pensée de chercher un asile auprès de son père à Nyon ne l'a-t-elle pas poussé vers la Suisse, plutôt que vers la Savoie? Pourquoi M. de Pontveyre, ce curé qui dîne si bien, n'a-t-il pas quelques bons conseils à offrir à cet enfant qui vient à lui? Pourquoi, à cette heure décisive, ne le ramène-t-il pas à Genève, comme c'était son devoir d'homme et de chrétien? Mais M. de Pontveyre est prêtre avant d'être chrétien et il croit faire œuvre pie en enlevant le jeune huguenot à la cité détestée de Calvin.

Au moment de partir pour Annecy, Jean-Jacques sent bien qu'il fait mal, mais son imagination l'emporte sur sa raison. Il voit devant lui l'espace libre, la campagne riante, le ciel bleu et l'inconnu. Que de séductions pour une tête où de romanesques lectures n'ont laissé germer aucun principe solide! L'inconnu, c'est Mme de Warens à laquelle, dès le premier instant, il se donne corps et âme. Elle aussi, elle aurait dû faire ce que M. de Pontveyre n'avait pas fait ; mais elle était fugitive, nouvelle convertie, et à ce titre pensionnée du roi de Sardaigne. Rendre Rousseau à sa famille ! mais on ne lui aurait jamais pardonné ce péché-là, et il fut décidé que l'enfant serait envoyé à Turin et rebaptisé. Encore une fois Rousseau hésite, mais il est toujours seul, ou plutôt les désirs de Mme de Warens sont déjà des lois pour lui. Il a d'ailleurs tout un charmant voyage en perspective, et son père, qui s'est enfin mis à sa recherche, n'arrivera que le lendemain de son départ et laissera le sort s'accomplir, en se contentant de verser quelques larmes de regrets. N'y a-t-il pas de la fatalité dans ce concours de circonstances contraires et dans la connivence de ces trois personnes qui semblent s'unir pour lancer à la mer ce pauvre abandonné ? On sait ce qui se passa à Turin. Séquestré dans un couvent en compagnie d'affreux bandits, Rousseau, pour recouvrer sa liberté, consent à renier la foi de ses pères. On l'affuble de la blanche robe des catéchumènes, on le conduit en grande pompe à la cathédrale, puis la cérémonie terminée, sans se soucier de l'âme que l'Eglise prétend avoir sauvée, on jette l'enfant sur le pavé de la rue, sans autre ressource que celle de se faire laquais ou voleur. Le séjour de Turin fut l'abominable complément de la triste éducation que Jean-Jacques avait reçue jusqu'alors. Est-il surprenant qu'il ait alors tourné ses regards vers cette femme jeune, belle, aimante, qui seule lui avait montré de la pitié, et qu'il soit venu s'échouer à cette maison hospitalière après les orages de cette première traversée ?

O vous qui avez grandi sous le doux regard de votre mère et dont un père, soucieux de votre avenir, a guidé les premiers pas; vous qui n'avez trouvé sur votre chemin ni ronces ni cailloux, et dont le pied n'a jamais foulé que les sentiers sablés et fleuris du bien-être, jeunes gens heureux, jetez donc, si vous l'osez, votre pierre à ce pauvre naufragé. Vous faites bien de défendre la morale, vous ferez mieux de la pratiquer, mais n'oubliez pas d'y joindre la charité, surtout quand il s'agit d'une de ces victimes marquées du double sceau du génie et du malheur.

Mais je me passionne, Messieurs; revenons à notre sujet.

Michelet affirme que c'est la Savoie et Mme de Warens qui ont fait Rousseau. Il y a de l'exagération dans ce jugement sommaire, et il serait facile de signaler dans le caractère de l'homme, aussi bien que dans les œuvres de l'écrivain, certains traits qui ont une origine antérieure. Mais ce qui n'est pas douteux, c'est que Mme de Warens et la Savoie ont accentué et complété la physionomie de l'adolescent. Leur influence s'est étendue sur toute la vie, sur tous les écrits de Rousseau. Sans la nier, on peut toutefois se demander si elle a été heureuse de tout point, si cette jeunesse sans but, sans effort et toute contemplative, succédant à une enfance sans direction et sans discipline, n'a pas été à la fois la source de son immense talent et le point de départ de toutes ses misères.

N'est-ce pas dans cette atmosphère, poétique, je vous l'accorde, mais singulièrement énervante, que se sont développés, sans contre-poids et dans des proportions démesurées, les qualités et les défauts qui ont produit ce qu'il y a de plus original et de plus émouvant, mais aussi de plus faux et de plus dangereux dans les écrits de Rousseau: cette excessive sensibilité, cette fiévreuse imagination, cette disposition à la rêverie, cette habitude de juger sur des impressions plutôt que sur des faits et de donner des sentiments pour des raisons, ces aspirations vers un idéal impossible et conséquemment ce dépit, qui va jusqu'à la colère, contre ce qui est; cet état de l'âme où la sérénité la plus complète en apparence est soudainement troublée par les explosions d'une passion sans frein et d'un désespoir sans cause, cette mélancolie enfin qui, sous les coups réitérés du malheur et de la persécution, deviendra presque de l'insanité? Il n'y a qu'une réponse à faire à cette question, et la preuve qu'en quittant Mme de Warens et la Savoie, Rousseau était prêt pour le rôle qu'il allait bientôt remplir, c'est que la première étincelle qui tomba sur cet amas de matières inflammables produisit un embrasement.

Les dures épreuves qui l'attendent à Paris ne sont pas faites pour raffermir son âme et calmer son imagination. Il arrive avec quinze louis dans sa poche et un projet de musique chiffrée qui ne peut manquer de lui donner gloire et fortune. Mais, sur une simple objection de Rameau, le projet s'en va en fumée. Premier mécompte. La plus haute société française lui ouvre ses salons. La difficulté n'est pas d'y pénétrer, il faut s'y maintenir. Il s'aperçoit bientôt que sa timidité, sa gaucherie, ses habitudes vulgaires l'empêcheront toujours de prendre la place qui semble due à son mérite. Autre mécompte plus sensible que le premier. Enfin, sa liaison avec Thérèse Levasseur, quoi qu'il en ait dit, lui rive au pied une chaîne qu'il traînera péniblement jusqu'à sa mort. Cette situation, qu'il ne peut, sans injustice, imputer à d'autres qu'à lui-même, amène des difficultés toujours plus nombreuses, des froissements toujours plus douloureux, des tracasseries de ménage, de la gêne et enfin la pauvreté. Les mécomptes se multiplient, toutes les chances tournent contre lui. A ces souffrances morales viennent se joindre les souffrances physiques; il ne dort ni jour ni nuit, et bientôt il est à bout de forces et de ressources. Il écrit un jour à Mme de Warens cette phrase si profondément triste: « Tout est ici d'une cherté horrible, surtout le pain. » Il en vient à appeler à son aide la suprême consolatrice des malheureux, la mort. Le naufrage est complet. C'est à ce moment-là que la question de l'Académie de Dijon lui tombe sous les yeux. Ce fut l'étincelle.

« A cette lecture, dit-il, je vis un autre univers et je devins un autre homme. En arrivant à Vincennes, j'étais dans une agitation qui tenait du délire. Toutes mes petites passions furent étouffées par l'enthousiasme de la vérité, de la liberté, de la vertu. » Rousseau se trompe ; c'était toujours le même homme, l'homme des premières impressions et des subits enthousiasmes. Sa méthode de composition, qu'il nous fait connaitre quelques lignes plus loin, est en parfaite harmonie avec l'événement. On se figure volontiers les auteurs du XVIIe et du XVIIIe siècle, coiffés de leur perruque, méditant dans le silence de leur cabinet et écrivant avec la majesté du sacerdoce. Chez Rousseau la composition est toujours un orage, même quand il nous dépeint, dans ses pages les plus ravissantes, les merveilles de la nature ou les extases de sa pensée. La période d'élaboration, chez lui, ressemble à l'état de la prêtresse de Delphes, quand elle sentait venir le Dieu ; seulement le trépied de Rousseau est un oreiller sur lequel sa tête roule tout un monde de pensées. « Je travaillai, dit-il, ce discours d'une façon bien singulière et que j'ai presque toujours suivie dans mes autres ouvrages. Je lui consacrai les insomnies de mes nuits ; je méditais dans mon lit, les yeux fermés, et je tournais et retournais mes périodes dans ma tête avec des peines incroyables ; puis, quand j'étais parvenu à en être content, je les déposais dans ma mémoire. Le matin, je dictais de mon lit le travail de la nuit. » — « Deux choses, presque inalliables, s'unissent en moi, des passions vives, impétueuses, et des idées lentes à naître. Mes idées circulent sourdement dans ma tête; elles y fermentent jusqu'à m'émouvoir, m'échauffer, me donner des palpitations. Insensiblement ce grand mouvement s'apaise, ce chaos se débrouille. »

Composé dans de pareilles circonstances et avec des procédés de travail aussi surexcitants, le premier discours de Rousseau devait fatalement porter le cachet de la violence et de l'imprévu. Ce fut comme un jet de lave ardente qui s'élance inopinément d'un cratère jusque-là muet, ou, si vous aimez mieux, ce fut le cri de révolte de l'opprimé, la plainte de la victime; ce fut, à propos de lettres et de sciences, le premier éclat de cette grande voix populaire qui devait, quarante ans plus tard, tonner du haut de la tribune française. Sans doute, ce premier essor du génie qui se révèle dépasse quelque peu le but. Rousseau le musicien, le plus artiste des écrivains, Rousseau maudissant les arts et les lettres, il y a là une de ces contradictions qui abondent dans sa vie et dans ses œuvres ; mais quel feu dans ce début et comme il va droit au centre de la question :

« Romains, hâtez-vous de renverser ces amphithéâtres, brisez ces marbres, brûlez ces tableaux, chassez ces esclaves qui vous subjuguent et dont les funestes arts vous corrompent. Le seul talent digne de Rome est celui de conquérir le monde et d'y faire régner la vertu. »

Tous les écrits de Rousseau sont déjà dans cette audacieuse antithèse : renverser les idoles qu'on a jusqu'alors adorées et inaugurer le règne de la vertu sur la terre; et ce qu'il entend par ce mot de vertu, c'est de revenir à la simplicité primitive, de se rapprocher de la nature, de placer à la base de notre vie civile et privée ces deux mobiles éternels, Dieu et la conscience. Les ouvrages que Rousseau publia pendant les quinze années qui suivirent, ne sont que le développement de cette idée présentée sous ses aspects divers et poursuivie dans toutes les directions, religion, morale, politique, éducation, musique même. Ce qui fit la force de Rousseau au XVIIIᵉ siècle, ce qui fait sa puissance encore aujourd'hui, c'est justement ce que quelques-uns appellent de la pauvreté, c'est d'avoir nettement saisi une idée fondamentale et de l'avoir constamment reproduite avec toute la chaleur de son éloquence et toute la magie de son style.

Je pourrais entrer sur ce point dans des considérations qui demanderaient beaucoup de temps ; j'abrége pour ne pas vous ennuyer.

Jusqu'ici, je vous ai montré dans quel milieu et au travers de quelles souffrances s'est formé le génie littéraire de Rousseau ; j'ai dit à quelle occasion il devint auteur et de quelle manière il se révéla. Il me reste à indiquer en quoi il fut créateur dans le domaine des lettres, et pourquoi son style est un des grands styles de la prose française.

Il n'est pas nécessaire d'être devin pour comprendre d'emblée que la note dominante chez Rousseau ne saurait être la même que chez ses trois contemporains. Ces derniers n'ont pas souffert et, s'ils ont eu des passions, elles n'ont pas été de nature à troubler la sérénité de leur vie et l'équilibre de leur esprit. Aussi leurs livres se ressentent-ils du bien-être qui a été leur lot dans ce bas monde, tandis que ceux de Rousseau trahissent à chaque page les angoisses de son âme. Sa note habituelle, même alors qu'il prétend raisonner froidement, est celle de la souffrance et de la plainte. Dans ses heures de calme, cette plainte n'est qu'une mélancolie résignée qu'éclaire par instant un rayon de soleil, mais plus souvent elle prend l'accent de la passion et du désespoir. De là, entre la manière de Rousseau et celle de ses contemporains, une différence qui n'échappe à personne.

La prose de Montesquieu a la gravité sententieuse du magistrat, celle de Buffon a la majesté et la richesse, celle de Voltaire la netteté, la vivacité élégante et spirituelle; la prose de Rousseau a l'expression sentie qui pénètre jusqu'au fond du cœur. C'est par là qu'il a surtout réussi auprès des femmes et des jeunes gens, et si nous cherchons dans nos souvenirs, c'était bien cette corde qui vibrait en nous lorsque, à notre vingtième année, nous nous aventurions à ouvrir l'*Emile*, l'*Héloïse* ou les *Confessions*. Quelle séduction n'exerce pas l'expression de la tristesse et de la douleur sur des lecteurs de cet âge! Les jeunes gens ne goûtent guère Montesquieu, Voltaire et Buffon; il faut avoir passé la quarantaine pour se plaire à leur manière et pour en apprécier le mérite. Je doute qu'à eux trois ils eussent composé une seule page qui fît pleurer. Mais la prose de Rousseau, on la sent, elle vous émeut, elle vous entraîne, même quand il est dans le faux. Racine et Fénelon avaient, dans le siècle précédent, écrit avec sentiment, mais il y a loin de ce sentiment limité par l'étiquette à cet ébranlement délicieux, à ces larmes qu'on ne peut maîtriser quand on lit Jean-Jacques. Votre âme ne vous appartient plus, elle est à lui, et c'est pour cela qu'on l'aime, malgré tous les reproches qu'on est en droit de lui adresser. J'avoue que ce don si rare de l'expression sentie me fait tout oublier ; je ne vois plus que le grand artiste, le maître incomparable qui a su manier avec un charme et une puissance irrésistibles le divin instrument du langage. Sauf erreur, c'est là le caractère essentiel et distinctif du talent de Rousseau. Il possède d'autres qualités encore, mais il les partage avec un bon nombre d'écrivains ses égaux ou ses inférieurs ; celle-là, il la possède au suprême degré.

Je n'ignore pas que cette qualité dégénère parfois en un défaut très-sensible dans la plupart des œuvres de Rousseau, même dans sa correspondance. Il est rarement simple et naturel ; il ne l'est jamais longtemps.

Dans ses épanchements les plus intimes, il compose toujours ; il y a toujours du tribun ou du prêcheur en lui et il revient d'instinct à la forme oratoire qui est sa forme de prédilection. Or, d'oratoire à déclamatoire il n'y a que l'épaisseur d'un cheveu. Tant que Rousseau exprime des idées vraies et des émotions réellement éprouvées, son éloquence est vraie aussi ; mais quand il soutient un paradoxe, son éloquence prend les allures de la déclamation ; l'expression, au lieu d'être chaude, est chauffée, la phrase sentie devient une phrase à effet. Et en ce point Rousseau a fait école ; il serait aisé de retrouver sa trace dans *Corinne*, dans *René*, dans l'*Indifférence* de Lamennais et dans les romans de la première manière de G. Sand. Ce ton de rhéteur, il le doit en partie au développement excessif de sa sensibilité et de son imagination, en partie à ses lectures. On sait combien il a subi l'influence de Plutarque. Ce sont les *Vies des hommes illustres*, dévorées avec enthousiasme, qui lui ont fourni sa notion d'une simplicité romaine héroïque, mais un peu théâtrale, qu'il utilise dès son début : « Que vit donc Cinéas de majestueux ? O citoyens ! il vit un spectacle que ne donneront jamais vos richesses ni tous vos arts, le plus beau spectacle qui ait jamais paru sous le ciel, l'assemblée de deux cents hommes vertueux dignes de commander à Rome et de gouverner la terre. » Mais le bon Plutarque n'a jamais écrit en phrases aussi sonores et aussi cadencées. Il a donné à Rousseau le fond, mais la phrase vient d'ailleurs ; elle rappelle certains panégyriques de la décadence latine, et je ne puis m'empêcher de penser que Rousseau goûtait moins César, Cicéron et Horace, que Tacite, Sénèque et Lucain qui, tous trois, ne sont pas exempts du péché de la phrase à effet.

Mais n'insistons pas, ne faisons pas trop de critique en ce jour de centenaire. Ce défaut, nous l'avons tous plus ou moins, nous autres Genevois ; nous sommes tous quelque peu orateurs à la manière de Rousseau, et par le temps de démocratie où nous vivons, la phrase à effet n'est pas à dédaigner.

J'ai dit que Rousseau fut créateur ; c'est surtout dans le domaine purement littéraire qu'il l'a été. Sans lui faire tort, je crois que dans la politique, la religion et l'éducation, sa gloire est, non d'avoir émis beaucoup d'idées nouvelles, mais d'avoir donné leur expression la plus éclatante et la plus durable à des théories sur lesquelles le débat n'est pas près de cesser. La souveraineté du peuple se trouvait déjà dans plusieurs des 158 constitutions grecques collectionnées par Aristote; le déisme et la religion naturelle remontent à une antiquité non moins respectable, et les spirituels chapitres où Rabelais nous raconte l'éducation de Gargantua sont antérieurs à l'*Emile* de plus de deux siècles. Dans le grand art d'écrire, au contraire, Jean-Jacques est trois fois novateur.

C'est lui, le premier, qui a donné au moi, à la personnalité de l'écrivain, la place considérable qu'elle occupe dans la littérature contemporaine. Les classiques se meuvent dans la région des idées générales; ils expriment ce qui est la propriété de tous; leurs écrits sont, pour ainsi dire, impersonnels; ils n'y laissent presque rien apercevoir de leur vie intime. Nous savons par leurs biographes la date de leur naissance et celle de leur mort, les titres de leurs ouvrages, quelques anecdotes, quelques traits de leur carrière publique ou privée. Nous ne connaissons Bossuet, par exemple, que comme un sublime orateur et un illustre évêque; le Bossuet homme nous échappe, et on le chercherait en vain dans l'*Histoire universelle* et les *Oraisons funèbres*. Mais lisez Rousseau, non pas seulement les *Confessions*, mais l'*Emile*, l'*Héloïse*, les *Discours*, il est toujours présent, de la première à la dernière page; il vous donne part à tout son être, à ses pensées les plus secrètes, à ses sentiments les plus intimes, à ses joies et à ses douleurs, à ses illusions et à ses mécomptes, aux ravissements de sa rêverie et aux orages de son désespoir.

De cette connaissance complète qu'il nous impose, peut naître de la sympathie ou de l'antipathie, de l'admiration ou du mépris, cela dépend du point de vue du lecteur; mais ce qu'il y a de certain, c'est que le lecteur, subjugué ou récalcitrant, ne peut pas être indifférent, et qu'en fermant le dernier volume, il lui restera des souvenirs qui ne s'effaceront jamais. A mon avis, c'est là qu'il faut chercher l'explication de ce fait que les écrits de Rousseau, beaucoup plus encore que ceux de Voltaire, ont rencontré autant d'implacables ennemis que d'ardents défenseurs.

A ce premier élément introduit par Rousseau dans la littérature, vient s'en ajouter un second non moins important, la nature. Sans doute la nature existait avant lui, et pour ne citer qu'un nom vieux de deux mille ans, Virgile a laissé voir dans bon nombre de ses vers quel sentiment profond et poétique il en avait; mais ce qu'il ne nous a pas dit, ce sont les émotions de son âme. La raison en est qu'à cette époque la mélancolie n'était pas encore inventée; c'est une dixième muse toute moderne, que nous devons surtout à Rousseau. La nature ! Vous n'ignorez pas tout ce que, après lui, les auteurs grands et petits ont tiré de cette mine inépuisable, que le moyen âge et le siècle de Louis XIV lui-même n'ont pas connue. La Fontaine ne l'emploie que comme un cadre gracieux où il place ses scènes d'animaux. Boileau s'est illustré par sa description de la Seine :

> Tous ses bords sont couverts de saules non plantés
> Et de noyers souvent du passant insultés.
> Le village au-dessus forme un amphithéâtre ;
> L'habitant ne connaît ni la chaux, ni le plâtre, etc.

Je vous fais grâce des minauderies champêtres de Mme Deshouillères et de la Poétique de M. de Fontenelle, qui recommandait aux poètes bucoliques de donner à leurs bergers un esprit fin et galant, et de mettre non du vrai dans leurs tableaux, mais seulement du demi-vrai. Je n'ai pas davantage le temps de vous égayer aux dépens de ces prétendus peintres de la nature, qui écrivaient pourtant après les *Confessions*, de ce Delille, le dieu de la périphrase et de la nomenclature, qui se vantait d'avoir fait douze chameaux, quatre chiens, deux chats, trois chevaux, six tigres, un jeu d'échecs, un trictrac, un damier, un billard, plusieurs hivers, beaucoup d'étés, force printemps, cinquante couchers de soleil et tant d'aurores qu'il se perdait à les compter. Le grand Buffon, qui consacra cinquante années à étudier la nature et qui l'a décrite avec tant d'éclat, ne l'a jamais sentie. Pour lui, la *Lettre à M. de Malesherbes* n'était que le radotage d'un cerveau malade, *Paul et Virginie* une idylle d'un goût faux, *Atala* lui aurait semblé une monstruosité et les *Méditations* une ennuyeuse complainte.

Si vous voulez sentir nettement la distance qu'il y a entre les écrivains descriptifs du XVIIIe siècle et Rousseau, mettez la main sur votre cœur (si vous en avez un), puis lisez le fameux morceau du Rossignol de Buffon et ensuite le lever du soleil de Jean-Jacques, en comptant les battements. Tout est là : l'un vous émerveille par la richesse de sa palette, la souplesse de son style, mais vous laisse froid ; l'autre est un artiste tout aussi consommé, mais en outre il vous émeut. Ce n'est certes pas dans Buffon que Châteaubriand, Lamartine et George Sand ont pris les modèles de leurs admirables descriptions.

Rousseau, enfin, a étendu le domaine de la langue; on dirait aujourd'hui, avec assez de justesse, qu'il l'a démocratisée, ce qui signifie qu'il lui a ôté son vêtement de cour et qu'il l'a forcée à exprimer des choses dont la prose, si fine, si noble, mais un peu prude du XVIIe siècle ne se serait jamais avisée. La langue de Rousseau n'est déjà plus la langue de Montesquieu et de Buffon, c'est celle de la Révolution, c'est aussi celle de notre siècle, sauf les modifications peu essentielles qu'y a introduites le réalisme contemporain. Cette langue n'est pas moins savante que celle de Bossuet ou de Fénelon, elle n'est pas moins colorée, pas moins imagée, mais elle est peut-être moins pure, d'un fini moins parfait. Elle rachète amplement ce défaut par la franchise de son allure, par son accent passionné, par ses traits qui pénètrent, par ses mouvements nerveux. En remontant au XVIe siècle, Rousseau a retrouvé et rajeuni certains tours, certaines locutions qui rappellent à la fois Montaigne et les Huguenots; et comme il était musicien d'instinct, il a transporté dans sa prose toutes les harmonies de cet art qu'il aimait. Enfin, il nous a dotés de la langue de la polémique. Dans la *Lettre à M. de Beaumont* et dans les *Lettres de la Montagne*, il nous a donné le modèle des formes serrées et souples de la discussion, de ces vives ripostes, de cette ironie sarcastique, de ces coups droits et profonds qui rendent un adversaire terrible dans la lutte. Aussi M. Villemain en conseillait-il, dès 1827, la lecture à ses auditeurs de la Sorbonne : « Organes de la presse, disait-il, candidats de la tribune et du barreau, relisez beaucoup ces ouvrages, vous y apprendrez plus pour votre temps que dans Cicéron même. » Les puristes français soulignent bien quelques provincialismes dans la prose du citoyen de Genève, mais ce n'est

pas à nous à nous en plaindre, du moment que la France
nous a fait la gracieuse concession de placer notre compatriote au nombre de ses plus grands écrivains nationaux.

Je m'arrête, Messieurs, car si je voulais développer
chacun des points que je n'ai qu'indiqués, et si vous aviez
la patience de m'écouter jusqu'au bout, je dérangerais le
programme de votre journée.

Ai-je besoin de conclure ? Je ne le pense pas, mais je
terminerai par un aveu. J'étais très-jeune quand j'ai lu
Rousseau pour la première fois; je l'ai relu depuis, après
expérience de la vie. Eh bien ! mon opinion n'a pas varié,
je l'aime et je l'admire. Certes, je ne veux l'absoudre ni
des mauvaises actions qu'il a commises, ni des tristes pages
qu'il a écrites sans nécessité; mais en le lisant je me suis
toujours souvenu que son existence avait été celle d'une
victime. A mes yeux, Rousseau est avant tout un grand
artiste malheureux. Or, on ne regarde pas les grands
artistes à travers le microscope, il convient de se placer
à distance pour voir leur œuvre dans son ensemble, sans
trop s'arrêter aux détails. Si l'ensemble porte le cachet
du beau, qu'importent quelques faiblesses ? Or, j'affirme
que, dans l'œuvre de Rousseau, la somme du beau et du
bon est beaucoup supérieure à celle du mal, et dès lors je
m'attache à ce qui est beau, sans plus me préoccuper de
ce qui ne l'est pas; je vais aux belles pages et je ne lis pas
celles que Rousseau aurait dû supprimer. De cette manière,
le plaisir que j'éprouve à le lire est sans mélange et mon
admiration est sincère.

Je me dis encore que si l'on voulait fouiller dans la biographie de tous les hommes illustres, avec l'acharnement

qu'on a mis à fouiller dans celle de Rousseau, la liste des purs ne serait pas longue ; à coup sûr Byron et Gœthe n'y figureraient pas, et Racine lui-même risquerait de ne pas trouver grâce.

Ne soyons donc pas sévères à l'excès. Récemment, dans une brochure anonyme, on signalait Jean-Jacques au mépris de notre jeunesse. Ah ! Messieurs, avant de prononcer l'anathème sur l'homme et sur l'œuvre, rentrons en nous-mêmes et cherchons si, dans quelque repli de notre cœur, nous ne sentons pas la morsure d'une faute inavouée, aussi grave peut-être que les erreurs trop franchement confessées de notre grand et malheureux concitoyen.

CARACTÉRISTIQUE GÉNÉRALE

DE ROUSSEAU

PAR

H.-FRÉD. AMIEL

Professeur.

« Un jour viendra, j'en ai la juste confiance, que les honnêtes gens béniront ma mémoire et pleureront sur mon sort. » [1]

Ainsi écrivait Rousseau presque au bord de la tombe. Après cent années, le jour qu'appelait de ses vœux cet homme illustre et infortuné, s'est-il enfin levé pour lui ? On pourrait le croire, puisqu'à l'heure où nous sommes le fils de l'horloger reçoit de sa patrie, et dans des proportions grandioses, les honneurs publics.

Toutefois, l'opinion de nos concitoyens, et même de nos contemporains, est encore loin d'être unanime à son sujet. Le nom de Rousseau, comme celui de Voltaire, son unique rival, comme celui de la plupart des hommes de sa génération, comme celui du XVIII⁰ siècle tout entier, est une pomme de discorde, car il est engagé dans le procès encore pendant de la Révolution française.

Avec les événements qui ont changé la face du monde, il est toujours malaisé d'être juste. Tant de choses sont à peser, il faudrait regarder l'ensemble de si haut et de si loin, que cent ans ne suffisent pas encore à nous mettre au

____

[1] Troisième dialogue.

point de vue. Nous ne sommes pas mieux placés à l'égard de certains hommes d'exception, créatures plus complexes que les autres et d'autant plus difficiles à comprendre.

Rousseau est de ce nombre. Il n'y a d'indiscuté en lui que le talent. Comme artiste du langage, il est reconnu hors de pair (le premier des critiques français de notre époque l'a proclamé le roi des prosateurs et Littré le cite à toutes les pages). Mais la personne, la philosophie, l'influence de Rousseau sont encore objet de contestation.

Un second centenaire n'aura pas de peine à être juste; que le premier cherche du moins à l'être. La pensée qui a inspiré cette fête et qui doit nous diriger tous, est une pensée de justice. La justice historique envers un grand homme consiste à le placer à son rang et à reconnaître ses états de service.

Quelle sera donc notre tâche? Mettant de côté les onze mille pages de notre écrivain, et les cinquante ou soixante volumes sur, pour ou contre lui ; laissant dormir toutes les vieilles querelles, nous nous proposons de rappeler en deux mots la carrière de Rousseau, puis de chercher les raisons profondes de son succès ; enfin, de juger rapidement le penseur et son œuvre. Ni panégyrique ni apothéose, mais l'énumération des titres positifs du philosophe de Genève, ce sera tout. Il n'y a guère moyen d'être neuf en un sujet si profondément fouillé ; nous ne viserons qu'à être vrai.

I

Le vrai peut quelquefois n'être pas vraisemblable.

L'entreprise générale de Rousseau est tellement hardie

qu'elle touche au fabuleux. C'était en 1750, au milieu du siècle qui s'appelait le siècle des lumières et du règne de Louis XV, qui était le règne du plaisir et du bon plaisir. Tout l'ordre de choses historique et séculaire qui se résume dans le terme d'ancien régime était debout, miné déjà par les intempérances de l'esprit, mais résistant par le seul entrelacement des mœurs, des intérêts, des institutions et des habitudes. La frivolité générale empêchait d'apercevoir le péril social caché sous ces apparences de fête.

Soudain un coup de clairon retentit. Un inconnu, à la visière baissée, à l'écu sans devise, s'élance dans l'arène. Il jette le gant à toutes les puissances de ce monde : aux idées, aux vanités, aux préjugés régnants ; bien plus, aux grands, aux riches, aux heureux, même au sacerdoce, même à la monarchie ; bien plus encore peut-être, aux lettrés, aux artistes, aux journalistes, aux philosophes, à tous les hommes qui gouvernent l'opinion.

Et il est seul contre tous, non pas figurément comme Voltaire qui, lui, s'appuyait sur tous les pouvoirs réels et donnait le mot d'ordre à une armée d'écrivains; il est seul, littéralement seul.

Et quel est cet audacieux? C'est un petit musicien, pauvre, sans manières, sans esprit, d'allure gauche et de parole embarrassée, un débutant d'âge mûr, qui sort on ne sait de quelle bourgade éloignée, pas même française, mal famée pour cause de républicanisme et de protestantisme.

On connaît le résultat de ce défi téméraire. Loin de tomber écrasé dans la mêlée, ce chercheur d'aventures grandit sous les coups qu'on lui porte. Pendant douze années de batailles incessantes, il voit les victoires s'ajouter aux victoires. En douze ans, il a conquis toutes les palmes de la renommée ; ce petit particulier est devenu une grande puissance ; l'Europe s'occupe de lui comme d'une tête couronnée et, lui conférant un privilége royal, le désigne par son seul prénom de Jean-Jacques.

Mais après le triomphe, le supplice : seize années d'infortunes pour le vainqueur sont la revanche des vaincus. Calomnié, décrété, poursuivi, traqué, privé d'un asile pour sa vieillesse, il fait encore entendre, dans des répliques indignées et superbes, le rugissement du lion. Puis il s'assombrit, retourne contre lui-même ses plus hautes facultés et, se rongeant l'esprit par la mélancolie, il se consume dans la lutte contre les fantômes et tombe dans la désolation hypocondriaque. Mais les nuages du spleen, qui assiégent son cœur, laissent intactes la lucidité de son intelligence. Dans les mémoires où il fait revivre tout son passé, dans les autres ouvrages de la même époque (les *Lettres à Malesherbes*, les *Dialogues*, les *Rêveries*), son talent reste aussi fort, aussi magistral que jamais.[1]

Comment s'expliquer la carrière de ce champion toujours invaincu, même lorsqu'il est blessé? A quoi dut-il son succès? Est-ce à l'arme qu'il manie? A son jeu? A sa

---

[1] Autre preuve non moins concluante. Qu'on prenne dans sa correspondance deux lettres admirables, qui sont presque des traités, l'une à Voltaire sur la Providence (1756), l'autre à d'Offreville sur la Morale scientifique (1761), et qu'on les compare avec deux autres lettres aussi importantes, l'une au marquis de Mirabeau sur le Despotisme légal (juillet 1767), l'autre à un inconnu sur l'existence de Dieu (janvier 1769), comment se douter qu'un abîme d'agitations morales et mentales sépare les dernières lettres des premières ? Pascal a eu le même privilége ; le Tasse et Cowper ont été moins épargnés.

tactique? A sa véhémence? Ce sont-là des raisons sans doute. L'arme de Rousseau est une plume enchantée; son jeu est serré et nouveau; sa tactique, l'ordre échelonné, est parfaite; son ton impérieux, son assurance altière forcent du premier coup l'attention. Mais ces raisons sont-elles les seules?

On en peut donner encore une meilleure, savoir l'idéal qui transparaissait partout au fond de cette éloquence âpre et magnifique? Cet idéal est d'abord la vieille Rome (dans le *Discours sur les sciences*), puis l'état sauvage (dans le *Discours sur l'inégalité*), puis la république dorienne de Lycurgue ou même de Platon (dans le *Discours sur l'économie politique* et le *Contrat social*), puis une petite république moderne, Genève vue en beau (dans la fameuse *Dédicace* et la *Lettre sur les spectacles*). Cet idéal sérieux et changeant n'en fascina que mieux l'auditoire étonné, qui battait des mains devant ces échappées imprévues. Toutefois, les explications littéraires sont insuffisantes. Il en faut peut-être chercher d'autres. Les deux plus profondes nous semblent se trouver dans l'individualité de Rousseau et dans sa pensée-maîtresse. Essayons de déchiffrer l'une et d'analyser l'autre.

II

Jean-Jacques Rousseau est une énigme psychologique. Celle que le sphinx proposait à Œdipe n'est qu'un jeu d'enfant auprès de celle-ci. C'est, du moins, ce qu'il semble aux personnes qui prétendent expliquer un être en restant en dehors de lui, et qui, au lieu de le pénétrer par la sympathie, le décomposent avec curiosité, quand ce n'est pas avec malignité. Ces observateurs n'aboutissent qu'à des impasses, mais qu'ils ne s'en prennent qu'à leur méthode.

Rousseau aimait passionnément à être aimé; il aurait voulu être compris, et nul homme peut-être ne s'est donné autant de mal pour se raconter, s'éclaircir, s'expliquer lui-même aux autres. Et pourtant, il désespérait de devenir intelligible à ses contemporains. « Je ne connais pas deux Français qui pussent parvenir à me connaître, quand même ils le désireraient de tout leur cœur..... La nature primitive de l'homme est trop loin de toutes leurs idées..... Les hommes, figurant toujours Jean-Jacques à leur mode, en ont fait, tantôt un profond génie, tantôt un petit charlatan; d'abord un prodige de vertu, puis un monstre de scélératesse, toujours l'être du monde le plus étrange et le plus bizarre. La nature en a fait tout autre chose..... Il n'est rare que parce qu'il est simple. »[1]

Rousseau s'estime donc simple et naturel. Il l'était en effet, moins qu'il ne le dit, mais plus qu'on ne le croit. Du reste, toute âme un peu éprouvée est un labyrinthe, mais quel labyrinthe ne parcourrait-on pas aisément avec le fil d'Ariane? Or, nous avons pour Rousseau ce fil précieux; c'est lui-même qui le fournit: *Habemus confitentem*. Voyons où ce fil nous mènera?

Par ses ancêtres, réfugiés à Genève pour cause de religion, Rousseau est de souche gauloise et même parisienne, retrempée par la Réforme. Sa mère, qu'il n'a pas connue, était, paraît-il, une femme distinguée, mais le père

---

[1] Second Dialogue.

et les proches parents étaient peu rigides, peu sédentaires;
l'esprit de tenue et de conduite, le sérieux et le jugement
n'étaient pas leur fort. Par l'hérédité, Rousseau diffère
donc du Genevois classique; si les éléments sont les mêmes,
la proportion est autre.

Son organisation est particulière. Il a toutes les perceptions subtiles et bien ouvertes au monde extérieur; c'est un
homme de fine sensation. Mais la sensation est dominée
chez lui par le désir, le désir vif, impétueux, impatient,
bouillonnant. Son humeur est mobile comme l'onde, son
tempérament inflammable; il a les appétits nombreux,
les tentations fortes, les résolutions précipitées: « S'ani-
mer modérément n'est pas une chose en sa puissance; il
faut qu'il soit de flamme ou de glace: quand il est tiède, il
est nul. »[1] C'est un homme de passion. En revanche, si
rien ne l'excite, il peut tomber dans l'indolence et même
l'apathie: « Son état habituel fut et sera toujours l'inertie
d'esprit et l'activité machinale. »[2]

On le voit, chez Rousseau, la partie inférieure de l'être,
et pour ainsi dire l'homme animal, est robustement constituée. Une partie de l'homme spirituel restera au contraire
assez longtemps endormie : c'est le bon sens, c'est la raison, c'est la conscience ; comme la fleur de l'aloës, cette
partie profonde n'a surgi que tard à la lumière.

Chose curieuse, ce qui n'est guère plus éveillé dans cet
adolescent, destiné à tant de gloire, c'est l'intelligence :
« On dirait que mon cœur et ma tête n'appartiennent
pas au même individu. Le sentiment, plus prompt que

[1] Troisième Dialogue.
[2] Deuxième Dialogue.

l'éclair, vient remplir mon âme, mais au lieu de m'éclairer il me brûle, il m'éblouit. Je sens tout et je ne vois rien. »[1]

Rousseau s'est toujours plaint d'avoir l'esprit lent, la conception difficile; il comprend péniblement ce qu'on lui enseigne, il n'a pas le don de la conversation, moins encore celui de l'improvisation; il ne pense qu'avec effort, il envie la présence d'esprit, l'aisance et la rapidité des autres. Mais cette intelligence pesante est opiniâtre et, quand elle voudra marcher, elle arrivera.

La volonté libre est également en retard; elle n'a même jamais acquis toute son ampleur chez Rousseau. L'empire de soi, le gouvernement de ses désirs, la force morale lui ont trop manqué : « Agir contre mon penchant me fut toujours impossible, » reconnaît-il lui-même; mais contre les obstacles du dehors, contre l'adversité, contre toute contrainte, cette volonté sera étonnante de vigueur.

En attendant, une aspiration confuse et demi-passive supplée la volonté et l'intelligence, c'est la tendance à la contemplation ; et cette aptitude rêveuse de l'âme sera la racine indestructible de la religion du futur philosophe spiritualiste.

Ce qui est précoce chez Rousseau, c'est l'amour-propre; non pas tant le besoin de primer ou de briller, que la difficulté à se donner tort, que la crainte du ridicule et l'horreur de l'humiliation. De là, une timidité fâcheuse et cette mauvaise honte qui fut l'origine de toutes les fautes graves de l'enfant et de l'homme.

Bien plus active en lui que l'amour-propre, était la fantaisie, cette folle et cette fée du logis, qui exagère, embellit,

---

[1] *Confessions*, 1re Part., Liv. III.

envenime et transfigure tout. Rousseau sera un poète et un voyant, un enthousiaste et un désespéré ; c'est un homme d'imagination : de là sa force et sa faiblesse.

Mais ce qui chez lui enveloppe encore l'imagination et l'aiguillonne, c'est la sensibilité. Avide d'émotions, impressionnable à l'extrême, toujours vibrant et agité, palpitant d'inquiétude ou d'espoir, ce cœur que tout ébranle, affecte, bouleverse ou transporte, frémira sans cesse comme la feuille du tremble, se crispera comme le tissu de la sensitive. Rousseau est par-dessus tout un homme de sentiment, ce qui n'est pas la même chose qu'un homme de dévouement et de tendresse. — Recomposez ces sphères concentriques et vous aurez la dot primitive de Jean-Jacques. Qu'en va faire la vie ?

Sa destinée sera sévère et son existence exceptionnelle. Mais sa petite monade (pour emprunter au philosophe Herbart sa théorie), lancée dans le tourbillon de l'être, manifestera d'infinies réactions et prendra ainsi conscience de tout ce qui est en elle.

Rousseau a été mal élevé, ou plutôt il n'a pas été élevé. Il n'a pas connu la douce règle de la famille, ni la ferme discipline de l'école. Il n'a jamais obéi. Il a été mal entouré à peu près toujours. Il a dû grandir presque à l'abandon. Tour à tour flâneur, grappignan, apprenti, mais sans protection ni direction, il s'évade enfin de son atelier comme d'une geôle, et le voilà, avant seize ans, coureur de grands chemins. Il emporte, avec ses souvenirs d'enfance, le goût de la musique que lui a donné sa tante Suzon, l'amour de la campagne pris à Bossey, la pratique de la gravure et du dessin acquise chez son patron, l'admiration des héros antiques qui lui vient de Plutarque, le penchant au romanesque qu'il tient de l'*Astrée*, l'impression d'une religion grave, d'institutions libres, de mœurs austères, impression que lui a laissée sa petite patrie et qui ne s'effacera plus de sa mémoire.

Le monde est ouvert devant lui. Rousseau pendant vingt-deux ans y cherche sa place. Nouveau Gil Blas, il est successivement prosélyte, laquais, séminariste, homme de confiance, maître de musique, employé au cadastre, drogman, précepteur, inventeur, secrétaire d'ambassade, commis aux finances ; il apprend, dans cette longue odyssée, à connaître les hommes des différentes professions et des divers étages sociaux ; il voit toutes les misères, les vices, les souffrances, les laideurs de l'humanité ; il en peut voir aussi les noblesses, les grandeurs et les vertus. Il amasse un riche trésor d'expériences.

Mais il n'est pas seulement l'élève de la destinée, il se forme aussi par sa propre énergie.

Rousseau est un autodidacte. Tout ce qu'il sait il a voulu l'apprendre, il l'a appris sans maître et sans secours. Il s'est donné à lui-même son instruction positive, latin, italien, mathématiques, littérature, histoire, astronomie, sciences naturelles ; il s'est emparé aussi de la langue française dont il devait se faire un patrimoine, et du grand art d'écrire où il est un coryphée. C'est en Savoie, de sa vingtième à sa vingt-huitième année, qu'il fait ces études tardives, grâce aux inappréciables loisirs que lui ménage la trop séduisante hospitalité des Charmettes.

Cet autodidacte forge en outre son âme par la méditation. A Paris, pendant huit années encore, il condense ses observations, il mûrit ses jugements sur les choses, il enregistre ses griefs contre la société, il laisse grossir le flot de ses amertumes. En 1749, l'année où parut *L'Esprit des lois*, il entrevoit enfin son rôle, celui d'un nouveau Timon d'Athènes, d'un paysan du Danube qui va flageller toute une civilisation corrompue et dire son fait au siècle entier. La crise décisive de sa destinée, ce qu'on a appelé sa vision de Damas, le surprend sur le chemin de Vincennes et coupe sa vie en deux. Jusque-là il avait été le jouet docile du hasard, désormais il sera le fils de ses œuvres.

La célébrité transforme sa vie. Durant sa période d'obscurité, il se consolait de toutes ses mésaventures par de beaux songes et rendait les rênes à tous ses caprices; maintenant plus d'insouciance et de laisser-aller; le caractère se fixe, l'homme veut être digne de sa mission. La période du labeur acharné commence: « Sur toutes choses, il faut penser, repenser, et n'avoir jamais assez pensé; c'est là tout le secret d'un bon ouvrage, et ce fut ma méthode, »[1] dira-t-il sur ses vieux jours. Pendant douze ans, cette fièvre qui lui ôtait presque le sommeil, ne lui laisse pas de relâche, et les chefs-d'œuvre succèdent aux chefs-d'œuvre. Même plus tard, quand il est relancé de ville en ville, on est confondu de la somme de travail que peut fournir ce prétendu paresseux.

En même temps sa vie devient d'une simplicité austère. Pour conserver à sa plume toute son indépendance, il veut gagner son pain par une occupation manuelle. Il est et restera copiste de musique, à dix sous la page, et acceptera

---

[1] Lettre à Eymar, en 1774.

toutes les conditions de cette humble existence: logis au cinquième, ménage d'ouvrier, vaisselle commune, fourchettes de fer et cuillers d'étain, dîner de deux plats, costume d'artisan, en un mot la pauvreté volontaire et courageuse.

A la frugalité spartiate il joint le désintéressement à toute épreuve. Il refuse les pensions des rois, il repousse les offres de ses admirateurs, il est revêche aux petits présents de ses amis. Le même individu qui s'est formé tout seul et qui aimait mieux chercher deux heures une rue plutôt que d'adresser une question à un passant, sera chatouilleux plus que personne sur la question de dignité.

C'est ainsi qu'il se ramasse sur lui-même et se cuirasse en quelque sorte pour la guerre qu'il va commencer.

Son offensive est formidable. Vingt substances explosibles ont été lentement accumulées dans une coque épaisse; les éclats de l'obus seront projetés avec une violence inouïe: « Monsieur Rousseau, lui disait une grande dame de ses amies, qui aurait cru cela de vous? » Est-il surprenant qu'une pareille tension de ressort ait laissé quelque trace dans la manière de Rousseau? Porté à l'outrance, cherchant l'argument, la touche, le trait, le mot le plus forts, il ne pourra pas toujours éviter le tort de l'excès.

Ce hardi provocateur dut apprendre aussi la défensive. Il rencontra tous les genres d'adversaires, des philosophes et des archevêques, des académies et des consistoires, des parlements et des gouvernements, même un roi écrivain, outre les libellistes anonymes. Pour leur faire face, il devint polémiste, et terrassa tous les assaillants: « J'ai mon

compte, disait le roi Stanislas, on ne m'y reprendra
plus. » [1]

D'autre part, tout le cortége des admirations bruyantes,
des bonnes volontés étourdies, des amitiés importunes, des
ingérences indiscrètes, devait assiéger le barbare éloquent,
le Scythe, le misanthrope, que chacun prétendait civiliser.
Comment protéger son plan, son caractère et même son
génie, contre cet envahissement de bienfaits malentendus ?
Par la sauvagerie à bon escient. Rousseau fuit les salons
et les villes et cherche les solitudes agrestes. C'est là, seulement, qu'il entend sa voix intérieure; il sait ce qu'il fait
en s'isolant. L'isolement, et si l'on me permet ce néolo-
gisme, l'insularité, est sa meilleure protection. Rousseau,
qui mettait le *Robinson* au-dessus de tous les autres livres,
s'est toujours senti attiré par les îles. Nul séjour ne l'a plus
enchanté que l'île Saint-Pierre. Après l'avoir quittée, son
refuge est la Grande-Bretagne, mais cette île était trop
vaste. A plusieurs reprises l'ermite de Montmorency a fait
des démarches peu connues, pour émigrer en quelque île
de la Méditerranée; il a songé à Minorque, à Chypre, à
la Corse. C'est une harmonie secrète qui a fait déposer sa
dépouille dans l'île des Peupliers, à Ermenonville, et plus
tard ériger à Genève sa statue dans l'île qui porte son
nom. Quel est, en effet, le symbole le plus naturel du génie
de Rousseau ? Une île volcanique, émergeant de l'immensité bleue, avec son panache de fumée, une ceinture

---

[1] La *Réponse* foudroyante à Mgr de Beaumont et la *Lettre à d'Alembert*
sont, parmi les ouvrages de Jean-Jacques, ses deux morceaux peut-être
les plus accomplis.

d'écume, un manteau de verdure et une couronne de fleurs.

Une dot primitive peu commune, une existence tout à fait à part devaient donner un produit psychologique des plus singuliers.

Et, en effet, Rousseau a laissé à la société française une impression d'étrangeté. C'est un être *sui generis*, qu'on renonce à classer. Il est neuf, on le déclare original; il est original, on le tient pour incompréhensible. On ne sait qu'en faire, mais on est obligé de compter avec lui; il y a en lui un ascendant qu'il faut subir, malgré qu'on en ait.

Si Rousseau est étrange, c'est d'abord par la richesse de son être. A l'époque de sa célébrité, il réunissait la sensibilité d'une femme, l'imagination d'un oriental, la sensualité d'un enfant, l'impétuosité d'un sauvage, l'amour-propre d'un artiste, la vigueur d'un athlète et la faiblesse d'un amoureux. Ce n'est pas tout, la souplesse du tacticien littéraire et la ténacité du dialecticien se joignaient en lui à la fierté du plébéïen de génie et à la sagacité du psychologue; et la passion généreuse du bien moral, agitait et enflammait tout cela.

Ensuite ses contrastes le rendent plus étrange encore. Si les gens simples le trouvent gai, débonnaire, accommodant, expansif, les gens du monde le déclarent défiant et susceptible, ombrageux et soupçonneux. Les malheureux vantent sa douceur, sa compassion, sa bienfaisance. Les grands se plaignent de sa rudesse impolie et presque hautaine. Il semble composé de dissonances, pétri de disparates; mais les contrastes ne sont pas des contradictions, et les contrastes sans nombre qu'a présentés Rousseau s'expliquent fort bien, comme nous l'avons dit, par la réaction perpétuelle de l'individu contre un milieu où rien n'était selon son cœur. L'impassibilité sereine dans un tourbillon de moustiques, est le fait des stoïques; Rousseau révère les Abauzit et les Épictète, mais il ne saurait les imiter; c'est un sensitif et un impatient, qui souffre toujours plus ou moins avec ses semblables et qui le confesse: « Je n'ai jamais été vraiment propre à la société civile où tout est gêne, obligation, devoir, et mon naturel indépendant me rendit toujours incapable des assujettissements nécessaires à qui veut vivre avec les hommes. »[1]

Ses contemporains déclaraient qu'il ne ressemblait à rien; lui, sent de même qu'il n'est le pareil de personne. Il en conclut qu'il pourrait bien être l'exemplaire de ce qu'il cherche, l'homme primitif, un peu déformé sans doute par les circonstances sociales, mais heureusement encore reconnaissable. Ainsi, par bonne fortune, dans la multitude infinie des monnaies usées, des contremarques banales, des jetons insignifiants qu'offre le monde actuel, il ne se trouve qu'une médaille de ce type perdu, et, lui, Rousseau l'a entre les mains. Jugez du bonheur de l'archéologue moraliste et du soin jaloux avec lequel il va couver cet *unicum*, cet *hapax*, pour en tirer, sur le monde évanoui, dont il est comme un dernier vestige, le plus de révélations possible. De là l'étude microscopique et incessante que Rousseau fait de lui-même. Ce n'est pas, comme Montaigne, pour le seul plaisir de se connaître qu'il s'étudie; c'est pour l'honneur d'une grande théorie, plus encore, c'est pour le salut

---

[1] Rêverie III.

d'un monde dégénéré, qui ne peut échapper à la décrépitude et à la ruine, qu'en revenant à sa forme première, comme le géant de la fable devait toucher la terre pour retrouver ses forces perdues.

Montaigne disait : « Je suis l'étoffe de mon livre. » Rousseau pourrait dire : « Mon système et moi ne faisons qu'un, » et il l'a dit expressément: « J'en ai beaucoup vu qui philosophaient plus doctement que moi, mais leur philosophie leur était, pour ainsi dire, étrangère. » [1] « D'où le peintre et l'apologiste de la nature, aujourd'hui si défigurée et si calomniée, peut-il avoir tiré son modèle, si ce n'est de son propre cœur ?... Il fallait qu'un homme se fût peint lui-même pour nous montrer l'homme primitif, et si l'auteur n'eût été tout aussi singulier que ses livres, jamais il ne les eût écrits. » [2] Nous voilà bien avertis. Rousseau ne tisse jamais que sa propre substance dans ses théories les plus magnifiques; elles ne sont que l'élargissement de ce qu'il trouve en lui, la généralisation de son moi. Ce qui chuchotait ou murmurait dans le fond de son âme, arrive à notre oreille centuplé par le porte-voix sonore, oserons-nous dire par l'aérophone de son talent? L'impersonnalité d'un Descartes ou d'un Leibnitz est inabordable à Rousseau. Il est un subjectif au premier chef. Comme les temps changent! Ce qui fit son succès, son prestige, son autorité, il y a un siècle, est précisément ce qui le diminue dans la génération actuelle.

[1] Rêverie III.
[2] Troisième Dialogue.

III

L'individualité de Rousseau est la clé de sa philosophie. Retraçons cette philosophie dans ses traits généraux.

« *Tout est bien, sortant des mains de l'auteur des choses, tout dégénère entre les mains de l'homme.* » Cet aphorisme, par lequel débute l'*Emile*, est l'idée-maîtresse du penseur genevois, le pivot de tout son système. Mais qu'entend-il par la Nature? Est-ce la matière en mouvement, comme la définissent les matérialistes qui, eux aussi, rédigent le code ou le système de la Nature ? Non, la Nature, c'est l'œuvre de Dieu, c'est-à-dire l'expression même de la volonté toute puissante et toute bonne, l'image de la sagesse éternelle. La Nature n'est donc pas la force ou le hasard, c'est l'ordre et le bien.

Vivre conformément à la Nature, était la maxime de Zénon ; Rousseau revient au point de vue stoïcien, sans abandonner toutefois le théïsme.

La Nature comprend l'humanité; l'humanité est bonne en principe, comme la Nature dont elle est partie intégrante. Elle est constituée de façon à réaliser l'ordre et particulièrement l'ordre moral. Mais, étant libre et capable d'erreur, elle peut, en fait, seule dans l'ensemble des êtres, dévier et dégénérer.

Ce qui est antérieur à toute dégénération, c'est le primitif, c'est l'originel. L'originel est toujours pur, excellent, normal. Qui dit originel, dit naturel. Le naturel est donc conforme à sa destination, à sa loi, à l'ordre divin.

Mais voici le péril pour l'homme. Il entre inévitablement en société; la société produit l'histoire, l'histoire engendre la civilisation, la civilisation va se compliquant de siècle en siècle, et l'homme social tend ainsi à s'éloigner de son type, comme un fleuve se charge d'impuretés à proportion qu'il s'éloigne de sa source. Il s'ensuit que la civilisation, si aveuglément admirée, devrait au contraire être maudite, car « perfectionnant la raison humaine en détériorant l'espèce, rendant l'homme méchant en le rendant sociable, » [1] elle est une décadence masquée, un abâtardissement graduel, une adultération croissante de notre race.

De ce principe dérive la maxime suivante: Tout ce qui viole la nature est mauvais, tout ce qui est mauvais viole la nature. Armé de ce critérium, Rousseau procède à l'examen pathologique de la société qui l'entoure et voici ses constatations :

Les mœurs sont corrompues : partout l'apparence au lieu de la réalité ; partout fraude, bassesse, vénalité, licence.

La société est viciée : partout des abus séculaires, des priviléges exorbitants, des iniquités monstrueuses, des injustices légales.

L'Etat est perverti : l'avantage de tous est sacrifié à l'intérêt de quelques-uns, la grande machine politique n'est qu'un instrument de pression et d'oppression ; le droit des faibles est méconnu.

La famille est compromise : plus de vie domestique, la galanterie est de pratique universelle, l'adultère est presque en honneur.

---

[1] *Discours sur l'Inégalité*, 1re Part.

L'éducation est absurde : elle fausse dès le berceau l'esprit, le cœur, le caractère des jeunes êtres, par des routines ridicules ; elle n'aspire qu'à inoculer le plus tôt possible à l'enfant les habitudes et les préjugés de l'adulte.

L'art est avili ; il ne vise qu'à plaire aux sens.

La littérature est dépravée ; elle ne flatte que les goûts frivoles.

Les plaisirs sont factices ; on ne connaît plus que ceux de la vanité.

La philosophie est devenue immorale ; elle rit de tout ; elle libère l'esprit en pulvérisant tous les principes de conduite ; elle dégrade l'homme en ruinant la notion du devoir, du sacrifice et de la vertu.

La religion s'est dénaturée comme le reste ; l'Eglise l'a pétrifiée dans ses formes et mondanisée dans son esprit.

Voilà le mal. Il est immense. Où est le remède ? Le remède est dans le retour à la Nature. La Nature tend il est vrai à la guérison, car elle a en soi une *vis medicatrix* qui l'y pousse, mais cette force ne travaille que dans l'individu. Il faut donc que celui-ci réagisse contre la société qui tend elle-même, par une force inverse, à le défigurer. Rousseau, Esculape intrépide, entreprend toutes ces maladies, et indique aux malades les voies et moyens du rétablissement.

Il peint (dans la *Nouvelle Héloïse*) les mœurs pures et honnêtes avec un tel coloris, qu'il les rend plus attrayantes que les félicités épicuriennes et qu'il donne à ses lecteurs soif de vertu.

Il fait (dans le *Contrat social*) la théorie de la société

naturelle fondée sur l'égalité, et trace le tableau du régime démocratique, où le respect des titres et de la richesse est remplacé par le respect de l'homme pour l'homme; où les petits, les pauvres, les déshérités ont, non pas seulement la dignité religieuse que l'Eglise leur assure en tant qu'âmes, mais la dignité juridique en tant qu'individus. Il esquisse (dans le même ouvrage) le plan de l'Etat modèle, fondé sur le pacte avoué ou tacite entre égaux, lequel garantit la liberté de chaque citoyen contre l'arbitraire de quelques-uns, au moyen du règne exclusif de la loi. De la souveraineté du peuple il déduit le suffrage universel et pose ainsi le principe fondamental de la république.

Il dessine, dans l'*Emile*, le plan d'une éducation normale qui doit former l'homme et la femme véritables, et sa maxime régulatrice est celle-ci : Observez la Nature, respectez la spontanéité de l'élève; dirigez peu, aidez plutôt; faites chercher, laissez trouver.

Il montre la supériorité de la musique sentie, de la poésie sincère, de la passion vraie, de la littérature franche et sérieuse sur le faux brillant, les grâces fardées et le pathétique de surface.

Il redonne la saveur aux plaisirs simples, aux récréations innocentes, qui sont à la portée de tous et conformes à la Nature.

En philosophie, il se montre résolument l'adversaire des encyclopédistes. Il est un apologiste convaincu de Dieu, contre d'Holbach ; de la Providence, contre Voltaire ; de l'âme, contre Lamettrie ; de la liberté morale, contre Diderot ; de la vertu désintéressée, contre Helvétius ; de la spontanéité interne des facultés, contre Condillac ; des droits du cœur, contre la sèche raison préconisée par Maupertuis; des droits personnels de l'individu, contre le communisme de Morelly et l'absolutisme de Hobbes.

Pour la religion, il la relève victorieusement dans une société qui en rougissait et tournait toute croyance en dérision. Comme avait fait Locke et comme fera Kant, il cherche à dégager l'essence du christianisme des additions et superfétations ultérieures; il remonte (dans la *Profession de foi du vicaire savoyard*) au primitif, c'est-à-dire à la pensée même de Jésus, et parle de l'Evangile avec une onction et une majesté que depuis longtemps la chaire chrétienne ne connaissait plus.

On le voit, le retour à la Nature est la panacée universelle de Rousseau, parce que la Nature est la pensée mère de son système. Une même idée suffit à tout. Si notre analyse est correcte, nous avons expliqué la carrière et le succès de Jean-Jacques. Faisons maintenant la part de la critique.

IV

Le premier devoir de la critique est d'être juste, surtout quand la justice est difficile, et l'on est bien forcé de le reconnaître, c'est le cas avec Rousseau. Un fatal privilége de ce génie compliqué, est de diviser les hommes. Passionné lui-même, il passionne encore ceux qui l'approchent et ne trouve guère d'indifférents. Or, amis et ennemis, zélotes et détracteurs, sont également impropres à dire le droit. Pour faire la part du bien et du mal et prononcer avec convenance dans un grand litige, il faut les deux vertus de l'arbitre, la clairvoyance et la neutralité. Il faut d'abord vouloir être juste et ensuite se mettre en position de pouvoir l'être. Trop souvent on s'est contenté à moins. De là deux espèces de critiques qui, toutes deux, manquent le but.

La première est la critique de parti pris. Celle-ci, étant décidée d'avance, n'a rien à démêler avec le juste. Elle ressemble à la Sainte-Hermandad, qui n'accueillait que les faits et les témoignages à charge; elle a deux poids et deux mesures, elle réprouve dans son prévenu ce qu'elle innocente chez ses protégés; son point d'honneur n'est pas d'examiner, mais de condamner. Cette espèce de critique a souvent mis Rousseau sur la sellette; elle ne disparaîtra du monde que lorsqu'elle n'aura plus de complices dans le cœur humain, qui est naturellement partial; toutefois, nous ne lui ferons pas l'honneur de la compter, puisqu'elle n'est qu'une injustice préméditée.

La seconde espèce est la critique étourdie. Celle-ci décide à l'avenant, sans aucune précaution contre elle-même. Tantôt, en dépit du proverbe : *De gustibus non disputandum*, elle prend ses goûts pour des raisons ou ses aversions pour des preuves; tantôt elle néglige les informations et comparaisons historiques, qui seules donnent la mesure relative, c'est-à-dire la vraie mesure des individus et de leurs torts; tantôt elle exige d'un génie des qualités autres que les siennes, demandant des roses au chêne, des figues au pommier; tantôt elle prétend juger une œuvre sur une phrase, une vie sur une anecdote, oubliant le mot de Richelieu qu'avec deux lignes d'un homme on a toujours de quoi le faire pendre. Cette critique superficielle ne se croit pas présomptueuse. Elle est aussi usitée que commode, commode du moins pour celui qui l'exerce. Elle n'a toutefois que l'apparence de la justice.

La bonne critique, c'est la critique équitable. Celle-ci ne veut point condamner, mais comprendre; elle tient compte de tout; elle voit les choses dans leur cadre et dans leurs proportions; elle interprète toujours le détail par l'ensemble; elle entre dans l'intention et dans la pensée des gens, et juge chaque être selon son espèce. Cette critique est celle que pratiquent les maîtres, par exemple les Villemain et les Barante, les Sainte-Beuve et les Vinet. Rousseau, à partir de Madame de Staël jusqu'à Edgar Quinet, l'a heureusement plus d'une fois rencontrée. Mais la critique autorisée et impartiale ne fait pas taire l'autre, pas plus que le chant du rossignol ne décourage les merles. Il n'est donc jamais superflu de signaler des méprises qui renaissent toujours. Qu'on nous permette cet humble rôle.

La critique générale de Rousseau pourrait porter sur quatre points: le talent, le caractère, la vie et les idées. Ce dernier point étant celui qui doit surtout nous occuper, nous ne toucherons aux trois autres qu'en passant, et pour signaler quelques-unes de ces vues superficielles trop aisément adoptées par une partie du public.

Le talent de l'auteur d'*Emile* est, disions-nous, incontesté. C'était trop affirmer. La critique étourdie trouve moyen d'y mordre. « Son style, dit-elle, manque de naïveté, de calme, de grâce légère, d'ironie attique; Rousseau n'est pas Amyot, Bossuet, Sévigné ni Voltaire. » — Sans doute, mais il est Rousseau.

« Il a bien des imperfections: il abuse de l'exclamation,

de l'apostrophe et de la prosopopée; il a quelque complaisance pour l'emphase, l'hyperbole, le paradoxe, et ne recule pas devant le sophisme. » — Peut-être, mais c'est probablement qu'il est passionné. Dans l'ivresse du combat, la verve l'emporte. Son sujet le possède plutôt qu'il ne possède son sujet : « Hors la chose qui m'occupe, dit-il, l'univers n'est plus rien pour moi. » .... « Je crains toujours de manquer par le fond, » avouait-il à Hume. Naturellement, la passion s'expie; quelle passion n'est exagérée et même sophistique de nature? Mais la passion fait la puissance. Pourquoi donc à une lave en fusion demander la fraîcheur d'une fontaine?

« Il pêche parfois contre le goût; il présente des erreurs, des contradictions. » — Tout ce que vous voudrez, mais cela n'empêche pas qu'il ne soit le plus consommé, le plus châtié des écrivains et le premier des prosateurs; c'est-à-dire que le grand fleuve de sa parole ne roule dans ses ondes une multitude de vérités et de beautés. Donc, vous vous trompez sur la proportion des défauts. Le soleil a des taches, d'accord, en est-il moins l'astre du jour?

Même méprise sur le caractère de Rousseau et pour la même cause.

« Combien n'a-t-il pas de défauts! L'inconstance, l'ingratitude, la susceptibilité, l'orgueil, la dilatation du moi le peu de disposition au sacrifice. » — C'est possible, mais la critique équitable fait la différence des temps : la défiance, par exemple, est acquise chez Rousseau, car il fut, jusqu'au milieu de la vie, le plus confiant des hommes. Elle distingue soigneusement les défauts qui font tort à l'individu, de ceux qui nuisent aux autres, et Rousseau avait plutôt les premiers. Surtout elle met en regard des défauts les qualités qui les compensent. Elle notera donc, chez Rousseau, le désintéressement, l'amour de la justice, la générosité, la bonté, la tolérance, la religiosité native, l'admiration sans envie pour ses rivaux. Tout compte fait, il se trouve que le caractère de ce personnage si décrié, sans être celui d'un héros ou d'un saint, est celui d'un homme affectueux, sensible, ardent et fier qui, en dépit de ses faiblesses, n'a pas tellement à redouter les comparaisons.

« Mais la vie privée de Rousseau est-elle à défendre? » — Il n'est pas question de la défendre, il s'agit d'être juste. Or, est-il juste de faire avec Rousseau ce qu'on ne fait avec personne? Depuis quand la vie privée est-elle la mesure essentielle des hommes historiques? Depuis quand l'existence virile se résume-t-elle dans un seul devoir? Depuis quand jette-t-on impitoyablement la pierre à celui qui s'accuse lui-même? Depuis quand frappe-t-on le repentir?

La critique étourdie trouve tout simple de choisir entre toutes les vertus celle qui manque à un homme, et de prendre cette vertu pour l'unique mètre de la moralité de cet homme; d'exiger, par exemple, d'un contemporain de la Régence et de Louis XV une retenue que ne connaissaient plus même les femmes délicates, et que pratiquaient à peine les gens d'Eglise. Elle croit permis de dénaturer complétement le sens d'une déposition trop franche, en isolant les pages accusatrices des chapitres atténuants, et le volume qui contient cette déposition de toutes les autres œuvres qui l'expliquent elle-même.

La critique équitable ne peut la suivre sur ce terrain. Elle se rappelle ces deux paroles de Jean-Jacques : « Ce qui peut m'être le plus défavorable, c'est d'être connu à demi. » [1] — « Sentant que le bien surpassait le mal, j'avais mon intérêt à tout dire, et j'ai tout dit. » [2] Elle ne peut oublier « quarante ans de droiture et d'honneur dans des conditions difficiles, » pour un mensonge fait à seize ans et dont on nous parle en ces termes : « Ce poids est resté jusqu'à ce jour sans allégement sur ma conscience, et je puis dire que le désir de m'en délivrer en quelque sorte a beaucoup contribué à la résolution que j'ai prise d'écrire mes *Confessions*. » [3]

La critique respectueuse ne fouille dans les misères intimes de personne et trouverait peu généreux d'abuser de l'imprudence d'un malade, affolé par les persécutions, qui, pour en appeler de ses calomniateurs à la postérité, s'est cru obligé de révéler jusqu'à ses moindres erreurs de jeunesse, et s'est chargé sans aucun ménagement. [4] Elle songe avec tristesse aux taches de la vie de Rousseau, mais en voyant l'usage qu'on a fait de ses aveux, elle n'en

---

[1] Deuxième Lettre à Malesherbes.

[2] Quatrième Rêverie.

[3] *Confessions*, 1re Part., Liv. II.

[4] Il est même possible que, par une délicatesse dont on ne lui a guère tenu compte, Rousseau se soit, en quelques circonstances, accusé *pour d'autres*, et spécialement pour la triste compagne de sa vie. Une femme, George Sand, le laisse positivement entendre pour les enfants remis à l'hospice (voir ses raisons, dans *A propos des Charmettes*, 1863). En tout cas, nous signalerons un passage mystérieux et trop peu remarqué des *Confessions* (Liv. IX) : « J'ai rempli la tâche d'expier mes fautes et mes faiblesses cachées, *en me chargeant du blâme de fautes plus graves* dont j'étais incapable et *que je ne commis jamais.* » — Le dernier mot sur ce sujet douloureux n'est peut-être pas encore dit et le sera difficilement.

regrette pas moins que l'ami de Moultou n'ait pas sup-
primé de ses mémoires cinquante pages que rien ne l'obli-
geait à livrer à des mains implacables.

La critique impartiale se rappelle que Rousseau s'est
publiquement repenti de la faute, faute capitale il est vrai,
qu'on a le courage de lui reprocher encore ; elle se laisse
désarmer par des passages comme ceux-ci : « Lecteurs,
vous pouvez m'en croire, je prédis à quiconque a des entrailles et négligera de si saints devoirs (ceux de la pater-
nité), qu'il versera longtemps sur sa faute des larmes
amères et n'en sera jamais consolé. » [1] Dans les *Confessions*, c'est de « ses vifs remords » qu'il parle ; et ailleurs,
dans une lettre tout à fait remarquable sur la vie domestique, lettre adressée en 1770 à une femme du monde, il
s'interrompt : « Mais moi qui parle de famille, d'enfants.....
Madame, plaignez ceux qu'un sort de fer prive d'un pareil bonheur ; plaignez-les s'ils ne sont que malheureux ;
plaignez-les beaucoup plus s'ils sont coupables. Pour moi,
jamais on ne me verra, prévaricateur de la vérité, plier
dans mes égarements mes maximes à ma conduite ; jamais on ne me verra falsifier les saintes lois de la nature et
du devoir pour atténuer mes fautes. J'aime mieux les
expier que les excuser. »

Que veut-on de plus ? Qu'est-ce que des âmes honnêtes
et chrétiennes peuvent demander encore ? Les fautes de
Rousseau sont-elles donc les seules irrémissibles ?

D'ailleurs, c'est la vie publique des grands hommes qui
intéresse l'histoire et qui lui appartient ; or, celle de Rous-

---

[1] *Emile*, Liv. I.

seau fut digne de son génie et à la hauteur de ses principes. De nombreux témoignages font foi de l'espèce de
magistrature morale, pédagogique et politique qu'il exerça
pendant sa vie, de l'autorité qu'on lui accordait sans con-
teste, du réveil religieux qu'il a provoqué dans beaucoup
d'âmes, du bien qu'il a fait à tous ceux qui ont réclamé de
lui direction et secours. Personnellement, l'homme qui
avait pris pour devise : *Vitam impendere vero*, et qui
s'était proposé la plus gigantesque des tâches, a donné un
noble exemple de courage et d'indépendance ; champion
des classes populaires il est resté incorruptible à toutes les
séductions et a montré, dans un état voisin de l'indigence,
une chose nouvelle et considérable, le sérieux et la dignité
de l'écrivain.

Mais la vie d'un penseur est surtout dans ses idées ;
arrivons à ce nouvel objet qui doit nous arrêter davantage.

La critique des idées de Rousseau est aujourd'hui bien
facile.

D'abord, lui-même l'a commencée. Logique et rigoureuse dans chacun de ses écrits, considéré isolément, sa
pensée se modifie, se rectifie et s'assagit avec les années et
d'un ouvrage à l'autre. L'auteur revise ainsi et corrige ses
premières idées sur la propriété, la société, la liberté,
l'Etat, la religion civile. Ses ouvrages posthumes redres-
sent plusieurs de ses anciens paradoxes, et ses lettres surtout forment une sorte de commentaire perpétuel à consulter sans cesse, pour qui veut connaître sa vraie pensée
ainsi que son vrai caractère.

Ensuite, toute une phalange de sciences nouvelles ont

surgi depuis un siècle et dressé la carte des mers ignorées
que tentait ce hardi navigateur. C'est depuis Rousseau
seulement que l'économie politique a formulé ses véritables
lois, que le monde des origines a été fouillé en tout sens,
pour les langues, les religions, les sociétés, les industries et
les arts. Rousseau, qu'on peut regarder comme le pionnier
de ces recherches (dans son étonnant *Discours sur l'Inégalité*, il entrevoit, à travers l'épais rideau des siècles, la
Genèse préhistorique de la civilisation), Rousseau eût été
le premier à saluer toutes ces découvertes positives et en
eût profité.

En outre, cent années d'expériences formidables de
l'ordre religieux, social, politique et militaire le séparent
de nous, et là où nous pouvons procéder par voie d'observation sûre, lui n'avait que la conjecture, le pressentiment
et l'intuition.

Il n'y a donc pas grand mérite à relever des lacunes et
des erreurs dans les théories de Rousseau. Je ne puis me
dispenser toutefois d'en rappeler quelques-unes.

1° Rousseau manque du sens historique; mais ce défaut
était celui des plus hautes intelligences du siècle, défaut
nécessaire du reste aux générations chargées de déblayer
le champ de l'histoire: ceux qui révolutionnent le passé
ne sont pas ceux qui le comprennent; comprendre, c'est
presque amnistier.

2° La bonté originelle de l'individu et sa liberté native,
idées favorites de Rousseau, sont deux thèses inexactes de
psychologie: le propre de l'individu, comme de l'espèce,
est bien de se faire libre et de devenir vertueux; il n'est

pas vertueux et libre rien qu'en se donnant la peine de naître. Cette erreur est de grande conséquence.

3° L'hypothèse de l'isolement primitif des êtres humains n'est pas soutenable scientifiquement. Le point de départ est au moins le groupe familial.

4° La prémisse d'une abdication préalable de tous les droits individuels dans le pacte social est dangereuse; l'identification de la volonté générale avec l'opinion de la simple majorité, l'oubli de la fonction juridique comme pouvoir régulateur ne le sont pas moins; il s'ensuivrait l'omnipotence de l'Etat, l'écrasement des minorités, la tyrannie dans l'ordre économique et religieux. Cette prémisse, toute lacédémonienne, est rejetée par les modernes démocraties, qui, plus éclairées, définissent et limitent constitutionnellement les droits de l'Etat.

5° L'*Emile*, ouvrage si neuf et si hardi, moins radical cependant et moins rigoureux que son prototype du XIIIe siècle, demeuré inconnu à Rousseau (je veux parler du roman philosophique intitulé *L'Homme de la Nature*, qui a pour auteur Tophaïl, un des philosophes arabes d'Espagne), l'*Emile* prête le flanc à de graves objections: ainsi le gouverneur indispensable à ce plan éducatif ne peut exister, le milieu nécessaire à cet élève est irréalisable; le long ajournement de la culture morale et religieuse est impossible.

6° Le *Vicaire savoyard* ne saisit pas dans toute sa profondeur le tragique de la conscience religieuse et ne fait pas sa place au besoin de pardon, ce qui rapetisse et gauchit peut-être sa conception du christianisme.

Je m'arrête; en voilà assez pour prouver que Rousseau

n'est pas à l'abri de toute critique, même dans les ouvrages où il a le plus raison.

En revanche, et pour être équitable, signalons quelques grosses erreurs commises fréquemment à son sujet.

On ne voit d'ordinaire en lui que le théoricien abstrait, énonçant des thèses sous forme d'axiomes et les poussant par logique et par esprit de système jusqu'à leurs dernières conséquences. Première erreur; car outre l'homme de théorie il y a trois ou quatre hommes dans Rousseau. Sans parler de l'homme de l'espérance et du rêve, il y a l'homme de la réalité et de l'observation, auquel nous devons tant de portraits contemporains, d'esquisses ethnographiques, de fins aperçus sur les enfants et sur toutes choses. Il y a l'homme de pressentiment et de prévision; n'a-t-il pas annoncé « les crises prochaines et l'âge des révolutions »? Il y a l'homme de jugement exquis dans les circonstances particulières et déterminées: tel il se voit dans sa correspondance qu'on ne saurait trop relire, je le répète, car c'est là qu'est le Rousseau le plus authentique.

En outre, à deux reprises, comme Platon, Rousseau se vit sollicité par des peuples bien dissemblables, les Corses et les Polonais, de leur édifier une constitution calculée pour leurs besoins. Que l'on prenne connaissance des études par lesquelles, en 1765 et 1772, il préludait à cette fonction auguste de législateur positif, qu'on parcoure les ébauches de ce double travail rendu inutile par les événements, et l'on se convaincra que le théoricien de la souveraineté populaire avait aussi la tête d'un politique.

Seconde erreur: on se méprend sur ses théories elles-mêmes. L'*Inégalité*, l'*Emile*, le *Contrat social* ont, par exemple, été fort souvent interprétés à faux. Pourquoi ? parce qu'on attribue à l'auteur une confusion qu'il n'a pas faite, celle de la construction spéculative des choses avec la manière réelle dont les choses se font. Le géomètre crée la sphère par la révolution d'un demi-cercle autour de son diamètre, mais le tourneur qui veut livrer une bille d'ivoire ou de buis ne peut se contenter d'une formule et procède autrement. Le concret et l'abstrait, le métier et le théorème ne s'identifient point. Rousseau ne l'ignorait nullement et, dans de nombreux passages, il a manifesté son dédain pour les adversaires superficiels qui prenaient son diagramme scientifique pour une recette de praticien.

Cette confusion a été faite par les foules et quelquefois même par des assemblées législatives. Son effet historique en a prouvé le danger.

Dans un ouvrage récent, M. Taine (qui en veut beaucoup au *Contrat social*) fait ressortir avec son habituelle supériorité d'analyse les inconvénients de ces théories abstraites qui, ne tenant pas compte des réalités compliquées, les dissolvent dans l'*a priori* mathématique sans pouvoir enfanter d'organisme politique vivant. M. Taine a parfaitement raison dans ses reproches. Seulement n'oublions pas trois choses: que le réel ne serait jamais amélioré si la science d'observation était l'unique; que si les thèses tranchantes et simples sont des demi-vérités, ce sont les demi-vérités qui seules jusqu'ici ont frappé et passionné les multitudes; que si les demi-vérités seules réussissent, c'est, paraît-il, que la dose d'erreur qu'elles renferment les rend plus assimilables à l'humanité. Donc, ne médisons pas trop des idéologues et des théoriciens, pourvu qu'ils soient conséquents. Les esprits géométriques et les hommes d'idéal comprennent mal l'histoire et déprécient trop le présent, c'est vrai; mais ils travaillent à préparer l'avenir. A tout prendre, si les Auguste Comte sont fort utiles à l'humanité, les Platon lui sont peut-être nécessaires. Avec bien moins de grandeur tranquille et de sagesse équilibrée que l'auteur du *Phédon*, Rousseau est de la même famille d'esprits. C'est un homme d'idéal et d'aspiration. Cette part n'est pas déjà si mauvaise; il n'y a pas à en rougir.

Troisième erreur : on lui suppose un système régulier. Mais Rousseau n'est rien moins qu'un Spinoza; il ne construit pas, à loisir et dans le silence, une cathédrale d'idées. C'est un philosophe de combat. La philosophie est pour lui, comme du reste pour toute son époque, non un but mais un moyen. Rousseau est un penseur qui, suivant les besoins, devient un Caton farouche, un tribun indigné, un semeur d'idées, un découvreur de sources, toujours un lanceur d'éclairs, un secoueur du monde, — et ce rôle en vaut bien un autre.

Complétons notre critique. Rousseau est indubitablement un génie, c'est-à-dire une force. Une force se mesure à l'étendue, au nombre ou à l'intensité de ses effets. La meilleure manière d'apprécier Jean-Jacques sera donc de décrire son influence.

V

Cette influence a été colossale sur toute la seconde moitié du XVIIIe siècle. Rousseau fut l'apôtre d'un nouvel idéal. Son cri: « Retournons à la nature! » a produit dans toutes les sphères de la vie privée et publique une révolution. Cette révolution présente une certaine analogie avec celle que vit Athènes lorsque Socrate, en revenant au point de vue des sages, ces moralistes antérieurs, battit en brèche les encyclopédistes de son temps. Elle ressemble en outre à la Renaissance qui est un retour à l'antiquité par-dessus la forêt inextricable du Moyen âge, et à la Réforme qui est le retour à la Bible par-dessus les maremmes infinies de la tradition. Le retour au primordial, à l'inaltéré, est l'élément commun à ces trois révolutions, qui toutes trois remontent aux sources et aux origines pour rentrer dans le vrai. La formule de Rousseau, moins déterminée que les trois autres, est peut-être, en compensation, la plus compréhensive des trois.

Rousseau a été le prophète d'un nouveau régime et d'une nouvelle société. L'adoptant pour son Lycurgue, la Révolution française a tiré des écrits du philosophe de Genève son *Credo*, sa devise et ce décalogue politique appelé la Déclaration des droits de l'homme et du citoyen. Amis ou ennemis le regardent comme le théoricien-chef de la démocratie et, chose à remarquer, le socialisme et le communisme se réclament de lui comme le républicanisme.

Rousseau a frayé la route à la discussion grave et à l'examen philosophique du christianisme; du même coup il a deviné et commencé une apologétique nouvelle.

Rousseau a été le réformateur de la science éducative et l'inspirateur, soit de l'Allemand Basedow, soit du Zurichois Pestalozzi, ce patriarche reconnu de la pédagogie moderne.

Et cette action ne se borne pas aux pays de langue française, ni même aux peuples latins. Elle a été, de l'aveu des historiens (H. Ritter et Hettner, par exemple), plus profonde encore sur les peuples germaniques. Kant reconnaît n'avoir été remué par aucun ouvrage autant que par l'*Emile*, et Gœthe appelait ce livre l'évangile des instituteurs. Jacobi a déduit de Rousseau sa philosophie du sentiment, tandis que Kant en faisait sortir la théorie de la Religion dans les limites de la Raison. Schiller, Fichte, Herbart, Schleiermacher, pour ne mentionner que les esprits de premier ordre, ont applaudi le penseur de Genève, et salué en lui le partisan de la spontanéité et de l'autonomie du moi, le revendicateur des droits de la personnalité, pour tous les âges de la vie et dans toutes les conditions sociales, l'avocat le plus puissant de l'individualisme.

Cette influence ne finit pas avec le XVIIIe siècle. Rousseau a été nommé à bon droit le précurseur du XIXe siècle. Il est un ancêtre, il est même notre principal ancêtre. Pour s'en convaincre, il suffit de réunir en un faisceau ses dérivations innombrables.

Rousseau a prodigué les formes et les tentatives, et rien de lui ne s'est perdu.

Il a fourni le modèle de tous les genres d'éloquence, l'éloquence polémique et pathétique, politique et religieuse. Il est l'inventeur d'un style nouveau, le style savant, à la fois harmonieux, coloré, passionné, raisonné, où rien n'est abandonné au hasard, où tout s'enchaîne, se fond et concourt à l'unité d'effet.

Sans parler de son action sur la musique dramatique

française, [1] il a trouvé, comme écrivain, une quantité de veines nouvelles. Le pittoresque, le rustique, le familier, la rêverie, le genre intime, l'idylle bourgeoise, la confidence, remontent à lui. L'hirondelle, la maison blanche aux contrevents verts, « l'or des genêts, la pourpre des bruyères » et tous les détails du monde réel s'introduisent par son autorité dans la littérature. Il a inauguré de nouveaux modes de sentir, de penser et d'exprimer; il a, ce n'est pas trop dire, dénoué quelque chose dans l'âme humaine. Un satirique appelait Socrate l'ensorceleur de la Grèce: Jean-Jacques, cet autre ensorceleur, a réussi à inoculer à notre génération jusqu'à ses préférences les plus particulières : les plaisirs champêtres, la promenade solitaire, l'herborisation; il a, pour ainsi dire, inventé le voyage à pied et les courses de montagne. Il a révélé à l'Europe le pays des lacs et des vallées, des Alpes et du Jura, et déterminé cette attraction pour la Suisse que nous voyons grandir tous les jours. La botanique littéraire, l'esthétique musicale datent de lui. C'est Rousseau qui est le père du romantisme. Le réalisme modéré et son contraire le sentimentalisme procèdent également du rêveur des Charmettes. Quel homme que celui qui est l'initiateur à la fois de Bernardin de Saint-Pierre, de Mirabeau, de Mme de Staël, de Châteaubriand, de Lamennais, de Georges Sand, de Pierre Leroux, d'Edgar Quinet, de Proudhon, de Xavier de Maystre et de Töppfer! Et qui sait même si l'étude scientifique du monde alpestre et la géologie, entendue à la manière des de Saussure, ne se rattachent pas à l'influence de Jean-Jacques autant qu'à celle de Haller?

[1] Grétry et Gluck ont consulté avec fruit l'auteur du *Devin du village*.

Quant aux idées proprement dites, presque toutes celles de Rousseau ont germé après lui; elles fleurissent autour de nous et il est probable que de tous les grands novateurs du siècle dernier, c'est Rousseau qui se trouverait le moins dépaysé dans notre société actuelle. Cependant il faut reconnaître que ses idées ont vieilli, ou plutôt qu'elles ont été amendées par l'expérience. Ce qui nous sépare le plus profondément de lui, c'est que le mot d'ordre universel a changé. Dans la science comme dans la vie, ce n'est plus la Nature, mais le Progrès qui explique tout. Ebauchée par Herder, Lessing, Turgot, Condorcet, cette dernière conception est devenue, par Saint-Simon et Hegel, l'idée favorite et dominante de notre époque, et cette conception semble le contraire de la précédente. Il n'y a pourtant pas contradiction entre elles : en effet, la nature humaine qui fait partie de la nature générale étant perfectible, la nature devient progrès sans cesser d'être nature. Mais il est certain que l'idée la plus haute des deux est celle de progrès, car si le progrès comprend la régénération qui est le retour au primitif, rétrograder, quand c'est vers le bien, est une manière d'avancer. En outre, la Nature elle-même, tenue si longtemps pour immuable, est soumise à cette loi du progrès : pour la science contemporaine, les faunes et les flores, les planètes et les soleils, sont en métamorphose aussi bien que les civilisations.

Tels sont à peu près les titres de Rousseau, telle est la trace de son passage dans l'histoire. Concluons.

VI

« *L'histoire universelle*, a dit Schiller, ressemble au *Jugement dernier*, » avec cette différence, ajoutons-nous, que celui-ci est définitif, tandis que le jugement historique souffre toujours l'appel et peut être cassé ou revisé plus d'une fois dans le cours des siècles.

Seize ans après la mort de Rousseau, un premier jugement a été rendu sur l'œuvre de celui qui dormait à Ermenonville. Le Comité d'instruction publique de la France s'exprime ainsi, dans son rapport du 15 septembre 1794 : « La voix de toute une génération nourrie de ses principes et pour ainsi dire élevée par lui, la voix de la République entière l'appelle au Panthéon, et ce temple, élevé par la patrie aux grands hommes qui l'ont servie, attend celui qui, depuis si longtemps, est placé en quelque sorte dans le Panthéon de l'opinion publique. »

Un mois plus tard, lors de la translation des cendres du citoyen de Genève au Panthéon, le premier magistrat de l'Etat, scelle en quelque sorte le monument de Rousseau, avec ces paroles: « La Convention nationale veut acquitter à la fois, envers le philosophe de la Nature, et la dette des Français et celle de l'humanité. »

Ce premier jugement est solennel, mais il est celui de l'enthousiasme. Un centenaire est un jugement de seconde instance, il représente, en l'agrandissant, une institution fameuse de l'Egypte pharaonique, le tribunal des morts. Les défunts appelés à comparaître devant lui ne sont plus seulement les monarques, les pontifes et autres grands de la terre enlevés la veille, c'est l'élite intellectuelle des générations évanouies, ces rares privilégiés dont le nom, au bout d'un siècle, vit encore dans le souvenir des hommes et surmonte les sables envahissants de l'oubli. Au lieu de quarante juges, c'est un peuple, c'est l'humanité qui siége et qui fait, pour les grandes renommées, la redoutable pesée des mérites.

Imaginons Jean-Jacques appelé à la barre de ce tribunal, que va-t-il dire dans sa propre cause? Peut-être ce qu'il a dit autrefois avec émotion:

« J'étais homme et j'ai péché; j'ai fait de grandes fautes que j'ai bien expiées, mais le crime n'approcha jamais de mon cœur. »[1] — « J'ai rendu gloire à Dieu, j'ai parlé pour le bien des hommes; pour une si grande cause, qui refuserait jamais de souffrir? »[2]

Et le tribunal, après délibération, quel verdict va-t-il rendre? Peut-être celui-ci:

Cet homme fut extraordinaire. Il y a eu des taches et des hontes dans sa vie privée, des lacunes et des contradictions dans sa pensée, des veines douteuses dans son caractère et dans son génie, des effets pernicieux dans son influence. Mais il a déploré, expié, racheté ses fautes; il a cherché le vrai, adoré le bien, proclamé le droit, souffert pour la justice; il a beaucoup entrepris et beaucoup suscité; la seconde moitié de sa vie a été dévouée aux plus grandes causes. Qu'il soit absous du mal qu'il a pu commettre, en faveur du bien qu'il a fait; qu'on lui maintienne sa place dans le prytanée des mortels glorieux et qu'on lui

[1] Lettre à Saint-Germain, 1770.
[2] Lettre à Mirabeau, 7 juin 1772.

rouvre la porte de cette enceinte qui a pour inscription : « Aux grands ouvriers de l'histoire la postérité reconnaissante. »

Si la sentence du grand Aréopage n'est que supposée, celle que prononce en ce moment notre peuple réuni en a, ce nous semble, d'autant plus de signification.

Il y a cent quinze ans qu'un exilé disait avec mélancolie : « J'ai tâché d'honorer le nom genevois, j'ai tendrement aimé mes compatriotes, je n'ai rien oublié pour me faire aimer d'eux : on ne saurait plus mal réussir. » A ce fils généreux pour qui elle n'a pas toujours été une mère juste ; à la plus éclatante des illustrations sorties de son sein, puisque Calvin n'est que son enfant adoptif, à l'homme qui a su mettre en valeur les traditions de notre vie religieuse, politique et morale, et donner à l'héritage de sa jeunesse une importance universelle et un retentissement européen, à Jean-Jacques Rousseau, Genève, sa patrie, rend aujourd'hui hommage.

Cette fête du Centenaire, témoignage national de gratitude et d'admiration, doit certainement peser quelque peu dans les balances de l'histoire. « Les républiques sont ingrates, » dit l'expérience ; « Nul n'est prophète en son pays, » dit l'Evangile. — Quand donc, au bout d'un siècle de disputes, une génération plus calme vient déposer sur la tête d'un concitoyen une couronne de lauriers et d'immortelles, il y a là, en faveur de la légitimité de cette renommée, mieux qu'une présomption, il y a peut-être une consécration.

Cette fête imposante, qui n'est pas chez nous sans précédent, est d'ailleurs, pour la cité genevoise, un acte de sagesse en même temps que de justice. Honorer les grands hommes, nous le voyons par l'exemple d'Athènes, c'est, pour les nations libres, et particulièrement pour les petites républiques, se rendre digne d'en avoir.

A CONSULTER: Outre les Œuvres complètes de Rousseau, les trois volumes supplémentaires, publiés par Streckeisen-Moulton. — *Sur la vie et les ouvrages de Rousseau :* Dussaux, Musset-Pathay, J.-H. Morin, Brockerhoff. — *Sur les idées de Rousseau :* Victor Cousin, Baudrillart, Barni, Bersot, Janet. — *Sur le talent de Rousseau,* les critiques littéraires, entre autres: Mme de Staël, Villemain, Barante, Saint-Marc Girardin, Sainte-Beuve, Gérusez, George Sand, Cuvillier-Fleury, Demogeot, Levallois, Gidel. — *Sur l'influence de Rousseau,* les historiens, particulièrement: Mercier, Henri Martin, Louis Blanc, Michelet, Lanfrey, Quinet, Taine. — *Pour le jugement des étrangers,* entre autres : Kant, Hegel, Hettner, Carl Schmidt, Julian Schmidt, lord Brougham. — *Pour l'opinion des Genevois et des Suisses romands,* entre autres: Senebier, Trembley, P. Prévost, Etienne Dumont, Mallet-Du Pan, Sayous, Bungener, Gaberel, Rod. Rey, Ernest Naville, Doret; — Vinet, Fritz Berthoud.

LES IDÉES DE J.-J. ROUSSEAU

SUR L'ÉDUCATION

PAR

ANDRÉ OLTRAMARE

Professeur.

Mesdames et Messieurs,

L'éducation, selon qu'elle est bien ou mal instituée, a
de telles conséquences pour la société comme pour les individus, qu'elle devait naturellement attirer l'attention des
esprits d'élite, et prendre même une place assez considérable dans les méditations de quelques-uns des plus beaux
génies qu'aient produits les temps anciens et les temps
modernes. Aussi, sans compter les législateurs religieux et
politiques, ces grands instituteurs de l'humanité, qui ont
eu pour élèves des nations entières conduites par eux dans
les voies de la civilisation, la pédagogie a pu inscrire dans
ses annales les noms de quelques philosophes entre les plus
illustres; et combien n'est-il pas d'éminents écrivains, moralistes, historiens, orateurs, poètes même, qui ont laissé,
sur les questions qu'elle agite, ou des vues profondes, ou
des directions pratiques, ou d'ingénieuses remarques ! Elle
serait longue la liste de tous ceux qui, sans avoir voulu
faire œuvre de pédagogues, ont tracé leur sillon dans ce
champ si controversé de l'art d'élever les hommes.

Néanmoins, on ne rencontre, dans le cours des siècles,
qu'un nombre assez restreint de penseurs qui aient traité

le sujet en lui-même et sans le rattacher, de près ou de loin, à des conceptions d'un autre ordre, sans le subordonner à des buts en partie étrangers à la matière qu'il s'agissait d'approfondir. Aussi longtemps qu'on s'est proposé d'élever des citoyens d'Athènes ou de Rome, et qu'on a poursuivi l'idée du prince, de l'orateur, du clerc ou de l'artisan, on n'a songé qu'à façonner des hommes de tel ou tel pays, de telle condition ou de telle confession déterminée, et l'on a oublié de former l'homme lui-même, sans distinction de lieu ni de temps, sans intérêt de culte ni de parti. Ce n'est que de nos jours, depuis la revendication des droits de la nature humaine et de l'individu, méconnus plus ou moins par tous les régimes antérieurs, que la théorie de l'Education est arrivée à se constituer en une science indépendante, ayant ses principes à elle, sa méthode, ses procédés, sa statistique, et que, sous le nom assez malheureux de Pédagogie, elle a pris enfin la place qui lui appartient dans le groupe des sciences morales, avec une littérature déjà fort riche et qui s'accroît incessamment de publications nouvelles. L'honneur de ce résultat revient, pour une bonne part, à celui dont Genève s'apprête à célébrer le Centenaire, à l'immortel auteur de l'*Emile*, le plus digne assurément, entre tous les écrits de Rousseau, d'être mis au rang des chefs-d'œuvre de notre littérature.

Notre concitoyen a largement, il est vrai, profité lui-même des travaux de ses devanciers. S'il ignorait, selon toute apparence, le mouvement pédagogique qui se produisit en Allemagne à la suite de la Réforme; s'il ne connaissait ni les idées de Luther sur l'éducation du peuple, ni l'essai d'une méthode naturelle proposée au XVIIe

siècle, par Ratich et par Amos Comenius, il avait lu, sans doute, dans Rabelais et dans Montaigne, les pages admirables où la réforme de l'éducation scolastique et monacale est indiquée à grands traits. Nous savons, en outre, qu'il tenait fort en estime les ouvrages de Fénelon; ceux du *bon* Rollin, du *savant* Fleury, du *pédant* de Crousaz, comme il les appelle avec quelque dédain, ne lui étaient pas non plus étrangers; nous le voyons encore s'appuyer de l'autorité de Buffon, qui venait de publier ses recherches sur le bas âge; enfin il cite fréquemment Locke, le *sage Locke*, soit pour approuver ses idées, soit, plus souvent encore, pour les combattre. En un mot, comme toute œuvre vivante, appelée à étendre son influence sur les générations à venir, l'*Emile* a de nombreuses attaches et des racines dans le passé. [1]

Il n'en demeure pas moins que l'*Emile* ne ressemble à rien de ce qui l'a précédé et que nous sommes en présence d'une œuvre des plus originales. C'est que ses racines plongent aussi fort loin dans le passé même de l'auteur: sa carrière aventureuse et ses antécédents littéraires; ce qu'il y avait eu de bizarre et d'irrégulier dans son éducation; puis l'esprit d'indépendance très-développé dans sa famille, surtout chez son père qui le nourrissait de la moëlle de l'antiquité, dans *Les hommes illustres* de Plutarque; enfin les influences diverses, exercées par son séjour à la campagne, chez le pasteur Lambercier, et par la vie républicaine de la cité genevoise au XVIIIe siècle, où

---

[1] Selon le bénédictin Dom J. Cajot, l'*Emile* de J.-J. Rousseau n'est qu'une compilation (*Les plagiats de M. J.-J. Rousseau*, La Haye, 1766).

le sérieux des mœurs protestantes s'alliait à l'esprit frondeur de l'époque : tout cela avait laissé, dans l'âme impressionnable de Rousseau, des traces assez durables pour qu'il se rappelât avec une grande vivacité les incidents de ses premières années. Voilà, avec son propre génie, les sources vives où il a puisé l'inspiration ; voilà ce qui donne à son livre un cachet si frappant d'originalité. Ces événements multiples venant se fondre et se combiner au foyer d'une imagination ardente, il en est sorti une œuvre pleine d'unité et de vie, empreinte d'un caractère éminemment personnel.

Grâce aussi à la forte concentration de sa pensée, Rousseau a, le premier, embrassé le sujet d'une vue systématique, et il en a éclairé quelques parties d'une lumière inattendue. Non-seulement il a groupé autour d'un principe supérieur et purement philosophique, des règles et des maximes jusque-là éparses ou déduites de quelque dogme indiscutable ; mais il a, du même coup, montré la méthode à suivre désormais dans les moindres détails d'application. En effet, quelque opinion qu'on puisse avoir d'ailleurs de la justesse de ses vues, c'est sur les faits, et non sur des raisonnements *a priori*, qu'il a prétendu édifier son système, à savoir sur l'observation de la nature humaine et de la marche du développement chez l'enfant et le jeune homme. On peut dire qu'il a ainsi créé la théorie scientifique de l'Education.

Après cela, que l'*Emile* contienne un certain nombre d'idées qui se retrouvent dans des écrivains antérieurs, peu importe : l'originalité absolue n'appartient à personne, et le propre du génie consiste autant à combiner en un tout harmonique des matériaux de provenance diverse, qu'à créer de toutes pièces. Là ne se borne pas, d'ailleurs, ce que nous devons à Rousseau. Sans vouloir rien exagérer, il n'est que juste de dire qu'il a ouvert aussi des voies nouvelles et qu'il a mis dans la circulation une quantité de pensées aussi profondes qu'originales. Son livre est une mine si riche d'observations de tout genre, qu'il a servi à défrayer plusieurs de ceux qui, venus après lui, se sont donné le facile plaisir de le combattre avec les armes mêmes qu'il avait forgées. Mais la preuve irrécusable de la portée de l'*Emile*, c'est l'intérêt qu'il excita pour les questions pédagogiques chez des philosophes tels que Kant et Herbart, en qui se reconnaît l'inspiration de Rousseau; ce sont aussi les essais d'application qui en ont été faits à diverses reprises, et les réformes qui se sont imposées dans le domaine scolaire. C'était bien un maître que celui qui eut pour disciples et continuateurs des pédagogues de la valeur de Basedow, de Pestalozzi, de Frœbel, etc. Rajeunie par eux, l'école s'est enfin ouverte aux méthodes naturelles qui régnaient déjà dans la science. Rousseau n'a donc pas été rien qu'un démolisseur; il a contribué à l'œuvre du progrès dont profitent les générations actuelles. L'épaisse forêt vierge du moyen âge où avaient longtemps dormi tous les germes de la culture moderne, couvrait encore le sol en bien des endroits; largement éclaircie par de hardis pionniers, comme Luther et Rabelais; réveillée, en ses plus secrets réduits, par les voix d'un Bacon et d'un Descartes, battue en tous sens, à la suite de Montaigne, par d'heureux chasseurs d'idées, elle semblait n'attendre plus que des souffles printaniers et de chauds rayons pour laisser éclore les floraisons nouvelles. L'éloquence de Rousseau opéra ce prodige.

Est-ce à dire, cependant, que la science de l'Éducation ait trouvé dans l'*Émile* sa forme définitive et que ce livre ne contienne pas des erreurs sur des questions d'une importance plus que secondaire? Telle n'est pas notre pensée. Nous n'avons nulle envie de transformer Rousseau en un prophète infaillible. Son œuvre a suscité [1] et suscitera toujours de graves objections : elle appelle de sérieuses réserves. Ce serait merveille, en vérité, qu'il eût pénétré tous les secrets de la nature humaine et résolu tous les problèmes de l'éducation. La Psychologie est loin encore d'avoir dit son dernier mot; or, sans une bonne psychologie, il n'y a pas de pédagogie possible, s'il est vrai que celle-ci ne soit au fond qu'une application de celle-là. Cette vérité fondamentale, aperçue par Comenius, Rousseau a contribué plus que personne à la mettre en évidence; il n'a cessé de rappeler à l'éducateur, sous les formes les plus variées, sa règle suprême : *Observez la nature et suivez la route qu'elle vous trace. Voulez-vous toujours être bien guidé, suivez toujours les indications de la nature.* Sa théorie repose donc, comme nous l'avons dit, sur l'observation, et il est certain qu'il a fait preuve d'une analyse pénétrante dans l'étude des ressorts les plus délicats du cœur humain. Cela suffirait, à défaut d'autres mérites, pour qu'il fallût prendre l'*Émile* en sérieuse considération, quelles qu'en soient les lacunes et les parties contestables.

---

[1] Ainsi, déjà en 1763, parut l'*Anti-Émile*, du Père Gerdil, barnabite.

Mais, chose curieuse, ce qui a le plus nui peut-être à la réputation scientifique de Rousseau, auprès de certains pédagogues, c'est précisément ce qui a fait le grand succès populaire de son livre, le mérite littéraire de la forme. Rien de moins dogmatisant que l'auteur de l'*Émile* dans son mode d'exposition : sauf quelques maximes et quelques aphorismes d'un tour paradoxal, destiné à provoquer l'attention, il s'est bien gardé de présenter ce qu'il avait à dire sous la forme aride d'un traité didactique. Aussi, pour réhabiliter un pareil écrivain dans l'opinion de ceux qui n'apprécient que ce qui est formulé scientifiquement, il faudrait avoir le courage de dépouiller l'*Émile* de tout ce qui en fait le charme pour le vulgaire des lecteurs ; il faudrait sacrifier la fiction qui sert de cadre à l'idée abstraite, éliminer les ornements distribués d'une main prodigue, digressions, anecdotes, scènes dramatiques, descriptions et tableaux d'une beauté magistrale, pour ne s'attacher qu'à la nue doctrine, en conservant, autant que possible, les expressions textuelles de l'auteur ; car, dans les endroits où le raisonnement domine, la langue de Rousseau est d'une précision si rigoureuse, qu'on ne saurait dire autrement, sans risquer d'altérer la pensée. L'ordre méthodique, qui grouperait tous les passages de nature à s'éclairer mutuellement, suffirait souvent, croyons-nous, à dissiper des préventions injustes, des idées fausses ou incomplètes qui circulent sur le compte de Rousseau. Plusieurs des contradictions dans lesquelles on lui reproche d'être tombé, disparaîtraient d'elles-mêmes devant certains rapprochements. On verrait mieux que l'*Émile* forme un ensemble parfaitement lié dans ses diverses parties, un système très-logique dont les bases peuvent être discutées, mais qui, en tout cas, n'a pu sortir que d'une forte conception et de réflexions longuement mûries. [1] Quiconque voudrait entreprendre une discussion sérieuse, pour ou contre la théorie éducative de Rousseau, devrait donc commencer par soumettre l'*Emile* à un travail préliminaire de dépouillement et d'analyse, travail qui n'a pas encore été fait, semble-t-il, d'une manière assez consciencieuse pour permettre d'apprécier, en pleine connaissance de cause, la valeur pédagogique d'une œuvre aussi considérable.

Je n'ai certes point la prétention de combler cette lacune dans la séance de ce jour. Le champ qu'embrasse l'*Emile* est trop vaste, les questions qu'il soulève sont trop complexes et trop délicates pour qu'il soit possible de faire autre chose que d'effleurer un si grand sujet. Malgré ce qu'il y a en soi de peu satisfaisant à laisser de côté des détails d'un très-vif intérêt, qui demanderaient à être étudiés et discutés à loisir, je devrai me borner à l'examen des principes philosophiques sur lesquels est basé l'*Emile*, et à l'esquisse rapide des contours généraux de l'ouvrage. L'importance de l'œuvre dont j'ai à parler, et le peu de temps dont je puis disposer, m'obligent à ne viser qu'à l'essentiel, dût-on me reprocher d'avoir passé sous silence quantité de points sur lesquels on se préparait, sans doute, à m'entendre. Mon excuse est dans le nombre même des omissions auxquelles me condamne en tout cas la fécondité du génie de Rousseau. Si je puis réussir au moins à reproduire fidèlement la conception et le dessein de mon

---

[1] Rousseau consacra huit années à la composition de l'*Emile*.

auteur, je croirai n'avoir pas trop failli à la tâche que j'ai acceptée. C'est, par conséquent, un simple exposé des idées de Rousseau sur l'Education, et nullement un travail complet sur la matière, que je viens offrir à mes auditeurs.[1] Les considérations dans lesquelles nous aurons à entrer seront parfois, je le crains, d'une nature un peu abstraite; mais l'intérêt qui s'attache à l'œuvre d'un grand écrivain m'autorise à compter, Mesdames et Messieurs, sur votre bienveillante attention pendant cette heure consacrée à l'ouvrage que Rousseau tenait pour le meilleur qui fût sorti de sa plume.

Pénétrons donc, sans plus de préambule, dans cette belle construction qui, à peine sortie des mains de l'architecte pour être livrée, en 1762, à l'impatiente curiosité du public, se vit menacée de disparaître dans les flammes, et qui n'a cessé, dès lors, d'être l'objet des plus violentes critiques, comme des admirations les plus enthousiastes. Mais, avant tout autre examen, nous avons à descendre dans le sous-sol pour voir les assises de l'édifice et juger de la solidité des fondations. Qu'est-ce que l'éducation pour Rousseau, et sur quoi entendait-il la faire reposer? Voici, en nous tenant au plus près de sa pensée et de ses propres paroles, ce qu'il répondrait à cette question:

L'homme arrive dans ce monde doué par la nature de dispositions primitives, d'organes et de facultés dont le développement se fait en vertu de lois naturelles, à condition qu'il ne soit pas contrarié, mais favorisé plutôt, par

---

[1] On consultera avec fruit, outre la belle étude de Saint-Marc Girardin, *Revue des Deux-Mondes*, 1855, sq., le grand ouvrage de F. Brockerhoff, *Jean-Jacques Rousseau, sein Leben und seine Werke*, 3 vol., Leipzig, 1863.

l'influence du milieu où chacun se trouve placé: c'est-à-dire, d'un côté, par celle des choses qui l'environnent et à l'occasion desquelles les forces entrent en jeu, de l'autre, par celle des personnes qui exercent sur lui une action voulue et réfléchie. Le développement interne constitue l'éducation de la nature qui se poursuit sans nous, et souvent malgré nous; les expériences personnelles que nous faisons à propos des objets extérieurs, composent l'éducation des choses; l'usage qu'on nous apprend à faire de nos forces est l'éducation des hommes, qui trop souvent contrecarre les deux premières en se substituant à elles. Ainsi, tout ce qui vient s'ajouter à ce que nous apportons en naissant, toutes les acquisitions faites dans le cours de la vie proviennent de l'une de ces trois éducations. Qu'elles se contredisent, et tout est perdu; que par un heureux concours de circonstances, elles s'unissent pour travailler de concert, et le résultat est aussi parfait que le comporte la nature humaine. Comme l'éducation de la nature ne dépend pas de nous et que celle des choses n'est qu'en partie dans notre main, il s'ensuit que c'est à l'éducation des hommes de se régler sur l'éducation naturelle.

Voilà le grand principe d'où tout va découler. Le point de départ de Rousseau sera toujours le pur état de nature, et cela non pas seulement dans le bas âge, mais à chacun des degrés, à chacune des étapes du développement physique, intellectuel et moral. Demander le retour à la nature, c'était aller bien plus loin que les érudits de la Renaissance, qui s'étaient bornés à revenir aux sources antiques, sources depuis longtemps taries et à jamais fermées au profane vulgaire. Déjà les penseurs et les savants du

XVII⁰ siècle avaient retrouvé la source toujours ouverte de la vérité dans l'examen des faits de conscience et dans l'observation de la nature. Le XVIII⁰ siècle, plus téméraire, ne craignit pas de rompre avec la tradition en réduisant tout au bon sens, avec Voltaire, au sentiment intérieur, avec Rousseau. C'était tomber dans un excès qu'a dû corriger le sens historique du XIX⁰ siècle, en renouant l'état présent et la culture actuelle aux origines de l'humanité mieux étudiées.

Néanmoins, la règle fondamentale posée dans l'*Emile*, de se conformer à la nature dans l'éducation, devra toujours être acceptée en principe par les vrais pédagogues. Comment ne pas reconnaître, en effet, que l'éducateur ne travaille que sur des éléments existant déjà dans l'âme humaine ; que là où les forces natives font défaut, il ne saurait les créer, et qu'il ne fait que donner l'éveil, l'accroissement et la direction à celles qu'il a trouvées à l'état de germes ? Comment, d'un autre côté, ne pas voir que l'éducation ne parvient jamais à étouffer entièrement la nature, ni à changer du tout au tout les dispositions originelles ; mais qu'elle réussit seulement à les modifier jusqu'à un certain point, à les équilibrer et à les mettre en harmonie, en se servant de la nature elle-même pour dompter la nature ou pour corriger les habitudes vicieuses qui en prennent la place ? Ce n'est pas sans raison que dans le langage ordinaire, dire d'une chose qu'elle est naturelle, c'est dire qu'elle est bonne et désirable ; dire qu'elle est contre nature, c'est la condamner comme mauvaise.

Il vaut la peine de faire observer ici que, dans sa manière de concevoir la nature, le novateur du XVIII⁰ siècle donnait sciemment la main à travers les âges au vieil Aristote; il la définissait comme lui : *Ce qui est avant toute dépravation*. De là cette absolue conviction de Rousseau que les tendances primitives, déposées dans l'âme par le Créateur, sont toutes conformes au bien et à l'ordre; que le mal n'apparaît jamais qu'à la suite d'une déviation ou d'une altération de nos dispositions naturelles, faussées par les habitudes et par les opinions erronées que donne une éducation mal conduite.

Il en a tiré la conséquence que celle-ci doit être, avant tout, expectante, et que l'éducateur, au lieu de se presser d'agir, doit étudier attentivement la marche de la nature, de peur de jeter le trouble dans ses opérations; il faut qu'il s'applique, surtout dans les premières années, à écarter les influences funestes. Ne nous hâtons pas trop de conclure, d'une recommandation si raisonnable, que Rousseau a réduit l'éducation à n'être en tout qu'une méthode inactive. On n'a pas assez remarqué qu'outre les déviations causées par les influences du dehors, il signale une autre source du mal, inhérente à l'essence d'un être fini, et dont les habitudes mauvaises, ainsi que les préjugés, ne sont en définitive que des conséquences lointaines: c'est, à savoir, la faiblesse humaine, mère de la paresse et, par elle, de tous les vices. Sans doute, l'enfant livré à lui-même, et tel qu'il sort des mains du Créateur, n'a que des impulsions droites et bonnes, ce qui ne veut pas dire, observons-le en passant, qu'il y ait en lui mérite ni démérite, ni rien de moral; mais s'il naît bon, il naît en même temps faible et dépourvu de tout, ayant des besoins et incapable de se suffire à lui-même, sans lumières pour se diriger dans l'usage du peu de forces dont il dispose. Or, *toute méchanceté vient de faiblesse, et l'enfant n'est méchant que parce qu'il est faible ; rendez-le fort, il sera bon.*

De cette observation ressort la grande, la principale tâche que doit se proposer l'éducation, pour autant qu'elle est un art, et s'il est vrai que *l'art consiste à perfectionner incessamment l'instrument donné par la nature.* Elle ne se contentera donc pas d'éloigner de l'enfant ce qui lui serait nuisible, ni de subvenir à ses besoins, aussi longtemps qu'il est hors d'état d'y pourvoir lui-même ; mais elle devra aussi favoriser le développement de ses forces, lui donner *tout ce qu'il n'a pas à sa naissance et dont il aura besoin étant grand*, l'aider, en un mot, à sortir peu à peu de la dépendance étroite où le tient sa faiblesse, vis-à-vis des hommes et des choses, jusqu'à ce qu'il puisse enfin se passer de soutien et de guide.

Si le point de départ était l'état de nature, le point d'arrivée, le but à atteindre, est l'épanouissement complet de l'être, l'état d'homme véritable, c'est-à-dire d'un être fortement constitué, sain de corps et d'esprit, connaissant ses limites naturelles et la place qui lui est assignée dans l'ordre universel, capable de s'y maintenir par une volonté entièrement libre, affranchie du joug des opinions humaines et du joug non moins tyrannique de ses propres passions. *La vertu*, dernier terme de l'évolution normale, *n'appartient*, dit Rousseau, *qu'à un être faible par sa nature et fort par sa volonté*. On le voit, la fin de l'éducation n'est rien moins que la réalisation complète de l'idée de l'homme et l'accomplissement de la nature humaine dans ce qu'elle a de plus élevé, la liberté morale.

6

Voilà l'idéal. A quelle distance n'en sommes-nous pas !
Rien là d'étonnant si l'éducation, au lieu de développer
les bons germes, les étouffe et en sème de mauvais; si, au
lieu de fortifier, elle énerve et affaiblit; *si le cœur de l'enfant meurt avant de naître*, et si la volonté, asservie par
l'opinion, dominée par des désirs factices, est impuissante
à suivre la voix de la raison et de la conscience ? A voir
comment sont élevés tant de malheureux enfants, à tous
les degrés de l'échelle sociale, on s'étonne plutôt qu'il n'y
ait pas dans le monde un plus grand nombre de vauriens
et de scélérats. Il faut, en vérité, qu'il y ait, dans cette
nature humaine si calomniée, un fonds de virtualité inépuisable, pour avoir résisté à toutes les causes de dépravation qui conspirent à sa ruine.

Y a-t-il au moins quelque espoir de sortir du cercle vi-
cieux auquel l'humanité semble condamnée? Tout système
d'éducation conforme à la nature, ne viendra-t-il pas fatalement échouer devant ce fait, qu'il sera toujours appliqué
par des hommes sortis eux-mêmes des voies naturelles ?
L'enfant a beau naître bon, si l'atmosphère qui l'entoure
est impure, il s'étiole et dépérit avant d'être arrivé à la
stature de l'homme fait. Quel expédient a dû prendre
Rousseau? Bien qu'il voie dans le père le précepteur né
de ses enfants, et qu'il ait fait, à ce propos, le pénible
aveu de sa faute, il donne à son Emile un gouverneur
imaginaire, se ménageant ainsi la possibilité de choisir un
homme, sinon d'une perfection idéale, du moins d'un
caractère supérieur à l'humaine faiblesse. La condition indispensable pour réussir est, en effet, que l'éducateur soit
à la hauteur de sa tâche. Le premier venu n'est pas propre

à créer autour de l'élève ce milieu exceptionnel dont on a fait grand bruit contre l'auteur de l'*Emile* et qui, pourtant, est une nécessité en théorie. Mais un bon gouverneur est si difficile à trouver, qu'un père aura plus tôt fait de se rendre capable de l'être.

Loin de se dissimuler toutes les difficultés pratiques de l'éducation telle qu'il l'avait conçue, Rousseau a été le premier à les signaler dans son livre même ; il ne s'est pas refusé non plus à reconnaître qu'en soi la chose est irréalisable. *Vous dites très-bien qu'il est impossible de faire un Emile*, écrit-il à Philibert Cramer, le 13 octobre 1764, dans une lettre curieuse où il s'explique sur le but qu'il avait en composant son ouvrage. Nous y voyons que ce fut pour justifier sa thèse de la bonté originelle de l'homme, qu'il entreprit de montrer comment tous les vices entrent dans le cœur humain, et comment il arrive que les hommes sont méchants, tandis que l'homme est naturellement bon. Le besoin d'expliquer le désaccord existant entre les faits et son principe, lui a donc fait prendre la plume ; et il s'est trouvé que la démonstration de cette thèse, par les errements de l'éducation vulgaire, l'a mis sur la voie des réformes à introduire, supposé, bien entendu, que le mal ne fût pas sans remède.

Or, Rousseau ne croit pas que nos maladies morales soient incurables (*sanabilibus ægrotamus malis*, dit-il avec Sénèque). Suivant lui, la nature elle-même nous offre les instruments propres à la régler et les moyens de guérison. Le principe du mal moral, n'étant pas en elle, ne peut être cherché que dans un vice de notre volonté, faite pour être libre en acceptant les lois de la nécessité et en se conformant à celles de la raison, mais misérablement assujettie à des habitudes invétérées. Le salut n'est donc pas dans un changement des dispositions primitives, entreprise aussi vaine que ridicule, mais dans une réforme de la volonté (*si emendari velimus*). Qu'elle retrouve sa règle, et elle retrouvera sa liberté, qui est dans son essence. Toute l'éducation doit s'inspirer de la liberté ainsi entendue. S'il n'y a pas de liberté sans force ; si la faiblesse, c'est l'esclavage avec tous les vices qui viennent à sa suite, laissez se développer librement toutes les forces, sans leur poser d'autres limites que celles qu'a marquées la nature. Donc, point d'entraves matérielles qui gênent les mouvements de l'enfant, point d'ornière tracée à son intelligence, point de chaînes morales arbitraires, telles que ces prétendues habitudes qu'on lui fait prendre de force, avant l'âge où la raison montre le bien et le mal, et où la conscience impose à la volonté la seule loi qui se concilie pleinement avec sa liberté, celle du devoir ou de la nécessité morale. L'ancienne discipline d'autorité et de contrainte, en voulant tout réprimer, comprime et fausse tout. Elle n'a d'autre résultat que d'étouffer en germe, avec l'esprit d'initiative, le sentiment de la responsabilité de ses actes. La spontanéité individuelle est remplacée par l'automatisme. En somme donc, l'enfant doit être élevé pour la liberté et par la liberté ; c'est le seul moyen de maintenir et aussi, selon les cas, de remettre chaque chose à sa place.

Il y avait, assurément, de la hardiesse à faire de la liberté la clé de voûte d'un système d'éducation. On sait que Rousseau s'effrayait lui-même de voir des parents entrer dans la voie qu'il avait indiquée, et qu'il repoussait la responsabilité d'une telle tentative. La liberté individuelle a sans doute ses dangers, comme la liberté politique; mais n'est-elle pas aussi la force par excellence? N'est-elle pas vraiment le centre de gravité de l'âme humaine, en même temps que la fin assignée à l'être moral? Plus on y réfléchit, plus on se persuade qu'à tout prendre, ce trait essentiel de la méthode de Rousseau n'est qu'une heureuse imitation de la méthode divine elle-même.

Quoi qu'il en soit, nous tenons maintenant les deux termes entre lesquels se déroule le plan entier de l'*Emile :* d'un côté, la nature, principe de virtualité indestructible en son essence, mais sujette à s'égarer dans de fausses voies; de l'autre, la liberté, conquête de l'individu affirmant son indépendance à l'égard des choses et des hommes, demeurant maître de lui-même, sans étouffer, comme faisait le stoïcien, aucune des affections naturelles.

Observons ici que les deux termes, nature et liberté, opposés en apparence, se réduisent au fond à un seul. La nécessité de la nature n'est, en effet, au point de vue métaphysique et dans la pensée de Rousseau, que l'acte créateur d'une volonté libre toujours d'accord avec elle-même; et la loi du devoir, devenue une habitude de l'âme, prend le même caractère de nécessité que les lois du monde matériel. L'unité de conception, si remarquable dans l'*Emile,* s'explique par cette unité même de principe qui résulte de la doctrine toute spiritualiste de l'auteur.

Mais, étant admis qu'il soit possible de faire du faible enfant un être tel qu'il a été défini, aussi impassible que le sauvage dans les souffrances physiques, aussi indépendant des autres que Diogène, une véritable unité numérique, un entier absolu, l'œuvre éducatrice aurait-elle réalisé par là toute la destination de l'homme? Un Emile parfait serait-il à sa place dans la société de ses semblables?

Il importe de ne point se méprendre à cet égard sur la véritable intention de Rousseau. On lui prête volontiers un système étroit qui n'est pas le sien, et des excentricités dont il est fort innocent; puis on l'accuse gratuitement d'inconséquence chaque fois qu'il paraît sortir de son prétendu programme, comme par impossibilité de s'y renfermer. On ne devrait plus nous répéter qu'il a voulu retenir toujours son élève dans le pur état de nature. Il comprenait trop que celui qui est appelé à vivre un jour dans la société, ne saurait être élevé *comme le sauvage qui passera toute sa vie au fond des bois*. Aussi l'esprit de système ne l'a-t-il pas empêché d'admettre, au moins en théorie, le principe qu'en éducation il faut tenir compte du milieu social où l'enfant devra figurer plus tard comme unité fractionnaire; et il n'a point prétendu que le degré de culture où l'humanité est parvenue, ne dût modifier en rien l'éducation et surtout l'instruction convenables aux recrues sociales. Seulement, et en cela Rousseau a eu pleinement raison, au lieu de faire de la culture contemporaine, c'est-à-dire, au fond, de la tradition, son premier principe et son point de départ, l'unique critère de ce qui est bien et de ce qui est mal en fait d'éducation, il a mis en première ligne la nature, en se réservant de faire à la civilisation les concessions nécessaires. La part qu'il accorde à celle-ci ne saurait être considérée comme une déviation des lois et des conditions naturelles; car il le dit expressément, c'est un des besoins de la nature de s'adapter, dans l'intérêt de la conservation des êtres, au milieu où ils sont placés. Il y a là, on le sent, une largeur de principes qui, sans rien sacrifier d'essentiel dans le système, lui laisse dans la pratique toute l'élasticité désirable.

L'éducation ordinaire avait, aux yeux de Rousseau, le défaut capital de dresser l'enfant, avant tout, pour la vie civile et sociale, et d'en faire le plus tôt possible un honnête bourgeois, appelé à prendre une place marquée d'avance; elle ne se proposait pas assez de former en lui l'homme-type, en dehors de toute autre préoccupation. On l'élevait ainsi pour les autres, au lieu de l'élever pour lui-même, et encore le but n'était-il atteint qu'en apparence, car on dissimulait bien l'égoïsme sous le vernis de la politesse, mais on ne communiquait pas les vertus sociales.

Rousseau a renversé cet ordre, le jugeant contraire à celui qu'indiquent les dispositions primitives de la nature. L'amour de soi est, en effet, au fond du cœur humain avant toute autre affection ; mais à mesure que nos rapports se multiplient avec l'extérieur, cet instinct profond s'étend à ce qui nous entoure ; il nous attache par des liens de sympathie à ce qui nous sert, choses et personnes, jusqu'à ce qu'il se transforme en amour du principe même de notre être. L'amour de Dieu se confond ainsi avec l'amour de soi, et l'amour de l'humanité n'en est qu'une extension: comment n'aimerions-nous pas ceux chez lesquels nous nous reconnaissons sous les traits communs de l'espèce? Aimer ses semblables, c'est encore s'aimer soi-même.

Si vous voulez donc que le jeune homme, parvenu au terme de son éducation, devienne un membre utile de la société et se dévoue à l'intérêt général confondu avec le sien, commencez par faire de lui une forte individualité, un être personnel, se développant librement, sans s'embarrasser de ses rapports avec autrui, indépendant de l'opinion, déployant ses forces dans le cercle restreint de ses besoins physiques d'abord, puis de son activité intellectuelle dans ses relations avec les choses. *Qu'il soit bon pour lui-même avant de l'être pour les autres.* L'éducation naturelle le rendra propre à toutes les conditions humaines. Ce n'est ni un artiste, ni un docteur, ni un industriel qu'il s'agit de former. Qu'avant tout, il fasse l'apprentissage de son métier d'homme; qu'il apprenne à vivre, à supporter les biens et les maux attachés à sa nature, à faire usage de ses organes, de ses sens, de ses facultés, et qu'il se sente vivre le plus possible; plus tard, il apprendra à vivre dans les autres et pour les autres, et la vie générale élargira le cercle de sa propre existence. *L'essentiel*, dit Rousseau, *est d'être d'abord ce que nous fit la nature; on n'est toujours que trop ce que les hommes veulent qu'on soit.* Et il ne craint point d'affirmer que ce n'est pas l'*homme de l'homme*, selon son énergique expression, mais l'homme de la nature qui, en dernier résultat, après avoir été élevé à peu près comme un sauvage, se trouvera le plus apte à remplir son rôle dans la société. Comment cela est-il possible? *Serait-ce*, dit Rousseau, avec une mordante ironie, *qu'ayant commencé par tout rapporter à lui-même, l'égoïsme d'autrui n'aura rien qui puisse l'étonner ?* Non, mais habitué à compter sur lui-même, n'attendant rien des autres, et ne voulant le céder à personne en mérite, il sera toujours prêt à se dépenser pour autrui, persuadé qu'il sera que recevoir est une preuve de faiblesse et que donner est un signe de force. Il aura donc acquis la vertu sociale par excellence, qui consiste à donner plus qu'on ne reçoit.

Rousseau n'est jamais resté plus fidèle à son principe de ne rien faire qui fût contraire à la nature, que lorsque, voulant initier Emile à la vie morale, il reprend, à un tout autre point de vue, la fameuse thèse soutenue par La Rochefoucauld, et qu'il montre par quelle évolution, et au moyen de quelle méthode, les vertus les plus opposées à l'égoïsme sortent naturellement de l'amour de soi. Le reproche d'inconséquence ne nous semble donc pas plus fondé que celui qu'on fait, et qu'on fera souvent encore à Rousseau, d'avoir voulu jeter dans la société des êtres insociables, étrangers à tout ce qui est humain, et de n'avoir réussi qu'à faire des mal-appris qui se piquent d'ignorer les règles élémentaires du savoir-vivre. La persistance du préjugé répandu à cet égard, malgré l'évidence contraire, n'a rien, au reste, que de très-compréhensible. Elle tient, en partie, aux opinions professées avec éclat dans les écrits antérieurs de Rousseau; en partie à ce qu'on donne trop peu d'attention aux deux derniers livres de l'*Emile*. Or, c'est là qu'on peut voir surabondamment comment, sans avoir rien à défaire de ce qui a été fait, la culture morale et sociale est la suite naturelle et comme l'achèvement de l'éducation ; mais le commun des lecteurs s'arrête à la *Profession de foi du vicaire savoyard* et ne va guère jusqu'au bout de l'ouvrage, où se révèle clairement le dessein véritable de l'auteur.

Il faut convenir cependant que si l'on peut mal interpréter ses bonnes intentions, la faute en est aussi, c'est bien le cas de le dire, à Rousseau lui-même. En soumettant son élève à un régime anormal, il l'a tenu en dehors des conditions naturelles et des relations ordinaires de la vie. Sans doute, il n'a fait en cela que suivre l'exemple donné par Locke, exemple peu contagieux, puisqu'il n'est praticable que pour les classes fortunées; mais, ce qui est plus grave, il s'est en même temps mis en flagrante contradiction avec ses propres principes et a donné prise aux plus sérieuses critiques.

Le fait est que toute la première partie de l'éducation d'Emile est solitaire, particulière et non publique; sans être séquestré absolument de la société des enfants de son âge, Emile doit grandir jusqu'à douze ans dans la société de son gouverneur; après l'avoir eu pour compagnon de ses jeux, il l'aura encore, comme son maître et son mentor, jusque vers la vingt-cinquième année. Est-ce là le meilleur moyen d'atteindre le but que Rousseau assigne à l'éducation ? Il est permis d'en douter. Nous voulons bien reconnaître que, dans certaines limites, la solitude et la retraite sont des éléments de succès; que les plus belles natures ont besoin de grandir parfois dans le recueillement, loin du bruit de la foule, et que du désert il est sorti des hommes qui ont remué le monde. Mais l'action incessante exercée par la présence d'une seule et même personne est ce qu'il y a de moins propre à favoriser le développement de l'individualité. N'est-il pas à prévoir que l'élève se

moulera forcément sur son gouverneur, s'il ne le prend en
haine ? La libre manifestation des penchants et de la volonté ne peut qu'être gênée par la surveillance, même dis-
crète, d'un témoin qui note les moindres faits et gestes.
Rousseau savait fort bien qu'*il n'y a point d'assujettissement si parfait que celui qui garde l'apparence de la liberté.*
Pour être invisible, la chaîne n'est pas moins réelle. Enfin,
un gouverneur fût-il le plus sage des hommes, fût-il le
meilleur des pères, il ne serait pas bon que l'enfant fût
toujours sous la même influence et respirât le même air.

A moins donc que Rousseau n'ait craint de compliquer
l'exposé de son système, il est manifeste qu'il n'a pas
suivi, en ce point important, les indications et le vœu de
la nature. Combien elle a mieux disposé les choses et sagement placé, à côté du père, une mère dont la tendresse
est indispensable à l'enfant, et dont l'absence se fait trop
sentir dans l'*Emile*, où son rôle se borne à l'allaitement et
aux premiers soins! C'est d'ordinaire en voulant trop simplifier ce qui est complexe que l'on s'écarte de la vérité;
car les choses ne sont pas aussi simples dans la réalité que
dans nos livres et nos systèmes. Cette lacune de l'*Emile*
est d'autant plus frappante que, dans la *Nouvelle Héloïse*,
Rousseau avait dépeint Julie comme le modèle des mères,
tout occupée d'élever ses enfants selon des maximes entièrement semblables à celles qu'il devait développer quelques années plus tard. Le roman avait mieux respecté en
cela les intentions évidentes de la nature.

Celle-ci n'a pas montré moins de sagesse en plaçant
l'enfant au milieu d'un groupe varié de frères et de sœurs
qui deviennent ses camarades naturels. Il trouve en eux

des égaux avec lesquels il a ses coudées franches et fait l'apprentissage de la vie en commun. Ah! ne l'éloignons pas, sans nécessité absolue, de ce milieu prédestiné où il s'épanouit si joyeusement ; jamais il ne se sentira tout à fait à l'aise dans la compagnie d'une personne raisonnable, lors même qu'elle condescendrait à partager ses jeux! N'a-t-on pas observé que l'éducation réussit mieux d'ordinaire dans les familles nombreuses que dans les familles restreintes, et que les fils uniques sont plus exposés à être gâtés dans leur enfance?

Nous ne pouvons oublier enfin que si le petit garçon n'est pas encore un citoyen, une partie aliquote du souverain, il n'en est pas moins vrai que, de très-bonne heure, il montre tous les instincts d'un être sociable. Ne le voyons-nous pas rechercher avidement la compagnie de ceux de son âge? N'est-ce pas en jouant ou en se querellant avec eux qu'il fait d'utiles expériences et des progrès que rien ne peut remplacer? Comment Rousseau, qui déclare quelque part qu'on ne parviendra jamais à faire des sages si l'on ne fait d'abord des polissons, a-t-il cru pouvoir concilier cette condition avec une tutelle de tous les instants? On ne se représente pas que son Émile, toujours suivi par un gouverneur qui ne le perd pas de vue, puisse prendre les allures d'un franc polisson. Supprimez ces attroupements de collégiens qui désolent les passants dans les rues, où ils tiennent le haut du pavé ; supprimez ces bandes de gamins qui font l'école buissonnière, et le type si cher à Jean-Jacques disparaîtra tout à fait de nos mœurs. Si l'on tient absolument à le conserver et à former de ces polissons qui donneront un jour à l'État d'excellents citoyens, rien ne vaut la vie de l'école et l'éducation publique, dont Rousseau ne voulait pas entendre parler sous sa forme actuelle. Au reste, nous pouvons ici toucher au doigt l'impossibilité d'élever un enfant dans toute la liberté de la nature, lorsqu'on vit dans un milieu civilisé où il y a des règlements de police, et où le père est responsable pour les siens de tout ce qui peut troubler le bon ordre et la sécurité des personnes.

Mais quelle que soit la portée des objections qui s'élèvent contre plusieurs des procédés suivis dans l'éducation d'Emile, les grands principes proclamés par Rousseau subsistent dans toute leur force et gardent toute leur valeur théorique. La vérité de la théorie n'est pas plus solidaire des erreurs que l'auteur a pu commettre dans l'application que des écarts de sa conduite. Que l'on s'imprègne de l'esprit général de sa méthode, et pour ce qui est des moyens d'exécution, l'on corrigera Rousseau à l'aide de Rousseau lui-même. Toutes ses idées particulières pourraient être fausses, extravagantes même, que nous aurions toujours, comme phares dirigeants, au milieu de l'infinie variété des opinions contradictoires, ces deux axiomes pédagogiques : Avant de rien faire, observez la nature ; n'oubliez jamais que vous avez à former un homme, et que ce qui distingue l'homme entre tous les êtres, c'est la liberté.

Respect de la nature et aspiration à la liberté, telles sont les données fondamentales du système de Rousseau ; tel fut son mot d'ordre dans la guerre qu'il fit à la routine et aux méthodes artificielles employées de son temps. Partout où il vit ou crut voir les lois naturelles méconnues, des entraves quelconques mises sur l'esprit ou sur la volonté, il protesta; et son livre est devenu, comme on l'a très-bien dit, *la déclaration des droits de l'enfant*.

Cette parole nous met en face d'une des plus grosses questions qui puissent se poser relativement à l'application des principes de l'*Emile*; nous ne pouvons faire autrement que de nous y arrêter quelques instants. On se demande, en effet, jusqu'à quel point le régime d'entière liberté que l'*Emile* conseille d'établir dans le gouvernement des enfants peut se concilier avec l'exercice de l'autorité paternelle, et ce que devient l'habitude de l'obéissance qui a toujours été regardée comme l'ancre de salut de la famille. Etait-il sage de tant parler des droits de l'enfant et de se taire sur ses devoirs? Rousseau ne s'est-il pas fait le promoteur de l'émancipation précoce? N'a-t-il pas soufflé cet esprit d'indépendance qui s'est emparé de la jeunesse et dont nous voyons les tristes effets? S'il en est ainsi, il n'y a plus qu'à maudire l'*Emile*, et nous ne pouvons qu'applaudir à ceux qui ont voulu mettre à néant cette œuvre de ténèbres. Mais, avant de condamner, examinons de sang-froid, sans parti pris à l'avance.

D'abord, est-il vrai ou non que les droits de l'enfant furent longtemps ignorés et qu'ils étaient loin de trouver la protection qui leur est due? La tyrannie des pères, appuyée par la loi, n'a-t-elle pas duré jusqu'à la Révolution française? Ne s'est-elle pas encore exercée avec un grand éclat sur la personne de Mirabeau, déjà marié et père de famille lui-même? Cependant ces droits de l'enfant existent, et ils sont aussi sacrés que ceux de qui que ce soit; il a droit à être traité comme une personne, et non comme une chose dont on fait le jouet de sa bonne ou de sa mauvaise humeur. Son attitude, ou fière ou tristement résignée, proteste contre les violences dont il est victime et prouve qu'il a le sentiment de sa dignité d'être moral.

Mais ces droits, a-t-il les moyens de les faire respecter? Sait-il seulement jusqu'où ils s'étendent? Si l'on veut qu'ils soient garantis, il faut bien s'en remettre au père et à la mère, qui en sont les dépositaires et les représentants naturels. Porter atteinte à leur autorité, ce serait compromettre la meilleure sauvegarde de l'enfance. Mais que faire si ceux-là mêmes qui ont pour mission de protéger, usent de leur pouvoir pour opprimer? Où trouver une garantie efficace et un remède qui ne soit pire que le mal? Question redoutable et pleine d'écueils! La nature n'a pas craint de livrer l'enfant à la merci des parents, malgré l'énormité des abus possibles. Il est vrai qu'elle lui a donné pour défense les grâces naïves, les larmes et sa faiblesse même, faite pour attendrir les cœurs les plus farouches; il est vrai aussi que, par un juste retour des choses d'ici-bas, le père dénaturé, qui n'a pas rempli ses devoirs, est jugé et parfois durement puni par ses fils devenus grands, sévère, mais tardive sanction. Faut-il parler de la garantie de l'Etat, dont la lourde main s'interpose dans les cas graves, lorsque le mal est déjà grand, peut-être irréparable? Au XVIIIe siècle, il n'en était pas question, et ce n'est là, évidemment, qu'un palliatif. En présence de difficultés pareilles, qu'a fait Rousseau? A-t-il appelé les enfants à la révolte? En aucune façon. Il admirait trop la Rome du temps de Fabricius pour vouloir renverser la puissance paternelle; il ne l'a pas supprimée, il l'a transformée. Il en a changé le caractère en l'asseyant sur une autre base que par le passé, et a coopéré par là à la grande révolution qui s'est produite dans les mœurs privées. Voilà son crime, si crime il y a.

Appliquant à la famille le principe nouveau et tout démocratique, que l'autorité n'a de raison d'être qu'autant qu'elle s'exerce dans l'intérêt des administrés, il l'a fondée sur l'amour et non sur la crainte. Persuadé qu'elle se compromet par des exigences inopportunes et excessives, il ne l'a pas attaquée par des procédés révolutionnaires ; c'est aux pères qu'il a adressé sa requête en faveur des enfants. Il n'a pas suggéré à ceux-ci la désobéissance ; il a conseillé seulement de ne leur rien imposer, *de ne leur commander jamais rien, quoi que ce soit au monde, absolument rien, et de ne les conduire que par les lois du possible et de l'impossible.* Plus d'ordres et de contre-ordres, plus de discussions irritantes, de punitions arbitraires, de réprimandes qui sont la mort de la confiance et de l'affection réciproque ; en tout le contre-pied de ce qui se faisait jadis où la verge, le fouet, les coups étaient en permanence, comme les cachots, la torture et le gibet, dans la société politique.

Rousseau a fait entendre le langage de la raison et de l'humanité ; ses conseils ont été suivis en partie. La famille moderne s'en est-elle mal trouvée ? C'est aux faits à répondre. Si elle souffre d'un excès contraire, si les enfants sont trop souvent gâtés et sont devenus les maîtres, la faute en est à ceux qui font d'un petit être le centre autour duquel tout se meut dans la maison, obéissant à ses caprices, allant au devant de ses désirs et lui épargnant, avec une tendresse aveugle, les salutaires épreuves de l'existence ; habitué à être servi par ceux qui n'auraient qu'à retirer leur main pour qu'il fût la plus misérable des créatures, il se croit un personnage et agit en conséquence. A coup sûr, Rousseau ne saurait être rendu responsable de ce renversement des rôles. Il voulait, on le sait, que l'enfant ne fût pas plus tyran qu'esclave, qu'il sentît sa dépendance sans en souffrir, qu'on ne lui évitât pas les conséquences naturelles de ses actes et qu'on le laissât enfant le plus longtemps possible, dans le sentiment de sa faiblesse et de son ignorance.

Si le respect s'en va, la faute en est aussi à ce qui est à la fois un grand progrès et un grand écueil de notre époque, au développement rapide qu'a pris l'instruction générale. Combien d'enfants qui sont plus instruits que leurs parents et qui, parce qu'ils ont appris quelque chose dans les livres, se croient infiniment plus sages que ceux qui ont reçu les leçons bien autrement utiles de l'expérience! Le respect et la soumission courent alors les plus grands dangers. Voilà encore un résultat dont Rousseau n'est pas responsable. Moins pressé que nous d'enseigner à lire et à écrire aux enfants, il aurait voulu renvoyer jusqu'à l'âge de douze ans le commencement de leurs études. La rupture de l'équilibre entre la culture intellectuelle et l'éducation dont on se plaint aujourd'hui, est loin de pouvoir être imputée à celui qui, partout, a donné à cette dernière la prééminence sur l'instruction. La position qu'il a prise est assez nette, à notre avis, pour que nous puissions l'absoudre, sans aucune hésitation, du crime de lèse-majesté paternelle qu'on voudrait faire peser sur lui.

Quant au régime tout libéral qu'il a recommandé d'appliquer aux enfants, il appartient à chacun de se décider pour l'adoption ou le rejet, suivant les inspirations de sa conscience. C'est affaire aussi de tempérament et de caractère. Pour nous, la réflexion et quelque expérience nous inclinent à penser que le père qui suivrait avec discernement les principes de Rousseau, dans l'esprit qui les a dictés, rendrait, en tout cas, ses enfants plus heureux et, probablement, non moins respectueux que ceux qu'on fait passer par toutes les alternatives d'une indulgence et d'une rigueur extrêmes. Car Rousseau est dans le vrai quand il dit *qu'il n'y a point ici de milieu ; il faut ne rien exiger du tout de l'enfant, ou le plier d'abord à la plus parfaite obéissance. La pire éducation est de le laisser flottant entre ses volontés et les vôtres.*

L'analyse que nous venons de faire des données philosophiques de l'*Emile* et de quelques-unes des principales conséquences que l'auteur en a tirées, a besoin d'être complétée et éclairée par le tableau de la marche naturelle du développement, telle que Rousseau l'a décrite depuis le berceau jusqu'à l'âge adulte. L'ordre de succession qu'il a établi dans les degrés de l'éducation est l'une des parties intégrantes et les plus originales de son système ; là s'accuse, de la manière la plus sensible, ce qui le sépare de tous les autres pédagogues. Il serait intéressant de le suivre, non-seulement d'étape en étape, mais pas à pas, à travers les cinq livres de l'*Emile ;* mais nous sommes forcé de nous restreindre et de n'en donner que les traits essentiels.

La distinction des principales périodes éducatives n'a jamais pu être complétement négligée dans la pratique ;

on a toujours senti que le nourrisson réclamait d'autres soins que l'enfant déjà grand, et que la jeunesse ne pouvait être conduite par les moyens qui ont prise sur l'enfance ou l'adolescence. Mais Rousseau a délimité, d'une manière précise, ce qui avant lui était vague et flottant; il a mieux fait comprendre aussi l'importance des phases de l'évolution. Cette idée neuve et féconde de cercles de plus en plus vastes, tracés par le temps et par l'âge de l'élève, a été étendue par Mme Necker à la vie entière et désignée par elle du nom d'Education progressive.

Le premier de ces stages, auquel Rousseau a consacré en grande partie le premier livre de l'*Emile*, va de la naissance jusqu'au moment où l'enfant commence à parler, période de deux années environ, pendant laquelle le petit être qui d'abord avait à peine des sensations, grandit et se développe à vue d'œil, apprenant presque dans le même temps à manger, à marcher et à parler. La vie animale et instinctive, alors prédominante, accomplit ces divers progrès de la manière la plus heureuse, si l'on a soin de laisser leur libre jeu à tous les membres et à tous les organes. Mais déjà l'éducation des hommes, agissant à contre-sens de la nature, compromet et gâte tout par son intervention intempestive. L'impatience des parents les porte à tout hâter par des moyens artificiels : on sèvre trop tôt les enfants; on se donne beaucoup de peine pour leur apprendre un peu plus vite à marcher mal; on les presse trop de parler; on leur fait répéter des mots auxquels ils n'attachent aucune idée. Déjà commence aussi l'inoculation des vices; la nourrice obéit à tous les caprices du marmot pour apaiser ses pleurs et ses cris; ou bien elle s'en fait un jouet et le soumet à ses propres fantaisies; elle le flatte ou le menace, le rudoie même, suivant l'humeur du moment. C'est ainsi qu'on le rend volontaire, craintif et méchant, esclave ou despote.

Ces avertissements que donne Rousseau, seront toujours opportuns et méritent d'être bien médités par ceux qui ne traitent pas à la légère les premières impressions faites sur l'âme de leur enfant. Toute négligence à cet endroit a une portée incalculable. Il faut lire et relire aussi les belles pages où Jean-Jacques a rappelé leurs devoirs aux mères et a plaidé avec tant d'éloquence en faveur de l'allaitement maternel et de la suppression du maillot. Mais on lui donne aisément gain de cause sur ces deux derniers points; le reste sera toujours plus difficile à obtenir. L'essentiel, à cet âge, est d'assurer à l'enfant un tempérament robuste, en vertu de ce principe si vrai que *plus le corps est faible, plus il commande; plus il est fort, plus il obéit.*

Ne nous arrêtons pas davantage à ce rez-de-chaussée de l'éducation où tout le monde est à peu près d'accord avec Rousseau, et passons à la seconde période de l'enfance ou âge puéril, qu'il prolonge jusqu'à la douzième année. Il est à remarquer d'abord qu'il n'a pas distingué, ainsi qu'on le fait communément aujourd'hui, une époque naturelle vers l'âge de sept ans, marquée cependant par d'assez notables modifications qui se produisent alors dans l'organisme et dans le caractère.

Selon Rousseau, l'activité de l'enfant est enfermée jusqu'à douze ans dans le cercle étroit des besoins physiques et dominée presque entièrement par la nécessité naturelle, qui constitue la première et la plus forte des disciplines, celle de la nature. Il n'a que des sensations et son jugement est purement passif. Ne comprenant alors que ce qui est agréable ou désagréable, il est déterminé dans tous ses actes par le plaisir ou par la douleur ; il ne doit donc être arrêté que par son impuissance, par la force supérieure des choses. Là est la limite, la règle naturelle de sa liberté. En chercher une autre dans l'obéissance au devoir, c'est le traiter en être moral, ce qu'il est loin d'être encore. Ne pouvant le faire obéir par devoir, vous êtes obligé de recourir à l'adresse ou à la force, de le tromper ou de l'asservir. Vos volontés ne peuvent lui apparaître que comme des caprices ; car il est incapable de comprendre les beaux raisonnements que vous lui faites pour le convaincre. Attendez pour raisonner avec lui qu'il soit au moins entré dans l'âge de raison. En attendant, ne lui imposez aucun devoir, aucune contrainte. La morale dont il a le plus besoin, tant que son jugement demeure passif, consiste à céder à la force des choses, à supporter patiemment la douleur, à se résigner. Quant à ses rapports avec les autres, il restera véridique si on ne le met pas en tentation de mentir en exigeant de lui indiscrètement qu'il dise la vérité et qu'il fasse des promesses ; il respectera la propriété si vous avez soin de lui faire entendre, par un fait qui le touche lui-même, ce que c'est que propriété. Enfin, *la seule leçon de morale qui convienne à cet âge, est de ne jamais faire de mal à personne.* Point d'autres punitions que celles qui découlent des actes mêmes ; que l'enfant n'ait à souffrir que des conséquences naturelles de sa conduite. Laissez-le faire ses petites expériences à ses dépens; il se corrigera de lui-même. Voilà tout pour la culture morale dans cette période.

Pour ce qui est du développement des facultés intellectuelles, il n'y a rien à faire directement; l'exercice incessant des forces physiques, des organes et des sens, est le grand résultat qu'il faut demander aux douze premières années de la vie. Jusque-là point d'études proprement dites, point d'heures tristement passées à l'école, point de livres : la lecture est le fléau de l'enfance; rien que des jeux et des exercices, des occupations matérielles. La résignation, recommandée par Rousseau, n'est pas l'inertie, tout au contraire : le meilleur moyen de préparer le développement ultérieur de l'esprit, c'est de former les instruments avec lesquels il travaillera dans la période suivante, c'est-à-dire un corps robuste et des sens exercés, sources de toutes nos idées. Le corps naissant, pour ainsi dire, avant l'âme, la première culture doit être celle du corps. Il n'y a qu'une faculté qui soit active chez les enfants, la mémoire ; et l'on en abuse pour leur faire apprendre par cœur des choses qu'ils ne peuvent comprendre, ce qui ne met dans leur tête que des mots inintelligibles ou, qui pis est, des idées fausses. Ne leur faites donc rien apprendre, pas même des fables, fussent celles de La Fontaine.

Rousseau, qui dévora dès l'âge de neuf ans plusieurs bibliothèques de romans et qui a tant souffert par le sentiment et par l'imagination, n'accorde aucune place à la culture de ces deux facultés durant toute l'enfance et jusqu'à l'âge de quinze ans au moins. Le dessin d'après nature, le chant de mélodies simples sont les seuls talents qu'il convienne d'exercer à cet âge, à condition qu'on n'en fasse pas une tâche ennuyeuse et qu'on ne demande pas à un enfant d'y mettre de l'âme; il en est incapable. On se gardera, par conséquent, de lui *donner à réciter des rôles de tragédie et de comédie, et de lui apprendre, comme on dit, à déclamer. Emile a trop de sens pour savoir donner un ton à des choses qu'il ne peut entendre, et de l'expression à des sentiments qu'il n'éprouva jamais.* Pour ne rien omettre de ce qu'il y a de caractéristique dans le plan d'exercices de Rousseau, nous devons noter ici qu'il a joint au dessin l'amusement de petits problèmes de géométrie pratique.

Que d'idées ingénieuses, que de vérités de détail ne renferme pas ce second livre de l'*Emile!* S'il était également vrai dans son ensemble, ce serait la condamnation la plus complète de toute notre organisation scolaire. Etant admis que Rousseau ait fidèlement décrit, pour cette période, la marche de la nature, nous n'avons qu'un parti à prendre: rayons d'abord de nos lois l'obligation de l'instruction primaire; simplifions tous nos programmes, ou plutôt supprimons les écoles destinées à l'enfance. Le budget de l'Etat en sera singulièrement allégé; et la plupart des enfants, déchargés de leçons à étudier et d'examens à subir, battront joyeusement des mains. Comment n'applaudiraient-ils pas à cet ami qui leur donne congé jusqu'à leur douzième année et qui, pour occuper ces bienheureuses vacances, ne leur offre en perspective que des occupations de leur goût? C'est là le rêve de bien des enfants, c'était celui que Rousseau faisait pour eux; mais Rousseau a besoin, parfois, d'être rappelé à la réalité: S'il y a des êtres bien doués qui, comme Valentin Duval, ont appris à lire sans maître, en dépit de tous les obstacles, combien n'en est-il pas qui, laissés à eux-mêmes, arrivent à l'âge de raison sans connaître ni A ni B, et qui s'écrient un jour, comme M. Jourdain: Ah! que j'ai perdu de temps quand j'étais jeune! Rousseau n'a certes pas tort de prétendre qu'un des grands secrets de l'éducateur est de savoir perdre du temps pour laisser mûrir l'enfant; mais il passe décidément la mesure en laissant s'écouler ainsi, de sept à douze ans, cinq années bien précieuses, qui manqueront plus tard pour tout ce qu'il y a à faire et qu'Emile n'aura employées qu'à courir les champs.

Notre respect pour les mânes de Rousseau ne doit pas nous empêcher de dénoncer l'abus qu'il fait ici de sa méthode inactive. Mais n'insistons pas de peur de tomber dans ce qu'il appelle le bavardage des académies, car nous aurons à revenir sur ce point tout à l'heure, à l'occasion de deux graves lacunes que nous devons signaler dans le second livre de l'*Emile*, l'une d'abord dans le domaine moral: Rousseau a eu raison de donner une grande importance aux perceptions sensibles et à la vie extérieure de l'enfant; mais n'a-t-il rien sacrifié des trésors de la vie intérieure qui doit se développer en même temps? N'y a-t-il pas un besoin profond de sympathie et d'affection et tout un ordre de sentiments délicats qui ne demandent qu'à s'épanouir dans le cœur de l'enfant au contact du cœur maternel? N'est-ce pas aussi un besoin pour lui de sentir sa main dans la main ferme d'un père et de se laisser conduire par lui avec une confiance aveugle? Rousseau n'a pas fait à ces rapports, d'une nature toute morale, la place qu'ils doivent prendre dès les commencements de la vie. La piété filiale, cette source pure des plus admirables vertus, n'est pourtant pas une chimère, une abstraction vide de sens, pour un enfant d'une dizaine d'années; c'est elle qui lui rend l'obéissance facile et naturelle. Eh bien! ni le nom ni la chose ne se rencontrent dans l'*Emile*. Quel vide dans l'éducation première! Celui qui a le malheur d'être élevé hors de la douce atmosphère favorable à l'éclosion des sentiments de la nature, n'aura jamais peut-être les mouvements d'un cœur généreux ni les élans d'une âme pieuse.

L'autre lacune est du domaine intellectuel. A côté des intuitions du dehors, il y a celles du dedans qui, pour être intimes et ne pas venir des sens, n'en sont pas moins concrètes et réelles. Tant que l'esprit demeure inerte, la réaction de l'intérieur contre les impressions sensibles n'a lieu qu'imparfaitement, et l'enfant ne vit que par un des côtés de son être. D'où lui vient donc l'inquiète curiosité qui le pousse à faire question sur question et à demander des explications souvent embarrassantes? N'est-ce pas qu'il éprouve déjà le besoin de s'orienter dans le chaos de sensations qui l'assiégent à la fois de tous côtés? N'est-ce pas qu'il a besoin de lumière et d'ordre au milieu de la confusion où elles le jettent? Rousseau veut qu'on le laisse chercher et trouver par lui-même; il se plaint de ce que, dans notre manie enseignante et pédantesque, nous lui donnons des solutions toutes faites, au-dessus de sa portée, qui faussent son jugement et l'habituent à tout admettre sur parole. On ne saurait trop approuver ce qu'il a dit à ce sujet d'excellent et de judicieux, mais il ne faut rien exagérer non plus. Sous le prétexte commode à la paresse de laisser l'enfant se tirer d'affaire tout seul, ne refusons pas plus à sa faiblesse intellectuelle qu'à sa faiblesse physique les secours dont il ne peut se passer. Aidons-le à débrouiller et à éclaircir les perceptions qui lui viennent en foule. Le moyen d'y réussir sans lui imposer des cadres faits à l'avance, ceux de nos systèmes scientifiques, c'est de lui mettre dans les mains l'instrument même de la science, la langue des idées générales. Il ne possède la parole que par l'usage; il faut qu'il en fasse l'étude par le moyen de l'analyse. De même qu'après qu'il est devenu capable de voir et d'entendre, il lui reste à faire un bon usage de ses sens et à les contrôler par l'observation; de même il ne lui suffit pas d'être en état de parler et d'écouter, mais il importe qu'il se rende compte de sa parole et de ce qu'on lui dit. Mieux il connaîtra le mécanisme des formes et des lois de la langue, mieux il pourra la faire servir à autre chose qu'aux besoins matériels de la vie.

Rousseau paraît avoir perdu de vue que si l'homme physique tient à tous les corps, l'homme intellectuel tient à tous les esprits, et que, par conséquent, l'esprit, non plus que le corps, ne peut se développer isolément. L'âme seule est véritablement indépendante par le fond de son être, la volonté, qui participe de l'absolu; les deux organismes dont elle dispose pour entrer en relation avec le monde matériel et le monde spirituel, et pour y manifester ses propres énergies, doivent se développer chacun dans le milieu dont il relève et par les moyens qui répondent à sa nature, les sens d'un côté, la langue de l'autre. Ainsi les études de langue, ou études grammaticales, sont destinées à orienter l'enfant dans la sphère de l'esprit. Ce n'est pas sans de bonnes raisons qu'après avoir été longtemps presque la

seule base de l'enseignement, on les regarde encore comme
ien plus nécessaires et favorables au progrès de l'enfance
que l'étude des sciences physiques par laquelle Rousseau
fait commencer l'instruction proprement dite dans la période subséquente. Il n'a donc pas placé assez tôt, à côté
de la gymnastique du corps, la gymnastique de l'esprit.
Rien ne saurait remplacer à cet égard la connaissance
d'une langue apprise par principes. C'est là une de ces
études centrales qui servent le mieux au développement
général, parce que tout s'y laisse aisément rattacher. Rien
non plus ne contribue davantage à familiariser peu à peu
l'enfant avec le jeu de son esprit; il fait de la sorte un cours
de logique vivante où il apprend, sans s'en douter et sans
grand effort, à démonter et à remonter, pièce à pièce, les
ressorts compliqués de notre machine intellectuelle, à connaître enfin toutes les notes du clavier sur lequel joue la
pensée humaine.

On pourrait nous opposer une remarque très-juste que
fait Rousseau, à savoir que l'enfant n'a pas de véritables
idées, mais seulement des images des choses. C'est pour
cela que de longtemps encore il écarte toutes les études
spéculatives, et il a raison. Mais l'objection ne s'applique
pas à l'enseignement des langues; car elles ont justement
cet avantage de ne présenter les idées qu'à l'aide des mots,
qui sont eux-mêmes des images des choses.

Revenons maintenant à la gradation établie par Rousseau dans le développement normal.

Il arrive un moment où la force qui était insuffisante à
l'enfant pour satisfaire à ses besoins immédiats, commence
à surabonder. L'adolescent peut alors appliquer cet excé-

dant à des acquisitions qui lui seront utiles plus tard. C'est
le moment où se forme le jugement actif par comparaison,
c'est-à-dire l'âge de raison où l'intelligence commence à
dominer les choses du regard de l'esprit; il peut donc voir
ses rapports avec elles et entrevoit quelques-uns des rapports des autres hommes avec lui-même. Si l'on considère
aussi qu'au point de vue moral, cet âge précède l'éveil des
sens et des passions, qui viendra rompre tout l'équilibre
entre les désirs et la puissance de les satisfaire, on s'explique comment l'adolescence est le temps de la plus grande
force relative. Mais cette période favorable ne s'étend, pour
Rousseau, que de la douzième à la quinzième année. Ce
n'est, selon lui, que vers l'âge de douze ans que la curiosité
naît et que l'activité de l'esprit succède à celle du corps.
Sauf illusion de notre part, elle commence en réalité
beaucoup plus tôt.

N'étant plus sous l'empire exclusif de la nécessité immédiate, l'adolescent commence à envisager l'avenir; un nouveau mobile s'ajoute à celui qui le faisait agir auparavant: la notion d'utilité préside de plus en plus à ses
actes et les détermine. Le moment des études et de la
réflexion est venu; mais ne lui proposez rien dont il ne
voie l'utilité. A quoi cela est-il bon? tel est dès lors pour
vous et pour lui le critère de ce qu'il convient d'étudier.
Il faut bien faire un choix dans la masse infinie des choses
qu'il peut importer à un homme de savoir, car la science
est une mer sans rivages. Les études doivent se borner
pour le moment à reconnaître sa place au milieu des
choses et à apprendre ce qu'elles sont en elles-mêmes.
L'étude de l'homme ne peut venir que bien plus tard;

,c'est la plus difficile et dernière de toutes. *Les choses! les choses!* s'écrie Rousseau, *je ne répéterai jamais assez que nous donnons trop de pouvoir aux mots : avec notre éducation babillarde, nous ne faisons que des babillards.* Un peu de cosmographie, de topographie, de chimie et de mécanique, la recherche de quelques-unes des lois de la nature, voilà ce qui doit occuper un adolescent; mais que les faits précèdent les abstractions et la théorie. Pas d'autre livre que le monde. S'il faut absolument des livres, Emile lira *Robinson Crusoë ;* ce livre seul composera durant longtemps toute sa bibliothèque.

A ces idées de Rousseau répond ce qu'on appelle aujourd'hui enseignement intuitif et leçons des choses. Depuis Pestalozzi et Frœbel, elles ont pris une place de plus en plus grande dans les classes élémentaires et constituent un véritable progrès dans la méthode. Il est à remarquer qu'elles s'adressent à des enfants de sept ou huit ans plus jeunes; mais ce qui est bien plus en opposition avec les principes de l'*Emile* et d'une saine pédagogie, c'est que les jardins d'enfants, conçus à l'origine comme des lieux d'éducation intuitive, sur le modèle de la vie de famille, dégénèrent souvent et se transforment peu à peu en écoles ordinaires, où l'on se hâte d'apprendre à lire et à écrire à des bambins de quatre ou cinq ans. Tant les parents et les maîtres ont de peine à entrer dans l'esprit de la méthode de Rousseau, en ce qu'elle a de plus raisonnable, et à ne pas introduire trop tôt l'enfant dans le domaine des signes conventionnels! Pour ce qui est des mots, tout en approuvant ce qui est dit des abus de l'instruction toute verbale et babillarde, nous ne partageons point les préventions de

bien des personnes à leur endroit. Il y a des choses que
l'on sépare et que l'on divise dans l'étude et le discours,
bien qu'elles soient étroitement unies dans la nature et au
fond inséparables. S'il est vrai que les mots sans les choses
n'ont pas de fondement, il ne l'est pas moins que les choses
sans les mots n'ont pas de lumière, c'est-à-dire ne sont pas
intelligibles. Tant qu'on n'a pas le nom d'une chose, la
notion reste à l'état indéterminé; elle ne devient une idée
nette et précise qu'à l'aide du nom qui, comme un clou, la
fixe dans l'esprit. La séparation des mots et des idées n'est
pas plus possible que celle de l'âme et du corps.

Cette réserve faite, nous ne pouvons que donner les
mains à la méthode que Rousseau fait suivre à son Émile,
dans l'étude de la nature. C'est une physique expérimen-
tale où l'élève observe, cherche et trouve lui-même, où il
invente même les machines dont il a besoin pour ses expériences. Cette méthode, on le comprend, ne va pas aussi
vite que celle qui distribue la science toute faite. On s'est
moqué, mal à propos, de la prétention qu'aurait eue Rousseau de faire parcourir, en trois années d'études, un chemin que l'humanité a mis des siècles à faire, pour n'arriver qu'à un petit nombre de vérités. Son but n'est pas de
bourrer l'esprit et d'enseigner beaucoup de choses, mais
de donner des ouvertures et de mettre en état d'apprendre
tout ce que plus tard on aura besoin de savoir. Il s'agit
seulement, dit-il, *de montrer la route de la science et d'y
faire les premiers pas, sans permettre jamais d'aller loin.*
Sachons-lui gré plutôt d'avoir si bien indiqué comment il
est possible de développer le véritable esprit scientifique
et d'initier l'élève à la méthode baconienne d'investiga-

tion, directement opposée à celle du Moyen âge, où tout s'enseignait d'autorité, par voie dogmatique. Les exemples donnés par Rousseau, pour mettre dans tout leur jour les procédés modernes, ne permettent pas de s'abuser sur le but qu'il poursuivait, en conduisant Emile dans les sentiers de la science.

Mais l'étude ne doit pas faire la seule occupation de l'adolescent. Tandis que dans l'enfance les jeux suffisaient pour exercer le corps et les sens, la tâche se complique lorsqu'il est question de cultiver l'esprit et le jugement. Il faut maintenant que les membres travaillent de concert avec les facultés, en vue d'un résultat utile et pratique ; de là la convenance de l'apprentissage d'un métier, même pour les jeunes gens destinés aux professions libérales. C'est là un objet qui ne figure pas encore dans les plans d'éducation ordinaires, bien que le postulat de Rousseau n'ait pas été sans influence sur la création des écoles spéciales et professionnelles. L'idée, on le sait, est empruntée de Locke, qui a pu la trouver lui-même dans la Bible et la pratique israëlite. En tout cas, Rousseau l'a faite sienne, tant par les considérations qui lui servent à la justifier, que par les modifications qu'il y apporte et par les détails dans lesquels il entre sur le choix d'une vocation et sur l'art de discerner les véritables aptitudes d'un enfant.

Quel que soit l'intérêt de la question, nous ne pouvons nous y arrêter autant qu'elle le mérite ; il est deux points seulement que nous tenons à relever. Observons que pour Rousseau il s'agissait moins d'apprendre un métier, pour savoir un métier, que pour vaincre les préjugés qui s'y attachent. Il a donc voulu d'abord réhabiliter le travail manuel aux yeux des pauvres comme des riches, et il a donné de si fortes raisons à l'appui de sa manière de voir, qu'il a certainement aidé à réaliser un immense progrès social en voie de s'accomplir alors. Il estimait, en outre, *que le grand secret de l'éducation est de faire que les exercices du corps et ceux de l'esprit servent toujours de délassement les uns aux autres*, vérité encore trop oubliée de nos jours, où l'on ne fait travailler que la tête, au risque de détraquer le cerveau, et où les muscles, inoccupés, s'atrophient. Il en est de nos gymnases comme de ces soi-disant jardins d'enfants, où il n'y a d'autres fleurs que celles qu'on y porte : le mot qui les désigne tient lieu de la chose pour laquelle ils furent institués dans le principe. Les cas d'anémie, toujours plus nombreux, qui sont le résultat d'une éducation toute intellectuelle et d'une vie sédentaire, ne donnent que trop raison au mot fameux de Rousseau : *L'homme qui médite est un animal dépravé*. Mais tandis que le philosophe ruine sa santé par l'excès de la réflexion, le paysan tue en lui la pensée par l'excès d'un travail routinier, et le sauvage, arrêté dans le pur état de nature, ne réfléchit pas plus qu'il ne travaille, dès l'instant qu'il peut s'en passer. De ces trois manières d'être également déraisonnables, Rousseau tire la conclusion qu'Emile, étant élevé pour habiter les villes et pour devenir un homme civilisé, sans rompre avec les principes naturels, doit à la fois *penser en philosophe et travailler en paysan*.

Jusqu'ici il n'a été question que d'études d'un caractère tout pratique et positif : rien qui tende à développer le goût, le sentiment et l'imagination ; rien de littéraire ni de poétique dans l'éducation donnée à Emile jusqu'à quinze ans. Il n'aura pas davantage entendu les leçons de la morale et de la religion. Mais voici venir l'âge le plus critique, celui où l'homme s'achève, entre quinze et vingt ans, où la raison, ébauchée dans la trop courte période qui a précédé, doit se perfectionner par le sentiment, où l'être agissant et pensant doit devenir un être aimant et sensible. Tant que dure l'enfance, dont l'adolescence n'est que le prolongement, tant que l'on ne se connaît que par son être physique, l'on n'a dû s'étudier que par ses rapports avec les choses; mais lorsqu'on arrive à la conscience de son être moral, le moment est venu de s'étudier par ses rapports avec les hommes. La vie entière sera dès lors employée à cette étude. C'est ici, et en particulier dans les commencements de cette période la plus grave de toutes, que l'éducateur est plus que jamais nécessaire. A ce quatrième stage, l'éducation cesse d'être une simple surveillance ou le soin facile de fournir les occasions qui mettent en jeu les facultés. Elle prend le caractère d'une direction décidée et d'une action exercée sur le jeune homme. Ce n'est plus un compagnon de jeux, un camarade qu'il lui faut: il a besoin désormais d'un conseiller et d'un guide dont l'autorité puisse contenir la fougue de sa jeunesse. Télémaque, au sortir de l'adolescence, doit être accompagné par la sage Minerve, sous la figure de Mentor. *L'époque*, dit Rousseau, *où finissent les éducations ordinaires est proprement celle où l'éducation positive doit commencer.* Aussi s'est-il étendu d'autant plus sur cette partie essentielle, qu'elle avait été omise par tous les autres, à cause des difficultés et des côtés délicats de la matière.

Dans la crise qui marque le passage de l'adolescence à

l'état d'homme, les passions s'allument. L'amour de soi, qui en est le principe, et qui jusque-là existait seul, se transforme en amour-propre dès que l'on commence à prendre garde aux autres et à se comparer à eux. D'aisé qu'il était à satisfaire, il devient impossible à contenter, insatiable; l'impression de plaisir ou de douleur qui s'attachait aux choses simplement agréables ou pénibles, devient de l'amour ou de la haine. En même temps a lieu l'éveil des sens, qui peut être hâté par des études trop sédentaires ou par des lectures prématurées, de nature à mettre en jeu l'imagination; or, c'est la direction donnée à cette faculté qui détermine la pente que suivront les passions vers le bien ou vers le mal. Quant à les étouffer, il n'y faut pas songer. La sagesse consiste à ne pas les aider à naître, à n'en pas presser le développement, mais à l'espacer le plus possible et à les laisser éclore l'une après l'autre, à leur moment et dans l'ordre voulu par la nature. Tout l'art consiste à retarder le plus possible l'heure de la crise où naît l'homme complet; car là est le danger. C'est comme une seconde naissance que cette transformation d'un être vivant à part jusque-là en un être fait pour s'unir, corps et âme, à un autre de ses semblables et pour se sentir vivre désormais de la vie commune de l'espèce. Comme la première naissance, elle est précédée d'une période laborieuse de gestation, qui a ses périls et ses avortements; et pour arriver au terme d'une heureuse délivrance, il faut l'intervention de quelqu'un d'expert, comme le fut Socrate, dans l'art d'accoucher les esprits. Que d'enfants, dont l'éducation paraissait avoir bien marché jusqu'à l'adolescence, sont venus s'échouer sur les écueils de la jeunesse et ont changé en amères déceptions les espérances qui reposaient sur eux ! Certes, Rousseau a eu raison de réserver pour cet âge toute la sollicitude de l'éducateur. Que sont en effet les premiers soins à donner, la nourriture matérielle et l'instruction même auprès de la responsabilité morale qui pèse alors sur lui ? Non, rien n'est fait quand il reste le plus difficile à faire.

C'est ce dont on peut se convaincre en jetant un coup d'œil sur les nouveaux devoirs qui incombent à celui qui veut mener jusqu'au bout l'œuvre entreprise de faire un homme. Il faut d'abord qu'il fasse sentir à son élève, devenu son ami, les vrais rapports de l'homme, tant dans l'espèce que dans l'individu ; puis, qu'il ordonne selon ces rapports toutes les affections de l'âme, en tournant l'imagination sur tels objets de préférence à tels autres et en faisant contracter certaines habitudes. Voulez-vous, par exemple, que l'amour de soi s'étende sur autrui, montrez au jeune homme les malheureux plutôt que les heureux de ce monde. La pitié s'éveillera dans son cœur à la vue des misères humaines, tandis que le spectacle des plaisirs mondains exciterait en lui les sentiments pénibles de la jalousie et de l'envie. De ces premiers mouvements de l'âme naîtront les premières voix de la conscience, d'où la lumière de la raison dégagera peu à peu les premières notions du bien et du mal.

L'instruction doit venir alors en aide à la culture morale du jeune homme ; mais il faudra prendre avec lui une méthode opposée à celle qu'on aura suivie pour apprendre à l'enfant à connaître les choses. Pour donner à quelqu'un la connaissance des hommes, l'expérience des autres vaut mieux que la sienne. Il convient de les lui montrer d'abord au loin, dans d'autres temps et d'autres lieux, c'est-à-dire dans l'histoire qui l'aidera à lire dans le cœur humain et sera pour lui le meilleur cours de philosophie pratique. Toutefois, comme il est à craindre que le spectacle des faiblesses de l'humanité ne donne à votre élève une opinion trop avantageuse de lui-même, il sera bon, pour le détromper, de le laisser aussi exposé à des épreuves sans conséquences trop graves, mais de nature pourtant à le convaincre qu'il n'est pas plus impeccable que d'autres. Lorsqu'il sera tombé en faute, des censures intempestives ne feraient qu'irriter son amour-propre. C'est alors que les fables sont à leur place. Il s'appliquera à lui-même la morale de l'apologue et apprendra à se mieux connaître, sans qu'il lui en coûte trop cher.

Rousseau n'est pas pressé de donner des leçons de morale théorique; mais il est un art qu'il recommande vivement et qu'on néglige trop d'enseigner à la jeunesse avant de la lancer dans le monde et dans les affaires: c'est *l'art d'agir*, bien plus nécessaire que les études spéculatives dont on l'occupe. Or cet art ne peut s'apprendre qu'en agissant et par le maniement des affaires. En attendant donc que votre élève ait les siennes à conduire, faites qu'il mette ses bras, son intelligence et ses loisirs au service de ceux qui sont aux prises avec les difficultés de l'existence. De cette manière, les sentiments d'humanité que vous lui aurez inspirés ne demeureront pas stériles, et l'exercice des vertus sociales sera la meilleure préparation à votre cours de morale. *La pratique des devoirs doit en précéder la théorie.* Celle-ci même ne devra venir enfin qu'après que le jeune homme aura pris conscience de ses rapports avec le principe de son être.

Nous touchons ici à l'une des questions les plus délicates que soulève le plan d'éducation de Rousseau. Il était convaincu que notre moralité dépend de nos croyances religieuses et que les idées que nous nous faisons de Dieu peuvent seules éclairer nos rapports avec nos semblables, ainsi que les obligations qui en découlent; et cependant il a ajourné jusqu'à cette époque l'instruction religieuse de son élève. A quinze ans, Emile ne sait s'il a une âme; et peut-être à dix-huit ans, n'est-il pas encore temps qu'il l'apprenne. Il n'a pas même entendu le nom de Dieu sortir de la bouche de son maître. Est-ce par scepticisme ou indifférence religieuse que Rousseau a retardé le moment de l'entretenir des sujets les plus élevés qui puissent occuper l'esprit humain? Rien n'autorise une semblable supposition. Elle est indigne de Rousseau. Non, il a voulu rester conséquent à sa méthode d'attendre le temps propice, le moment psychologique, comme il l'a fait pour les raisonnements abstraits, les lectures d'imagination, les habitudes de bienfaisance et les relations sociales. Il a pensé que l'instruction religieuse était à sa place après l'étude de la nature qui conduit à la recherche de son auteur. *On ne connaît l'ouvrier*, dit-il, *que par ses œuvres..... Pour juger ce qu'il est, il faut attendre de savoir ce qu'il a fait.* L'ordre contraire, recommandé par Locke, lui paraît ne pouvoir conduire qu'à l'erreur, à la superstition ou au matérialisme. *Si Emile apprend plus tôt qu'il ne faut qu'il a une âme, il court risque de ne le savoir jamais.* Un autre motif aussi a décidé Rousseau, c'est l'abus qu'on faisait, de son

temps, abus qui dure encore, d'un catéchisme appris par
cœur, de prières récitées machinalement, de formules dog-
matiques incompréhensibles et d'actes de dévotion impo-
sés à de tout jeunes enfants. Les résultats de cette méthode grossière l'avaient vivement frappé ; partout il ne
voyait qu'impiété ou fanatisme. Aussi pour que les grandes
choses de l'âme fissent une impression salutaire sur le
jeune homme, lui semblait-il qu'elles devraient n'avoir rien
perdu pour lui de leur fraîcheur et ne l'avoir pas ennuyé
durant toute son enfance. Enfin, il voulait par-dessus tout
qu'il fût arrivé à un âge où l'on peut se faire une conviction personnelle, de telle sorte que sa foi fût réfléchie,
librement acceptée, et non reçue d'autorité.

Les motifs sont excellents ; mais est-il nécessaire de
retarder, autant que le fait Rousseau, toute espèce d'instruction religieuse, en vue d'en mieux assurer les effets
sur la conduite et le caractère? La nature et le cœur humain, consultés là-dessus, doivent donner la réponse. Or
il faudrait bien mal connaître l'intelligence du petit enfant
pour ne pas sentir qu'il est absolument incapable de saisir,
sous leur forme abstraite, les vérités théologiques, même
réduites aux notions élémentaires d'un catéchisme; ce sont
pour lui des mots et des phrases, que la mémoire peut bien
retenir, mais auxquels il n'attache aucune idée et dont il
ne résulte aucune espèce d'édification. Qu'il s'agisse, au
contraire, de produire en lui des impressions religieuses,
d'éveiller des sentiments dans son cœur, et non des idées
dans son esprit, les choses se présentent sous un tout autre
aspect. L'expérience montre que dans les familles pieuses,
la piété enfantine est susceptible de se former de bonne

heure, parce qu'elle est associée aux impressions que l'enfant reçoit de l'exemple d'une religion sincère et vivante, chez ceux avec lesquels il est en harmonie habituelle de sentiments.

Rousseau lui-même ne paraît pas avoir été éloigné d'admettre que la pensée de la toute-présence de Dieu et le respect de son nom, de même que le recueillement de l'âme dans la prière, sont possibles à un âge où l'enfant n'est pas du tout encore en état de raisonner sur de tels sujets. La preuve en est dans la méthode qu'il recommande d'employer avec les petites filles, dont la foi doit procéder de l'autorité plus que de l'examen; mais c'est à la mère seule qu'il ose confier la tâche d'instruire sa fille de ces matières délicates; et c'est dans la puissance de son exemple qu'il voit le moyen de donner à de telles leçons toute leur valeur éducative.

Il ressort de là que s'il a pris pour Emile une route différente, il ne l'a fait qu'à bon escient, par les raisons que nous avons déduites. On peut donc trouver que le nom et l'idée de Dieu viennent tard dans son livre, mais il faut lui rendre cette justice, qu'il a fait de la religion une chose sérieuse et le solide fondement de la culture morale. Elle ne figure pas, en effet, dans le programme des études d'Emile comme une branche ordinaire d'enseignement ajoutée à toutes les autres, pour se conformer à l'usage; elle est bien plutôt destinée, dans son plan d'éducation, à produire dans l'être moral une révolution profonde et radicale. Voici comment, en deux mots : Le moi individuel se fait centre de tout et ne poursuit que son bien particulier; le moi moral, au contraire, se rapportant à Dieu comme à son centre, aime l'auteur de son être comme il s'aime lui-même, et trouve dès lors son véritable intérêt à être bon; tandis que, sans Dieu, il n'y a de vrai et de possible que le plus parfait égoïsme. Maintenant il a une règle et un principe fixe de conduite.

Dès lors la présence d'un gouverneur semble superflue; cependant Rousseau le fait rester encore auprès d'Emile. Le corps a reçu toute sa croissance; mais l'esprit, à moitié développé, doit prendre l'essor à son tour, et d'importantes études restent à faire. Emile n'est plus élève, il est encore disciple. Seulement, devenu homme, il doit être traité en homme. *Car, pour conduire un adulte, il faut prendre le contre-pied de tout ce que l'on a fait pour conduire un enfant.* L'autorité et le devoir obtiendront de lui ce que la force ou l'adresse obtenaient auparavant. La liberté de tout faire, qu'on lui a laissée dans son enfance, se réglera à mesure qu'il acquerra des lumières nouvelles. Mais le langage de la froide raison ne suffit plus pour triompher de l'entraînement des passions; il faut les combattre par elles-mêmes, faire appel à l'imagination et trouver le chemin du cœur, si vous voulez avoir prise sur la jeunesse. La sécheresse de la morale lui ferait prendre en dégoût la route pénible du devoir. Comment va s'y prendre notre auteur ? A vingt ans, Emile est introduit dans le monde pour s'y former à l'usage, aux manières polies et surtout à l'art le plus nécessaire à l'homme, qui est de savoir vivre avec ses semblables; mais Rousseau lui propose un but plus rapproché, mieux fait pour intéresser son cœur et son imagination. Il s'agira pour lui de chercher la future compagne de sa vie, la femme qu'il commence de rêver. Toute la partie romanesque de l'*Emile* a sa raison d'être, comme on le voit déjà par ce détail; elle rentre tout à fait dans le plan d'éducation et dans la méthode de Rousseau.

Ainsi la recherche de Sophie n'est qu'un prétexte pour faire passer à Emile une année à Paris, sans qu'il coure le risque de s'y corrompre. Ayant l'idéal de la femme qu'il lui faut, rien de ce qu'il verra dans les sociétés frivoles ne répondra à l'image qu'il s'en est faite. Le plus difficile sera de le préserver de lui-même; car c'est là un danger qu'on ne peut écarter. Il est vrai qu'il n'est à redouter que si l'éducation antérieure, mal dirigée, a donné à l'imagination un développement précoce et hâté l'éveil des sens. En attendant, le contact des gens du monde, étendant l'horizon de ses pensées, aiguisera l'esprit d'Emile et lui inspirera le désir de plaire ou, du moins, de ne choquer personne. Son goût commencera alors à se former, parce qu'il sera bien placé pour faire des comparaisons et observer ce qui plaît ou déplaît au plus grand nombre.

Ce sera pour lui le moment de se livrer aux études littéraires et à la lecture des livres agréables pour puiser les principes du bon goût dans les meilleures sources et, en particulier, dans les modèles de l'antiquité. Les langues, la grammaire générale, les belles-lettres, occuperont aussi les intervalles que lui laissera la société mondaine. *Pour le réjouir*, dit Rousseau, avec l'impertinence d'un solitaire qui sent ce qu'il aurait perdu à se frotter aux autres, *je lui fais entendre le bavardage des académies;* et il ajoute en guise de correctif: *Je lui fais remarquer que chacun de ceux qui les composent vaut toujours mieux seul qu'avec le corps ; là-dessus il tirera de lui-même la conséquence de l'utilité de tous ces beaux établissements.* Enfin, la fréquentation du théâtre, cette école du goût contemporain, l'introduira dans le monde de la poésie et de l'imagination. [1] Voilà plus qu'il n'en faut pour distraire Emile et le dépouiller de toute sa rusticité sauvage.

Cependant la femme qu'il faut à l'homme de la nature ne se trouve pas à Paris ; celle que Rousseau lui destine, Sophie, a grandi sous les yeux de sa mère, élevée à la campagne, selon des maximes très-différentes de celles qui ont été suivies pour Emile. L'éducation des filles ne saurait, en effet, ressembler à celle des garçons, du moment qu'il est avéré que la nature a établi entre les deux sexes des différences de constitution, de caractère et de tempérament. Il ne serait pas sage de cultiver chez les jeunes filles les qualités distinctives de l'homme, et non celles de la femme. Si le jeune garçon doit développer surtout ses forces et s'endurcir, la culture corporelle de la jeune fille doit être dirigée au point de vue prédominant de la grâce et de la souplesse, sans exclure celui de la force et de la santé.

Son esprit demande aussi à être cultivé, mais beaucoup moins par des connaissances relatives au monde extérieur ou par des études abstraites et spéculatives, que par des connaissances relatives à la vie ordinaire, d'un caractère pratique et de nature à former le jugement, en même

---

[1] N'est-ce pas, au contraire, par la littérature dramatique que se termine la période de la véritable poésie inconsciente et naturelle ? Il est vrai que c'est par là que les Romains ont commencé leur culture littéraire.

temps que par les arts agréables propres à développer le goût et à donner le sentiment du beau.

Pour ce qui est du gouvernement des jeunes filles, il doit être le contre-pied de celui qui convient aux garçons. A ces derniers, il faut laisser une grande liberté jusqu'à l'âge où ils se soumettront d'eux-mêmes à la règle du devoir et accepteront l'autorité d'autres personnes comme un secours nécessaire à leur inexpérience. Les jeunes filles doivent, au contraire, s'accoutumer de bonne heure au joug qui pèsera sur elles toute leur vie; il importe qu'elles soient habituées à être dérangées dans leurs plaisirs et que jamais elles ne soient sans aucune espèce de frein. Les garçons sont élevés pour ne compter que sur eux-mêmes, pour être indépendants des bras et de l'opinion d'autrui, tandis que la femme est appelée à vivre pour les autres, sous l'autorité de quelqu'un, et à tenir grand compte de l'opinion, dont elle ne devra jamais s'affranchir complétement. Le *qu'en dira-t-on* remplace pour elle l'*à quoi bon* qui est pour les garçons le critère de la convenance de leurs actes. Toutefois, comme elle est appelée aussi à juger entre ce qu'exige l'opinion et ce qu'exige le devoir, là où ces deux règles ne sont pas d'accord, il n'est pas moins nécessaire de cultiver sa raison pour éclairer le sentiment intérieur qui doit la diriger et pour qu'elle puisse s'élever au-dessus des préjugés.

Enfin, le principe qui doit dominer toute l'éducation des jeunes filles, c'est de les rendre propres aux travaux et à la vocation de leur sexe, de leur faire aimer le foyer domestique et la vie d'intérieur, ce qui n'est possible qu'autant qu'elles ont passé leur enfance dans le milieu paisible de la famille. Rousseau est loin de vouloir confiner la femme dans les travaux du ménage; mais il veut encore moins qu'on fasse de la jeune fille une lettrée, une savante. Ainsi élevée, elle sera, *non pas le professeur, mais le disciple de son mari. Emile aura le plaisir de lui tout enseigner.*

Sophie une fois trouvée et les fiançailles faites, on s'imagine que la tâche du gouverneur est enfin terminée et qu'il va se retirer. Rousseau ne l'entend point ainsi. *Le dernier acte de la jeunesse n'est pas encore arrivé au dénouement.* Emile ne manque désormais d'aucune des qualités de l'homme du monde: il a le savoir-vivre et la véritable politesse des gens bien élevés; il aime et il est aimé. Mais il n'est pas destiné à vivre comme un oisif dans le monde, et ses qualités aimables ne sauraient suffire au futur citoyen et au chef de famille. Il reste donc à faire de lui un homme vertueux et un membre utile de la société. Pour qu'il ne s'énerve donc pas auprès de Sophie, comme Renaud dans les jardins d'Armide, son gouverneur lui impose, au nom du devoir et des obligations qui lient le disciple à son maître, une épreuve suprême, le sacrifice de sa passion, un acte d'empire sur son propre cœur.

Pour la première fois, à l'âge de vingt-deux ou vingt-trois ans, Emile, qui regimbe d'abord contre l'aiguillon, entend un de ces grands sermons dont on est si prodigue dans les éducations ordinaires longtemps avant cette époque. Cette fois du moins, le sermon est si bien pensé et si bien dit qu'il a plaisir à l'entendre, malgré sa longueur. L'habile gouverneur, après avoir remis sous les yeux du jeune homme tout le plan qui a été suivi dans son éducation, lui demande d'y mettre le couronnement, en remportant une victoire sur lui-même et sur ses plus chères affections. Il lui fait observer que sa bonté naturelle, constamment préservée par les soins dont il a été l'objet, n'a rien de méritoire s'il n'y joint la vertu qui consiste à rester maître des penchants de son cœur, même les plus légitimes. La conclusion est qu'Emile doit se séparer pour quelque temps de celle qu'il risque d'aimer déjà plus que son devoir.

L'épreuve est acceptée et dure près de deux ans. Emile les emploie à faire avec son gouverneur le tour de l'Europe, tout en apprenant deux ou trois langues vivantes et en étudiant les mœurs et les institutions des peuples. C'est ainsi que les voyages peuvent être le véritable complément de l'éducation de la jeunesse. Pour en retirer de l'instruction, il faut savoir voyager et se proposer, non pas de voir du pays, mais de voir des peuples, d'observer ses semblables, et les choses, si l'on a le temps.

Après s'être considéré, d'abord par ses rapports physiques avec le monde matériel, puis par ses rapports moraux avec les hommes, Emile doit finir par l'étude de ses rapports civils avec ses concitoyens. Tel est le but poursuivi dans ses voyages, qui servent d'occasion et de commentaire au cours d'instruction civique esquissé par Rousseau dans la seconde partie du livre cinquième. Cette ébauche du *Contrat social* n'est pas plus un hors-d'œuvre que le cours d'instruction religieuse contenu dans la *Profession de foi du vicaire savoyard*. Elle se termine par un intéressant parallèle entre la liberté politique et la liberté morale, où brille l'une des grandes pensées inspiratrices de Rousseau dans la composition de l'*Emile*. Qu'on nous

l'activité de sa jeunesse et de son âge mûr. La conquête de l'autonomie individuelle, l'idéal d'une personnalité libre ne suffisent pas: il faut que le jeune homme devenu maître de lui-même et disposant de toutes ses forces, ait en vue de grandes choses à faire, de nobles intérêts auxquels il se dévoue et qui l'enflamment pour l'action. La réalisation du vrai, du beau, du bien, dans sa propre vie et dans la vie de l'espèce, voilà ce que l'éducateur doit proposer à son élève, s'il ne veut qu'il s'enferme dans la contemplation stérile de ses mérites personnels. Mais pour cela il faut avoir les yeux tournés vers l'avenir et accepter l'idée du progrès; il faut comprendre que le progrès ne se réalise qu'au prix de sacrifices correspondants, ce qui fait qu'à certains égards l'homme civilisé est au-dessous du sauvage, de même que celui-ci le cède à l'animal et l'animal à la plante, pour des avantages d'un ordre inférieur. Or, l'imagination de Rousseau, s'arrêtant sur quelques-unes des conséquences fâcheuses de l'état social, lui faisait voir trop en beau les biens de l'état antérieur ; il ne pouvait prendre son parti des pertes irréparables qu'entraîne chaque pas fait en avant. L'élève sorti de ses mains et formé à son image, court donc le risque de s'attarder dans le culte rétrospectif du passé et de devenir un être inutile aux autres et d'autant plus dangereux pour lui-même qu'il serait plus richement doué par la nature. Heureusement ce résultat possible d'une éducation à la Rousseau, sans aucun des correctifs qu'elle réclame, serait écarté par la force des choses qui pousse chacun à s'évertuer pour améliorer sans cesse ses relations dans le monde physique et dans la société humaine.

Cela dit, il ne me reste plus qu'à clore l'étude qui précède, en résumant les impressions qu'elle laisse dans l'esprit. Elle vous aura convaincus, je l'espère, tout imparfaite qu'elle est, qu'indépendamment du mérite littéraire, l'*Emile* vaut sa renommée, et que Rousseau occupe, à juste titre, une place d'honneur parmi les pédagogues, alors même qu'il n'aurait pas eu l'intention d'écrire un véritable traité d'éducation.

En faisant table rase du passé, il a tout remis en question et donné par là une forte impulsion aux recherches pédagogiques. S'il a pu jeter quelque perplexité dans la conscience des pères de famille, il a donné aux gens du métier une secousse nécessaire pour les arracher à l'ancienne routine ou pour leur faire chercher de nouvelles et plus solides raisons à l'appui de leurs convictions ébranlées. Car là où il tombe dans le faux par l'exagération d'une idée vraie, il stimule encore la pensée et vous force à discuter avec lui. « Ses erreurs mêmes, a dit le P. Girard, sont des avis salutaires. » Génie créateur, Rousseau ne s'est pas contenté de faire la critique de ce qui existait; il a fondé pour l'avenir, et son œuvre repose, dans ses grandes parties, sur ce qu'il y a de plus large, la nature, et sur ce qu'il y a de plus fort, la liberté. Mais la réforme radicale qu'il a conçue avait les inconvénients comme les avantages de toute entreprise pareille : l'imagination est frappée et l'on se laisse séduire ; puis, à la réflexion, des doutes naissent dans l'esprit, et la vie réelle vous ramène à des conceptions plus modestes et plus pratiques.

Que de fois, en lisant l'*Emile*, on se prend à dire qu'on

ne serait pas fâché d'avoir reçu pour soi la trempe d'une si virile éducation ! Mais combien est-il de pères qui oseraient l'appliquer jusqu'au bout à leurs enfants ? Combien auraient le courage de leur imposer l'épreuve pénible d'une originalité qui les mettrait en opposition permanente avec la grande masse de leurs contemporains ? Des applications isolées se heurteront toujours à trop d'obstacles pour donner de sérieux résultats. S'il y a des idées justes dans Rousseau, c'est sur une grande échelle qu'il les faut appliquer. Or, son plan n'ayant été calculé que pour une éducation particulière, il faudrait le remanier jusqu'à le rendre méconnaissable. N'y a-t-il donc rien à faire avec l'*Emile* pour améliorer les pratiques actuelles ? Bien au contraire, les vérités qu'il renferme n'ont pas encore donné tous les fruits qu'on en peut recueillir; ne les y laissons pas enfouies, mais apportons dans cette recherche la prudence et le soin nécessaires; autrement, nous ne verrions que les traits saillants et nous négligerions ce qui est tout à côté, où se cache peut-être l'idée la plus juste et la plus utile. Souvent, chez Rousseau, la vivacité de l'expression va au delà de sa pensée. Sachons voir les tempéraments qui, dans d'autres endroits, modère ce qu'il a d'absolu lorsque la passion l'entraîne. Sans nous arrêter aux boutades de l'écrivain, emparons-nous surtout de sa méthode, le meilleur legs qu'il nous ait laissé : la voie de l'observation, ouverte par lui, est accessible à chacun; avec elle, toutes les erreurs peuvent se réparer, et tous les progrès sont possibles.

La preuve en est que depuis l'*Emile*, la pédagogie est loin d'être restée stationnaire. Quel trésor d'expériences n'y a-t-il pas, par exemple, dans cet autre ouvrage sorti également d'une plume genevoise, dans l'*Education progressive*, de Mme Necker-de Saussure ! Comme on y reconnaît, à l'élévation de l'esprit, à la vérité du sentiment, la mère de famille dévouée à ses devoirs, attentive à noter les moindres progrès de son enfant ! Rousseau l'a dit, c'est à la femme de recueillir les faits sur lesquels l'homme raisonne et avec lesquels il bâtit des systèmes. Que les femmes, qui ont le talent d'observation et qui sont si bien placées pour étudier l'enfance, préparent donc des matériaux qui servent à construire une théorie vraiment scientifique de l'Education. A combien de tâtonnements n'est-elle pas encore réduite ! Que d'incertitudes dans ses procédés! Que de forces perdues par des vices de méthode ou par la faute des éducateurs ! Quand une fois la théorie sera assise sur des bases solides, l'œuvre éducatrice se poursuivra avec une sûreté qu'elle ne peut avoir aussi longtemps que les prémisses sont discutées.

Aux femmes aussi revient la mission de trouver le chemin du cœur et de l'intelligence pour faire passer les principes dans l'application. Elles peuvent apporter là l'esprit pratique, le tact, la patience et la douceur qui les distinguent. Il en faut beaucoup pour ne pas se décourager ou s'irriter en présence de tout ce qu'il y a d'imparfait chez les enfants et chez ceux qui les élèvent. Mais, de même que dans un champ de blé, on fait plus de mal que de bien en arrachant l'ivraie; de même dans la vie et dans le travail de la civilisation, il ne faut pas user ses forces à vouloir extirper toutes les mauvaises semences. Que ceux qui ont les progrès de l'instruction et de l'éducation réellement à cœur répandent le bon grain à profusion, et l'ivraie, étouffée, s'élaguera d'elle-même. Malheureusement le pessimisme dissolvant, qui semble s'emparer aujourd'hui d'un trop grand nombre d'esprits, risque de voiler à nos yeux l'action de cette loi divine de l'élimination finale du mal par le bien, dont les effets ne sont pas moins frappants dans le monde physique que dans le monde moral. Pour réagir contre une tendance si funeste, il n'est pas indifférent que l'éducateur ait foi, comme Rousseau, dans la bonté originelle de l'homme, c'est-à-dire, au fond, dans le succès de ses efforts, et qu'il ne se croie pas enfermé dans un cercle fatal et sans issue.

Trois choses nous paraissent surtout nécessaires à la réussite de son œuvre: un grand idéal à poursuivre, une méthode sûre pour aller au but et une entière confiance dans la possibilité, sinon de l'atteindre, du moins de s'en rapprocher toujours davantage. Eh bien, ces trois choses, pour qui ne les possède déjà, se trouvent, croyons-nous, dans l'*Emile* de Rousseau, si l'on sait les y voir au milieu d'un mélange d'éléments contestables. Sans doute, l'idéal de la liberté individuelle, mis particulièrement en relief par l'auteur, serait incomplet si l'on n'y joignait celui du bien que la volonté libre doit accomplir; la méthode d'observation qu'il prescrit demande aussi à être plus sérieusement dans tous ses points; le principe de la bonté naturelle de l'homme ne saurait enfin se passer d'une interprétation qui l'explique et le justifie; mais l'éclat dont ces vérités brillent dans l'œuvre même est assez grand déjà pour dissiper plusieurs des préventions qui pourraient diminuer à nos yeux la valeur de l'*Emile*, comme théorie. Elles sont les vrais joyaux de la couronne de Rousseau, comme penseur, ses meilleurs titres à la reconnaissance des pères et des enfants. Ne lui refusons donc pas notre hommage: s'il eut de grands torts envers les siens, il semble qu'il ait voulu les racheter et les couvrir en quelque sorte par ces beaux dons de son génie, offerts à l'enfance qu'il aimait, et qu'il a si heureusement affranchie du joug pesant de traditions séculaires.

LES

IDÉES POLITIQUES DE ROUSSEAU

PAR

JOSEPH HORNUNG

Professeur.

Cette conférence a été retravaillée par l'auteur; il l'a complétée sur bien des points, et il a cru bien faire en y joignant la bibliographie du sujet.

Les idées politiques de Rousseau, tel est le sujet de cette conférence. Elle sera essentiellement objective et critique. Je ne veux faire ni un réquisitoire, ni un plaidoyer, mais rendre, si possible, un jugement impartial. Je tâcherai d'expliquer et d'exposer Rousseau: mais surtout de rechercher à la lumière de la science actuelle et de nos expériences politiques, ce que vaut réellement aujourd'hui sa doctrine. C'est, d'ailleurs, l'utilité des anniversaires, que de revenir ainsi à distance sur une grande renommée et de la soumettre périodiquement à un examen nouveau. Que faut-il penser, après cent ans, des idées de Rousseau sur le droit et l'Etat? telle est donc la question que nous allons traiter.

I

Permettez-moi de commencer par quelques vues historiques générales, qui me paraissent nécessaires pour introduire et préparer notre sujet, pour le situer, si j'ose ainsi dire, et bien faire voir quelle est la place de Rousseau dans la pensée du XVIIIe siècle.

Il y a deux manières de concevoir les questions juridiques et sociales. L'une est celle de Montesquieu, de Voltaire et en général de la pensée française au XVIIIe siècle; l'autre est celle de Rousseau.

La première de ces deux conceptions accepte l'Etat et la civilisation : mais elle veut garantir, vis-à-vis du pouvoir, les droits individuels et la liberté sociale. Elle admet aisément que la nation soit simplement représentée par une assemblée, vis-à-vis du pouvoir, et que ce dernier partage la souveraineté avec elle. Les esprits de cette catégorie sont plus touchés du résultat qu'ils ne se préoccupent de la façon dont il est obtenu. Ils sont essentiellement pratiques et ne demandent pas l'idéal. La moralité les préoccupe moins que le droit: les questions d'éducation les touchent peu. Ils ne demandent pas la souveraineté, mais la liberté. L'écueil de cette tendance, plutôt juridique et sociale que politique, c'est l'utilitarisme et le matérialisme. Mais elle n'en a pas moins comme point de départ un sentiment généreux et profond du droit.

Elle se produit naturellement surtout dans les grands pays, où l'Etat a beaucoup de force, et où la société se défend comme elle peut contre lui. Elle suppose les grandes villes, ces foyers de civilisation où s'élaborent les idées générales.

Historiquement, cet esprit juridique est le fait des civilisations qui combinent les races et qui, par suite, peuvent s'élever au-dessus de l'unité primitive ou barbare, et dégager l'idée d'un droit humanitaire, neutre, abstrait, par opposition à l'exclusivisme des races et des religions nationales.

Rome, d'abord, qui combine dans son forum les races de l'Italie, puis celles de l'Occident tout entier; Rome, où la plèbe accepte le patriciat et transige avec lui ; puis, surtout l'Empire romain, la grande époque des jurisconsultes. Rome nous a laissé un droit cosmopolite et neutre, un droit profondément individualiste, qui garantit le particulier, mais qui admet l'effacement des nationalités.

Plus tard, l'Angleterre, qui combine aussi en elle deux principes opposés, la démocratie saxonne et la royauté féodale des Normands, l'Angleterre arrive aussi à la notion des libertés individuelles, mais en les comprenant sous un aspect essentiellement politique, et en les combinant avec l'idée nationale. La constitution anglaise actuelle est le produit d'une transaction : la royauté et l'aristocratie subsistent, mais limitées étroitement. L'idée anglaise, c'est au fond le droit individuel. Hobbes, lui-même, [1] à qui Jean-Jacques a emprunté sa doctrine du *Contrat social*, mais qui en fait sortir le despotisme royal et non la démocratie, Hobbes sent le besoin de déduire le pouvoir du concours supposé des volontés individuelles. Locke, le théoricien de Guillaume III, est l'avocat des libertés, dans son *Traité du gouvernement civil* (1690). A ses yeux, comme à ceux de Grotius, l'Etat est essentiellement un juge impartial. — L'économie politique anglaise est basée tout entière sur la liberté du travail. — Ces principes sont également ceux des

[1] Hobbes, *De cive*, 1642 ; *De corpore politico*, 1650; *Leviathan*, 1651. — Sur le mouvement des idées en Europe depuis la Renaissance, v. Hallam, *Hist. de la littér. en Europe du XVe au XVIIe siècle*; Janet, *Hist. de la philos. morale et politique* ; Bluntschli, *Geschichte des allgemeinen Staatsrechts und der Politik seit dem XVI. Jahrhundert bis zur Gegenwart* ; cp. Robert von Mohl, *Die Geschichte und Literatur der Staatswissenschaften.*

Etats-Unis, qu'on peut définir : une Angleterre moins la royauté, l'aristocratie et l'Eglise officielle. Les Américains ont poussé à l'extrême l'indépendance personnelle; mais, d'autre part, comme chez eux le peuple ne partage pas la souveraineté avec des pouvoirs historiques, ils sont en réalité sur la limite entre les deux tendances que nous décrivons.

L'esprit juridique se présente en France, au XVIII⁰ siècle, sous un aspect particulier, qui tient plus de l'Empire romain que de Rome républicaine ou de l'Angleterre. — La France unit en elle les deux grandes races de l'Europe. Mais, tandis qu'en Angleterre la royauté est d'abord à son maximum de force, et qu'elle est de plus en plus limitée par les droits de la nation, la France, profondément morcelée par la féodalité, est reconstruite par la royauté, qui finit par tout résumer et tout concentrer en elle, parce qu'elle n'a pas à lutter avec une nation comme en Angleterre, mais qu'elle a seulement devant elle des classes, des provinces, des villes. De là ce merveilleux résumé de la France et de l'Europe qui se nomme Paris. — Mais la France n'en est pas moins prédestinée, par son caractère cosmopolite, à être un des pays du droit; seulement elle le sera dans un autre sens que l'Angleterre, son initiatrice. Ce qui se forme en France, au XVIII⁰ siècle, en face du pouvoir absolu et de l'intolérance catholique, ce n'est pas une nation, comme en Angleterre au moyen âge : c'est une société éclairée qui conçoit les questions sociales, non à la manière des barons ou des communes d'Angleterre, mais d'une façon rationnelle et systématique.[1]

---

[1] Sur les idées politiques et sociales en France, au XVIII⁰ siècle, outre

Montesquieu et Voltaire empruntent aux Anglais leurs idées de liberté et de tolérance ; mais ils les agrandissent aussitôt. La France du XVIIIᵉ siècle ne songe pas seulement à elle-même ; elle pense à l'humanité tout entière. C'est au nom de la nature humaine si indignement outragée, qu'elle proteste contre les horreurs de l'ancien régime. Un grand cri de pitié s'élève pour la première fois à la vue de tout ce qu'on fait souffrir à l'humanité, à la vue des persécutions et des supplices. La pitié indignée et virile, bien supérieure à la charité, voilà l'inspiration de cette grande époque.

Voltaire en est le centre : [1] il proteste contre tous les abus ; contre la persécution, la torture, le servage, l'inégalité des impôts ; il demande le mariage civil et le cimetière laïque ; il se fait l'avocat infatigable de tous les opprimés. Son esprit n'a rien de systématique : bien au contraire, il perce à jour tous les systèmes, pour aller jusqu'au fond même des choses. Voltaire est simplement un cœur généreux, un splendide bon sens : placé au centre des choses, il reçoit toutes les impressions avec une vivacité extraordinaire, et son indignation enflamme l'Europe. Beccaria, le réformateur du droit pénal, est son disciple, et nous som-

Bluntschli et Janet, voyez H. Martin, *Hist. de France*, t. XVIII ; Louis Blanc, *Hist. de la Révolution*, t. Iᵉʳ ; Paul Albert, *Litt. franç. au XVIIIᵉ siècle* ; Barni, *Hist. des idées morales et politiques en France au XVIIIᵉ siècle* ; Baudrillart, *Études de philos. morale et d'écon. politique.* Sur le mouvement des idées au XVIIIᵉ siècle dans les différents pays de l'Europe, voyez Hettner, *Literaturgeschichte des XVIII. Jahrhunderts.*

[1] Sur Voltaire, voyez surtout Desnoiresterres, *Voltaire et la société française au XVIIIᵉ siècle* ; Eugène Noël, *Voltaire* ; et les discours prononcés en 1878, à l'occasion du Centenaire, par Spuller, Deschanel et Victor Hugo.

mes encore au bénéfice de l'énergique mouvement de réforme provoqué par ses éloquents plaidoyers. Mais il manque de sérieux dans les idées, et, à l'inverse de Rousseau, sa personne vaut mieux que ses doctrines. Remarquez-le bien, Voltaire accepte en plein la civilisation et l'Etat ; il veut la culture dans ce qu'elle a de plus brillant : la science, l'art, le théâtre ; il est éminemment sociable et ne s'isole point de son siècle. Mais le côté moral des questions le touche peu ; ainsi l'enfant ne le préoccupe pas, ni l'éducation des individus et des peuples.

Tel est le caractère général de la pensée française au XVIIIe siècle. Les *physiocrates*, Quesnay, en particulier, qui fondent l'économie politique avant l'Angleterre, veulent la liberté de l'industrie et du commerce, mais ils la veulent par le moyen d'un Etat puissant, ils admettent un droit naturel dont le pouvoir sera l'organe. Le ministre Turgot réalise leurs théories, et Necker accomplit aussi bien des réformes. — Montesquieu a donné le mot de cette époque, en montrant que les lois sont la forme de la vie sociale, que celle-ci est leur substance et leur cause, et qu'il y a des droits supérieurs à tout.

La nature sensible de l'homme, tel est plus exactement le principe dirigeant de la pensée française au XVIIIe siècle. Il entraîne bien des esprits jusqu'au matérialisme, mais il fallait peut-être aller jusqu'à cet extrême pour mieux accentuer la révolution qui se faisait dans les esprits et qui mettait le centre dans la réalité vivante. Le monde, alors, envahit Dieu ; c'est comme une revanche de son long asservissement au surnaturel. L'utile marque la limite jusqu'où doit aller la contrainte. Bentham, disciple des

Français, et en particulier d'Helvétius, se charge de formuler l'utilitarisme. — Il y a là un danger incontestable, parce que l'individualité, sous toutes ses formes, est ainsi aisément méconnue. Le socialisme est en germe dans le matérialisme du XVIIIe siècle. Il manque à cette philosophie l'idée énergique de la personnalité, en Dieu et dans l'homme. Mais elle n'en est que plus large et plus tolérante. — Par cela même qu'elle accepte la civilisation, elle peut avoir la notion du *progrès* : en effet, c'est alors que cette grande idée s'affirme positivement, sous la plume d'auteurs comme Turgot, Lessing et Condorcet. — Enfin et pour les mêmes raisons, la philosophie française du XVIIIe siècle a pu être acceptée par les rois et par leurs ministres. Ils deviennent, en effet, ses disciples ; et nous voyons naître ainsi l'âge d'or de la philanthropie, où les princes rivalisent entre eux, dans leurs efforts pour améliorer la condition de l'humanité. Il suffit de citer des noms comme Frédéric le Grand, Joseph II et Léopold de Toscane. Ici encore, Voltaire est le grand inspirateur.

Telle est cette première conception. Voyons maintenant la seconde ; mais notons d'abord, comme singulièrement piquant, le fait que Voltaire habitait à deux lieues de la ville qui était le foyer de l'autre doctrine. Heureuse rivalité, après tout, puisque les deux principes n'étaient, au fond, que des applications diverses de la grande doctrine libérale : mais l'antithèse entre Ferney et Genève n'en existe pas moins.

La conception qui est celle de Rousseau, a pour caractère de considérer en toute chose le sujet, la personne, la moralité intime, de se demander, non pas tant quel est le résultat, mais comment il est obtenu. En particulier, cette doctrine, dans les questions sociales, considère surtout la personne collective, la nation dans son autonomie et sa souveraineté. Elle va jusqu'aux racines des choses, et veut tout reconstruire, à partir des fondations. Elle veut former des hommes et des peuples; tout se résume pour elle dans l'éducation. Tandis que la première conception était juridique, économique, sociale, celle-ci est essentiellement politique et morale. Elle se fait un idéal austère; elle met l'accent sur la vertu, la force morale; elle se défie de la civilisation et de la science; elle entend que les individus et les peuples restent tout près d'eux-mêmes et ne se dispersent pas au dehors. Elle maintient, par cela même, la notion du Dieu personnel au centre des choses. La personnalité, la souveraineté, l'originalité, voilà son idée centrale.

Au fond, c'est le principe barbare idéalisé. [1] — Les sociétés primitives nous offrent, en effet, la plus complète unité sociale : chaque tribu est souveraine, et reste au plus près d'elle-même. — Cela est plus vrai encore de tribus, comme celles des Juifs, qui acceptent un principe théocratique, mais le combinent avec la liberté barbare, de façon à constituer pour l'avenir le type achevé de la nationalité religieuse. — Sparte idéalise, sous une forme toute laïque, l'héroïsme barbare et en fait un système qui s'impose despotiquement aux individus et forme une personnalité col-

---

[1] Nous prenons ici ce mot dans le sens historique. La *Barbarie*, pour nous, c'est le premier stage de l'humanité, la période antérieure à la division du travail et à l'apparition des grands systèmes religieux et sociaux.

lective d'une énergie extraordinaire. — Athènes et Rome
républicaine reposent aussi sur la base des institutions
barbares ; elles attribuent un grand prix à la souveraineté
nationale. Athènes surtout, la ville politique par excellence, qui a créé la science de l'Etat, en lui donnant comme
centre l'idée du bien ou du but social suprême, principe trop
négligé par Jean-Jacques. Mais dans Athènes la barbarie
arrive à la conscience d'elle-même, et produit ainsi la philosophie et l'art. — Rome dépasse également ce premier
stage, ainsi que nous l'avons vu tout à l'heure; si Athènes
a édifié la cité de l'esprit, Rome construit la cité pratique
où le monde vient s'abriter. Mais la Rome des premiers
siècles, avec sa sévère magistrature des censeurs, qui représente la morale en face du droit, est bien dans l'esprit de
Sparte et de Rousseau.

A ce type nous rattacherons aussi les races germaniques, dont Tacite a opposé la pureté et l'énergie à la corruption des Romains de l'Empire. Le germanisme a dès
lors gardé, comme principe, l'unité substantielle de la nation, l'autonomie de la conscience collective. Et c'est pour
cela que l'Allemagne, le pays germanique par excellence,
a été au XVI\ siècle le foyer de la Réforme, qu'elle a
fondé l'idéalisme à une époque plus récente, et qu'elle est
toujours le foyer de la résistance au clergé romain. Mais
l'Allemagne, comme autrefois la Grèce, a idéalisé la barbarie; elle s'est élevée à la notion du bien idéal, et la science
allemande contemporaine attribue à la nation et à l'Etat,
son organe, une haute valeur spirituelle et une compétence
religieuse et morale étendue. La liberté barbare est ainsi
dépassée, et devient civilisation, pensée et art.

Mais il y a encore d'autres formes du même grand fait. Les religions qu'on peut appeler secondaires, et qui se forment par réaction contre un système théocratique et sacerdotal, mettent aussi l'accent sur la moralité personnelle; elles reviennent, sans le savoir, au principe barbare, par cela même qu'elles ramènent l'homme à son moi le plus intime; seulement elles placent le centre en Dieu, et lui soumettent étroitement l'homme. Mais elles sont avant tout un rajeunissement, une émancipation de l'esprit. Et, comme la barbarie, elles insistent sur la personnalité.[1] Ceci est particulièrement vrai du christianisme, qui ramène la société, sous la forme de l'Eglise, à son intimité et à sa simplicité primitives. Mais le christianisme s'altère sous l'action de l'esprit romain des bas temps; il s'éloigne de lui-même dans le catholicisme. La Réforme le ramène à sa pureté première; la Réforme, qui a son foyer dans l'Europe germanique, et qui a pour résultat principal de donner aux Etats la souveraineté spirituelle, et de fonder ainsi de vraies nationalités, entièrement maîtresses d'elles-mêmes.

Il y a cette différence entre le luthéranisme et le calvinisme ou protestantisme latin, que le premier reste essentiellement officiel, et par suite ne se développe que dans l'ordre idéal, tandis que le calvinisme, plus rapproché dans ce sens du catholicisme, est essentiellement ecclésiastique, européen, cosmopolite, et par suite contient un principe d'opposition à l'Etat.[2] Il devient en réalité le foyer des

---

[1] On en peut dire autant des philosophies qui reprennent tout en sous-œuvre et partent du *moi* humain : Socrate, Descartes, Kant.

[2] De là, soit dit en passant, la supériorité intellectuelle de la Suisse française sur la Suisse allemande. Le zwinglianisme reste purement

révolutions modernes : les Puritains d'Écosse, d'Angleterre et d'Amérique ont fondé la liberté, et la Révolution
française se rattache à eux par un lien direct. Le calvinisme n'est illibéral qu'en apparence : pour mieux abattre
l'autorité du prêtre, qui prétendait lier Dieu, il proclame
la liberté divine absolue, et soumet étroitement l'homme à
Dieu ; mais par là il l'émancipe, et pose la base de tout
l'édifice de nos libertés.

Le calvinisme prend Genève pour citadelle, et il fait de
notre petite cité un centre européen. Elle est enlevée à
elle-même, comme la Rome des papes ; mais c'est pour
devenir la capitale d'une grande idée. Dans notre ville,
l'Église n'est point en lutte avec l'État, si l'on excepte les
difficultés du début : elle s'incorpore à lui, et il en résulte
une forme nouvelle de cité, un idéal austère accepté finalement par tous ; une Sparte chrétienne, héroïque dans
son rôle d'avant-poste de la Réforme en pays catholique.
C'est à Genève que l'antithèse se marque le mieux entre
la Renaissance, extérieure et brillante, et le protestantisme, intérieur et austère. Genève calviniste est, comme
autrefois Jérusalem, le type achevé de la nationalité spirituelle, héroïque, mais exclusive. Tout y repose sur la
volonté.

Cependant la Genève calviniste contenait un principe
de mouvement et de progrès. En thèse générale, le calvinisme, par son caractère éminemment juridique, doit devenir le foyer de la philosophie du droit, quand on en viendra à opposer la loi et la liberté humaine à la volonté

national et local. La civilisation des cantons allemands n'a pas dépassé la
sphère du germanisme ; elle se raconte incessamment elle-même.

arbitraire de Dieu. C'est ce que fait Grotius, le fondateur du droit naturel et du droit international, que Rousseau a eu grand tort d'appeler, dans l'*Emile*, un enfant de mauvaise foi. Il appartenait à la Hollande d'affirmer le droit des nationalités protestantes et d'inspirer le congrès de Westphalie.

A Genève, la querelle est plus intérieure.[1] Sous le calvinisme, il y a le vieil esprit national qui se réveille au XVIIIᵉ siècle. Le Conseil général des citoyens est toujours, en théorie, le souverain.[2] Sans renier le calvinisme, la nation genevoise prétend se gouverner elle-même ; elle veut devenir réellement souveraine, et s'emparer des éléments du passé pour les faire siens. Dès lors le centre se déplace: il était en Dieu et dans les pouvoirs publics ; il tend à passer dans la nation, dans l'individu, dans la nature. Mais l'idéalisme subsiste. Il en est alors de Genève comme des villes grecques, où le peuple s'empare de l'idée, sans la renier le moins du monde. Au XVIIIᵉ siècle, notre protestantisme devient national, populaire, humain, personnel ; et, par suite, il se rationalise et se réconcilie avec la nature. Mais la personnalité est toujours le centre.

---

[1] Sur les luttes politiques à Genève au XVIIIᵉ siècle, voyez surtout D'Yvernois, *Tableau hist. et polit. des révolutions de Genève dans le XVIIIᵉ siècle*, 1782. — Sur le mouvement littéraire de cette époque, v. Senebier, *Hist. littér. de Genève*, t. III ; Sayous, *Le XVIIIᵉ siècle à l'étranger ;* Gaullieur, *La littér. de la Suisse française pendant la seconde moitié du XVIIIᵉ siècle*.

[2] Le Conseil général des citoyens élisait les syndics, le lieutenant et les auditeurs ou juges civils, le procureur général, le trésorier. Jusqu'en 1568, il avait voté les édits. Il ne recouvra ce droit qu'au XVIIIᵉ siècle. Le Petit Conseil et celui des CC se recrutaient l'un l'autre. Les LX n'étaient qu'un Comité des CC pour les affaires diplomatiques.

Seulement, c'est l'homme qui prouve maintenant Dieu. Et par cela même, le peuple affirme sa souveraineté.

Mais il est d'abord préoccupé de lui-même, de ses droits et non de ceux de l'humanité. Il faudra la Révolution française pour qu'il songe aux natifs, aux habitants, aux paysans, dont Voltaire s'était déjà fait l'avocat, tandis que le citoyen Rousseau ne voulait voir que les droits du peuple souverain et du Conseil général. [1] Les *Représentants* sont purement genevois : ce qui les touche, c'est uniquement la question de souveraineté, exactement comme à Athènes. La cité se transforme, mais c'est toujours la cité exclusive et fermée.

Son rôle n'en a pas moins été grand à cette époque. On peut dire que Genève est la seule ville souveraine qui ait contribué au progrès des idées libérales en politique. De là son importance au XVIIIe siècle. Eh bien, Rousseau a été l'homme de ce moment, et l'explication de ses idées est déjà contenue tout entière dans ce qui précède.

Il faut remarquer encore, pour être complet, qu'avant Jean-Jacques, il y a eu dans notre pays tout un ensemble de théories juridiques libérales, mais ayant un caractère purement philosophique, et se rattachant aux idées de Grotius et de Pufendorf, et surtout à celles de Leibnitz et de Wolf ; il suffit de citer Barbeyrac, Burlamaqui, et un peu plus tard Vattel. [2] Mais ce sont là de purs théoriciens. Le débat ne se passionne et ne devient populaire qu'avec Jean-Jacques.

---

[1] Gambetta a pu dire, dans la *République française*, de juillet 1878, que Rousseau était au fond un aristocrate.

[2] V. mon article sur *Les jurisconsultes et les publicistes*, dans la *Galerie suisse*, publiée à Lausanne par M. Eugène Secrétan, t. II.

II

Rousseau [1] est, au XVIIIᵉ siècle, en face de la pensée
française, l'homme de la personnalité. Il veut la former
dans l'individu ; il l'affirme en Dieu ; il la retrouve enfin
dans l'Etat, sous la forme de la volonté générale. Là est
son inspiration fondamentale. Mais il reste trop sur cette
notion de la liberté : il ne sait pas en sortir, pour subordonner la personne à l'idée et à l'œuvre, pour l'engrener
dans le système et dans l'évolution des choses. En particulier, Rousseau ne réussit pas à déduire l'Etat, parce qu'il
veut à toute force le faire sortir d'un contrat supposé. Pour
la même raison, il n'a pas le sens de l'évolution historique,
ni celui du développement individuel. Mais surtout il y a
en lui une perpétuelle contradiction entre l'individu et le
citoyen.

Comme individu, Rousseau est l'homme de l'absolue
liberté. Il ne s'est pas plus assujetti aux devoirs du citoyen
qu'à ceux du père de famille. Mais remarquez-le bien,

[1] Sur Rousseau, ses œuvres et ses idées, voyez surtout Saint-Marc Girardin, *J.-J. Rousseau, sa vie et ses ouvrages* ; Brockerhoff, *Jean-Jacques
Rousseau, sein Leben und seine Werke*, 1863-1874. — Comme résumé, voyez
la notice de Rodolphe Rey, dans le volume *J.-J. Rousseau et ses œuvres*,
publié à l'occasion du Centenaire. Voyez aussi les discours prononcés à
cette même occasion, par Louis Blanc, à Paris, et Eugène Pelletan, à Genève. — J'ai moi-même, autrefois, parlé de Jean-Jacques, dans mes articles
sur *La littérature de la Suisse française (Revue Suisse*, 1852). Je le fis d'une
façon trop exclusivement apologétique, et mon regrettable ami Steinlen me
répondit dans un article, publié par la *Revue suisse* de cette même année.
Je suis revenu sur Rousseau, dans mon article sur *Porchat et la poésie
vaudoise* (Journal *La Suisse*, novembre 1864).

grâces à l'influence du milieu genevois, Rousseau est une individualité parfaitement précise et distincte. Sans doute, un beau jour, il laisse là Genève pour devenir citoyen du monde : mais on reconnaît toujours en lui l'empreinte de la discipline calviniste et républicaine. Rousseau ne se perd point dans la nature, comme Diderot, par exemple : le panthéisme lui est entièrement étranger. Il n'en reçoit que plus vivement l'impression des choses, et nous sommes ici à la source même de ses inspirations les plus belles et les plus originales.

Rousseau peut être défini : une individualité parfaitement accusée, qui, dégagée de tout lien social, se trouve seule, en face de la nature et de la vie, et en perçoit l'émouvante poésie avec une telle intensité que la France, avec lui, semble découvrir la nature et la voir pour la première fois. Ce fils d'ouvrier, au cœur ardent, à l'âme orageuse, jeté, encore enfant, sur les grandes routes et placé brusquement en face d'un monde qui avait gardé tout son mystère et tout son prestige, le saisit avec une passion jusque là inconnue. Aucun intermédiaire entre son âme et la réalité. Il ressent dans toute sa force le choc de l'émotion. Nos rivages s'illuminent à cette clarté nouvelle. Rousseau révèle au monde français ravi la poésie de la vie populaire, de la campagne, du voyage à pied, de la maison rustique, du chez-soi, de toutes ces choses intimes et charmantes à côté desquelles on passait sans les voir. Toute la poésie moderne est en puissance dans ces années d'enchantement printanier. Rousseau a été le père du Romantisme.

Pourquoi lui, et non pas Diderot, par exemple ? Diderot

revient aussi à la nature avec passion : mais, comme toute la philosophie française de son temps, il s'absorbe beaucoup trop en elle. Or, le panthéisme et le matérialisme sont mortels à la poésie. Elle suppose, en effet, l'opposition entre nous et le monde, le contraste que font nos destins et nos passions d'un jour avec la majesté impassible de la nature. Elle doit rester humaine et personnelle. Voilà pourquoi c'est Rousseau, et non Diderot, qui a inspiré le Romantisme. En lui, la personnalité est toujours parfaitement accusée et distincte : et de là, le dessin si net et si précis de ses peintures. C'est un protestant, toujours, mais avec l'ardeur passionnée et la brillante imagination du méridional.

Il y a même chez Rousseau un abus de la personnalité : la sienne est par trop susceptible et inquiète. Comme l'a dit finement Etienne Dumont, Rousseau s'étonnait de lui-même : il se considérait comme un être exceptionnel ; c'est qu'il venait de découvrir l'homme en lui. De là aussi la sympathie qu'il inspire aux femmes : ce qu'elles comprennent surtout, en effet, c'est l'individualité, et Rousseau est le premier qui l'ait mise en pleine lumière. On peut trouver qu'il s'est trop expliqué lui-même, qu'il s'est trop imposé. Mais il fallait cet excès pour inaugurer nettement l'émancipation de l'individualité dans ce qu'elle a de plus particulier, de plus original, de plus sincère ; cette émancipation qui sera continuée par Gœthe, Schiller, Sénancour, Châteaubriand, Madame de Staël, Byron, Lamartine, Victor Hugo, Alfred de Musset, Alfred de Vigny, Sainte-Beuve, Leopardi, les Genevois Didier et Galloix.

Voilà le vrai Jean-Jacques, le Jean-Jacques fondamental. Mais il y en a pourtant un autre, le Genevois, le citoyen, le lecteur assidu de Plutarque, celui qui rêve un idéal à la spartiate, et qui, par conséquent, admet que l'individu se subordonne étroitement à l'ensemble et abdique entre les mains de l'Etat. Jean-Jacques, citoyen, pense que l'homme doit être transformé radicalement par la vie civile. Encore une fois, il en a pris aussi peu que possible: il n'a vu qu'un *Conseil-Général*, et il a rêvé Genève plus encore qu'il ne l'a pratiquée. Personnellement, il ne se soumettait à rien. Mais enfin, il avait son idéal austère de l'Etat. Lui, qui était le caprice incarné, il admettait, en théorie, la discipline de Calvin.

Cette contradiction est fondamentale pour expliquer Rousseau. Dans ses deux *Discours*, il veut l'absolue liberté de l'individu; dans son *Contrat social*, il nous le montre s'aliénant corps et biens à l'Etat, et il lui impose sa religion civile. Dans le *Discours sur l'inégalité* il condamne la propriété individuelle; dans l'*Emile*, il la défend comme une garantie pour la personnalité.[1]

Ces contradictions éclatent surtout au début de l'*Emile*. Tantôt Rousseau veut l'éducation purement individuelle, ayant pour but de reconstituer l'homme de la nature et de le soustraire à toute influence traditionnelle; tantôt il préfère l'éducation publique,[2] dont le but est de transformer la nature humaine. Mais au fond, Rousseau est

[1] Dans le *Discours sur l'économie politique* et le *Projet de Constitution pour la Corse* (*Œuvres inédites*, publiées par Streckeisen), il se borne à demander que le domaine public soit aussi étendu que possible.

[2] Dans le *Discours sur l'économie politique*, il demande que l'éducation soit entièrement publique, comme à Sparte, et cette idée sera encore exagérée par Mably, Morelly et Saint-Just.

pour l'éducation négative, et le but de l'*Emile* est de dégager dans l'élève la nature primordiale de l'homme et de le faire parvenir à la liberté morale. Il ne veut pas de l'éducation publique, et il sépare l'enfant de la tradition nationale. Mme Necker-de Saussure a dû ici le corriger, en montrant que l'éducation doit faire parcourir au jeune homme les diverses phases de l'humanité. Ainsi encore, Rousseau n'a pas compris l'importance majeure des langues dans l'éducation.

Il y avait donc en lui une contradiction fondamentale, cette contradiction qu'on retrouve à un si haut degré, et sous des formes diverses, dans Lamennais et dans Proudhon ; celui-ci l'a même érigée en principe.

Il manquait à Rousseau deux choses, surtout. En premier lieu, la notion du droit qui appartient à l'idéal ou au but collectif sur l'individu, droit qui est l'origine même de la famille et de l'Etat, sauf ensuite à la liberté de réagir contre une tutelle d'abord exagérée. Rousseau n'a pas l'idée de l'organisme social, où l'intérêt des uns est représenté par les autres. — En second lieu, et par cela même, il manquait à Rousseau le sens de l'évolution que subit l'humanité, en passant de la liberté barbare à l'assujettissement vis-à-vis des grandes idées religieuses et sociales, ainsi que des pouvoirs qui les représentent, et en réagissant ensuite contre leur tutelle, au nom de la liberté barbare, pour combiner celle-ci avec les ressources et les lumières de la civilisation. En un mot, comme je l'ai dit, Rousseau, ne voyant que la volonté, ne réussit pas à la dépasser. Il a, comme le christianisme, un type idéal auquel il revient toujours, en regard duquel tout lui paraît mauvais, et qui est tantôt la cité spartiate, tantôt l'absolue liberté personnelle. Mais il n'avance pas: avec lui, on reste sur place.

De là vient enfin ce qu'il y a de raide, d'abstrait, de trop systématique et impérieux dans sa doctrine. Il est d'autant plus absolu et plus impératif qu'il est moins sûr de lui-même, comme Proudhon ou Lamennais; il affirme avec la même assurance chacun des deux termes de l'antithèse. — Il ne faut pas oublier, d'ailleurs, qu'il était avant tout homme d'imagination et de sentiment,[1] et dès lors, la passion s'en mêlant, il ne pouvait avoir la suite logique d'un Kant ou d'un Hegel. — Ainsi encore il y a du Calvin dans son doctrinarisme. Le fond est tout autre, la forme est la même. Calvin imposait l'orthodoxie, Rousseau impose le civisme ; on peut l'appeler un Calvin retourné, et on sait, du reste, qu'il avait pour le grand réformateur un faible très-marqué. — Rousseau n'a aucune souplesse dans l'esprit, parce qu'il lui manque le sens de l'évolution, laquelle procède, comme la nature, par transitions insensibles. Rousseau ne voit jamais à la fois qu'un principe, au lieu de balancer les idées les unes par les autres, et de les voir se succéder dans une lente évolution. Avec lui, c'est tout ou rien. Il ne tient nul compte du passé et des infinies nuances de la vie réelle. A ce point de vue, il est l'ancêtre du radicalisme révolutionnaire.

Ces défauts se remarquent aussi bien dans ses idées sur l'éducation que dans sa politique. C'est partout le système des brusques passages et des coups de théâtre. Pour

---

[1] Bluntschli a été jusqu'à dire que Rousseau n'avait jamais été qu'un enfant.

Jean-Jacques, l'enfant est, comme le sauvage, un être purement physique et, comme l'humanité, il naît brusquement à la vie morale. Rousseau ne voit pas que tout, absolument, est en germe chez l'enfant comme chez le barbare, et que la vie individuelle et collective n'est pas autre chose qu'une lente évolution. — De même, dans l'*Emile*, il établit une distinction beaucoup trop absolue entre l'éducation de l'homme et celle de la femme. — Ainsi encore, sa religion est beaucoup trop abstraite ; elle manque de lointain, elle n'a rien de mythique, et ne se rattache pas assez aux origines de l'humanité.

Mais, au moins, Rousseau reste toujours spiritualiste. Il est radical, mais au profit de ce qu'il y a de plus noble dans notre nature ; son centre, c'est toujours la conscience, la volonté, la liberté. Il faut relever, d'ailleurs, sa parfaite indépendance de caractère et la noble franchise avec laquelle il signait tout ce qu'il écrivait. Sur tous ces points il est bien supérieur à Voltaire.

III

Voyons maintenant de plus près la pensée politique de Jean-Jacques, dans les phases logiques de son évolution.

On sait qu'il a commencé par deux *discours*, destinés à combattre la civilisation.[1] — Dans l'un, il attaque les sciences et les arts, comme contraires à la vertu, au courage, au patriotisme, aux mœurs nationales, à la foi. Il déplore l'invention de l'imprimerie. Il oppose Sparte à Athènes ; il

---

[1] Joignez-y la préface de *Narcisse* (1752).

cite Socrate, les apôtres et les premiers chrétiens, les Germains, les vieux Suisses. La *Lettre à d'Alembert* contre les spectacles est une application particulière de ce principe général. — Mais on le discerne plus nettement encore dans le *Discours sur l'origine de l'inégalité parmi les hommes*.

Là, Jean-Jacques se propose de chercher l'homme naturel, l'homme vrai, et il croit le trouver dans l'état sauvage le plus élémentaire, où l'homme, semblable à l'animal, ne parle pas encore, n'a aucun besoin et vit dans l'isolement, ne songeant qu'à sa conservation et secourant cependant par instinct celui qui souffre ou va périr. Il déplore la naissance de la propriété, la formation des familles, celle des nations, la division du travail, l'agriculture, l'épargne, l'apparition des magistratures, celle des villes. Il ne veut pas que l'homme réfléchisse : « L'homme qui médite est un animal dépravé. » Dans les notes très-curieuses et très-ingénieuses qu'il a plus tard ajoutées à ce discours, il combat, par exemple, l'idée de Locke, sur l'union permanente de l'homme et de la femme ; il se demande encore si les grands singes ne sont peut-être pas des hommes.

Il y a donc là un retour énergique à ce qu'on appelle l'état de nature. Ces idées furent partagées alors et même exagérées par Mably et Morelli. Elles constituent une des origines latérales du socialisme: Fourier, par exemple, rêve le retour à des mœurs comme celles d'Otaïti.

Ce n'était pas la première fois que les civilisés regrettaient ainsi la barbarie. Il suffit de citer la fable de l'âge d'or dans Hésiode, l'admirable lettre 90ᵉ de Sénèque, où il exalte la simplicité et l'innocence des premiers hommes, qui étaient encore, suivant sa magnifique expression, *a Diis recentes*, et surtout Tacite, soit dans ses *Annales*, soit dans sa *Germanie*. Il est vrai que d'autres sont moins favorables aux débuts de l'humanité: ainsi Thucydide, Lucrèce, Diodore, qui relèvent le rôle de la guerre chez les Barbares, comme l'Anglais Hobbes le fera plus tard, afin de justifier l'établissement du despotisme.

Ce retour passionné vers le matin du monde se conçoit sous l'Empire romain. Il se conçoit mieux encore dans la civilisation moderne, à cause de son caractère scolastique et du poids énorme dont le passé pèse sur nous. Les anciens n'avaient par devers eux que les origines de leurs nations: l'Europe moderne a sur elle le fardeau des civilisations antérieures dont elle est la combinaison. De là son radicalisme, qui aurait bien étonné les anciens. D'autre part, et dans un sens purement historique, la civilisation moderne repose en partie sur un principe barbare, le germanisme, qui s'était altéré, mais qui a été restauré par la science allemande. Il y a eu là un retour d'un tout autre caractère vers le passé primitif. Ici, ce n'est plus du radicalisme: c'est, bien au contraire, une tendance purement historique. Mais il y a aussi retour de l'esprit vers le point de départ. Et c'est là ce qui explique la prédilection marquée des Allemands pour Jean-Jacques. Les Anglais, eux, sont toujours restés près de la nature, dans leur éducation, par exemple, qui est encore *barbare* sous plus d'un rapport.

Les principales objections furent déjà faites dans le temps à Rousseau : ainsi par Stanislas, roi de Pologne, par Bonnet (Philopolis), Voltaire, d'Alembert, Filangieri, Ferguson, Portalis, par plusieurs des orateurs de la Révolution, ainsi par Sieyès, qui releva la supériorité des grands

Etats, par Vergniaud et les Girondins, qui voulaient, comme aujourd'hui Gambetta, une république élégante et athénienne. C'était aussi l'idée de Camille Desmoulins et de Danton. On défendit contre Rousseau la civilisation, comme étant dans la nature humaine, aussi bien que la barbarie : on lui opposa que l'homme est fait pour réfléchir, et pour arriver à la complète conscience de lui-même et à la science du monde, et pour faire œuvre. — Mais, aujourd'hui, on peut élargir le débat, parce que nous savons mieux maintenant ce qu'est l'état primitif de l'humanité, et aussi parce que nous pouvons nous faire une idée plus juste des conditions dans lesquelles se forme l'individualité.

Et d'abord Rousseau, malgré ses recherches vraiment pénétrantes, ne pouvait connaître la barbarie comme nous la connaissons aujourd'hui, soit par l'histoire, soit par l'ethnographie.

Premièrement, tout en exaltant l'état sauvage, Rousseau lui a fait tort en l'assimilant à l'animalité. En effet, si le barbare est tout instinct, il n'en a pas moins déjà en lui la puissance et la fécondité spirituelles qui caractérisent l'humanité ; et la preuve, c'est ce langage créé de toute pièce par les premiers hommes et qu'ils nous ont légué : or la langue est une logique admirable, et le monde vient se refléter en elle. Remarquez-le bien, en matérialisant ainsi la barbarie, Rousseau affaiblit singulièrement sa thèse : il aurait été bien plus fort en reconnaissant aux premiers hommes cette puissante virtualité spirituelle qui les distingue en réalité. Rousseau a commis la même erreur dans l'*Emile*, quand il refuse à l'enfant tout sens moral et toute énergie créatrice, et quand il réserve pour l'adolescence la culture littéraire, historique et philologique. L'enfant commence, bien au contraire, comme l'humanité, par la poésie et par la puissance symbolique et dramatique.

Ensuite l'homme primitif n'est point isolé, bien au contraire: il fait d'emblée partie d'un tout, la tribu, qui a son esprit à elle, ses traditions, ses symboles, son langage, sa religion; et, bien loin d'être libres, le sauvage et le barbare sont étroitement soumis à la coutume patriarcale. Sans doute, le contrat joue alors un grand rôle; mais il n'est pas l'origine des sociétés. Nous le voyons bien plutôt se nouer entre des organismes déjà formés et qui ont pour principe l'autorité des chefs de famille et de tribu. Une preuve indirecte de ce fait, c'est que le lien social n'est nulle part plus fort que chez les peuples germaniques, parce qu'ils ont gardé beaucoup de l'antique esprit barbare. — Ajoutons que la propriété du sol commence par être collective, ce qui prouve encore à quel point l'individu est alors subordonné.

Il est vrai que, l'idée nationale étant fort simple, chaque barbare peut la résumer en lui et la porter ainsi avec une aisance parfaite. Mais il n'est pas libre. Comme l'a montré Spencer, rien n'est plus formaliste que la barbarie. — Ici encore, Jean-Jacques commet une erreur analogue en ce qui touche l'enfant, lorsqu'il le sépare de sa famille et surtout de ses contemporains. L'enfant est éminemment sociable, et, comme les barbares, il se soumet très-facilement à la tradition et à la coutume, pour les jeux, par exemple. Ainsi encore, Rousseau fait intervenir beaucoup trop tard l'idée de la nation et de l'État : l'enfant est plongé de bonne heure dans le milieu social, et il s'en imprègne peu à peu.

Ensuite Jean-Jacques exagère l'esprit pacifique de cette période : les rapports entre tribus commencent par la guerre privée, et tout l'effort des sages tend à la remplacer par des accords et finalement par la paix. Rousseau se fait aussi des illusions sur la félicité du barbare : son grand malheur, quoi qu'il en dise, c'est l'ennui. [1]

Mais surtout l'homme n'est pas fait pour demeurer dans cet état d'enveloppement. La nature, en nous et hors de nous, doit être cultivée, amendée. Ainsi, par exemple, l'instinct et le droit du plus fort règnent sans partage dans la nature : l'homme, au contraire, doit arriver à la liberté morale et organiser la tutelle des faibles. L'humanité doit s'emparer de la nature, se l'approprier et la faire servir à ses fins. Elle doit arriver à la pleine conscience d'elle-même ; elle doit diviser et organiser le travail, elle doit faire œuvre, devenir le centre intelligent de tout un monde ; et alors, sa logique et sa justice lui faisant comprendre celles qui règnent dans l'univers, nous voyons les systèmes religieux et philosophiques se former sur le type de la cité humaine.

Ce qu'il y a de vrai dans l'idée de Jean-Jacques, c'est que l'homme, dans les premiers grands États, commence par s'éloigner trop de lui-même et par s'asservir à son œuvre : de là le despotisme sous toutes ses formes. L'homme est d'abord sous une tutelle trop étroite ; mais les anciennes classes dominantes elles-mêmes ont eu d'abord leur légitimité : seulement elles s'éternisent au pouvoir. Il faut

---

[1] Sur la barbarie, voyez les travaux de Waitz, Spencer, Lubbock, Tylor, Sumner-Maine, Post, Hellwald, Peschel, Bachofen, Mac-Lennan, Giraud-Teulon, Laveleye.

donc réagir : l'humanité, devenue majeure, doit se reconquérir elle-même dans sa liberté, et retrouver aussi la nature. Elle y arrivera d'autant mieux, si la barbarie première n'a pas entièrement disparu. Ainsi, l'Orient, l'ayant entièrement absorbée dans le mécanisme social, est resté immobile ; la Grèce et Rome, au contraire, ont pu revenir à la liberté, parce qu'elles avaient gardé les grandes institutions barbares ; et ceci est plus vrai encore de l'Europe moderne, car nos États reposent toujours sur le système germanique des grandes nationalités, conservé ou retrouvé, et ayant pris sa forme définitive dans l'organisme représentatif. La barbarie a donc une haute importance historique.

Mais elle vaut surtout comme antithèse de la civilisation, c'est-à-dire qu'elle suppose celle-ci. L'individualité véritable, celle de Jean-Jacques, n'est point le fait du barbare : elle suppose la civilisation et se produit par réaction contre celle-ci. La liberté complète, comme celle que s'accorde Rousseau, ne saurait s'expliquer que de cette façon. Là est le suprême plaisir, celui que Rousseau a savouré plus que personne. Avoir la civilisation à deux pas, dans tout son prestige, et se dégager d'elle, s'affirmer vis-à-vis d'elle, il n'y a pas de jouissance plus raffinée. L'individualité suppose l'idée, l'esprit : elle apparaît lorsque, l'idée étant pleinement formée, l'individu s'en empare et la fait sienne, en lui imprimant le cachet de son originalité. C'est le moment le plus favorable à la poésie et aux arts, parce que la substance spirituelle collective est encore intacte, et que, cependant, le génie personnel se l'assimile et la traite en toute liberté. Voilà ce qu'a fait

Jean-Jacques. Une personnalité comme la sienne était donc impossible sans la civilisation.

Voyez aussi avec quel soin jaloux il élève son Emile à l'abri de toute influence étrangère. L'éducation barbare est tout autre: elle veut ramener l'individu au type social, par un système d'épreuves rigoureuses; elle n'a point pour but, comme celle d'Emile, de produire l'entière liberté morale. C'est ainsi encore que, dans l'*Emile*, Rousseau défend la propriété personnelle, tandis que la barbarie ne connaît que la propriété foncière collective.

Du reste, Rousseau savait tout ce que nous disons là, et dans ses *Lettres sur la vertu et le bonheur*, par exemple, il a bien su relever ce que nous devons à la société, et dire comment les générations forment une chaîne indissoluble de souvenirs et de devoirs. Il a souvent parlé de la vie de famille en termes sentis, bien qu'il n'en ait jamais donné la vraie théorie juridique. Dans les *Lettres* citées plus haut, il dit que nous devons à l'harmonie du genre humain de parvenir, par la communication des idées et le progrès de la raison, jusqu'aux régions intellectuelles, d'acquérir les notions de l'ordre, de la sagesse, de la bonté, et de nous rapprocher ainsi des intelligences célestes. Dans l'*Emile* enfin, il a parlé dignement de la liberté morale et de la vertu, comme les fruits suprêmes de la civilisation.

Enfin, il faut savoir gré à Jean-Jacques de sa sympathie pour les peuples primitifs, comme aussi de l'attention qu'il donne dans l'*Emile* aux habitants des provinces reculées d'un Etat, par opposition à ceux des grandes villes, qui se ressemblent d'un pays à un autre: il a senti que les différences historiques se retrouvent entre les parties d'une même population. Quand il dit qu'il conviendrait d'étudier plus à fond les coutumes des peuples, il a bien raison; car, plus on entre dans l'intimité de la vie barbare, plus on la trouve logique, tandis qu'autrefois on se récriait sur sa bizarrerie. Mais surtout les barbares sont encore de nos jours foulés aux pieds par les civilisés, [1] qui ne comprennent que bien rarement le devoir de tutelle intelligente et désintéressée qui leur incombe vis-à-vis d'eux, comme à l'homme vis-à-vis de l'enfant. Notre époque commence à se douter qu'il y a là un grand devoir, si l'on veut arriver à constituer l'humanité comme un tout juridique, où les forts guideront et protégeront les faibles. Remarquons-le ici: Rousseau n'a pas, comme Voltaire, pris directement le parti des opprimés; mais, en toute rencontre, il exprime sa sympathie pour les classes inférieures et les petites gens. Et surtout, il a, pour ainsi dire, proclamé les droits de l'enfant vis-à-vis d'une éducation formaliste, routinière, et qui abusait de la contrainte et de la violence.

L'individu étant ainsi posé, comment déduire l'Etat? C'est la question que Rousseau a cherché à résoudre dans le *Contrat social*. [2]

Après avoir exclu, comme origines de l'Etat, l'autorité paternelle et le droit du plus fort, il dérive l'Etat du con-

---

[1] Citons seulement, comme exemple, la façon brutale dont les héroïques tribus du Caucase, après une lutte de soixante années, ont été expulsées par les Russes des vallées qu'elles occupaient de temps immémorial.

[2] Comparez le résumé du *Contrat social* qui se trouve au Livre V de l'*Emile*. — Le *Contrat social* faisait partie d'*Institutions politiques*, dont M. Streckeisen a donné d'autres fragments.

trat ou du pacte social. Remarquons ici d'abord que, selon lui, la famille est bien, sans doute, une société naturelle : mais elle est basée uniquement sur l'utilité ; dès que les enfants n'ont plus besoin du père, ils ne restent unis avec lui que par convention. Evidemment la famille embarrasse Jean-Jacques, parce qu'elle ne comporte pas l'égalité : elle repose, bien au contraire, sur la différence et l'inégalité. Sans doute, elle a un contrat à sa base : mais le mari n'en est pas moins le tuteur de la femme ; et surtout les enfants n'ont pas à consentir. Mais revenons au pacte social entre égaux.

Trouver une forme d'association, dit Rousseau, qui défende et protége de toute la force commune la personne et les biens de chaque associé, et par laquelle chacun, s'unissant à tous, n'obéisse pourtant qu'à lui-même et reste aussi libre qu'auparavant : tel est le problème à résoudre et qui est résolu par le *Contrat social*. Chaque associé s'aliène à la communauté avec tous ses droits. Chacun de nous met en commun sa personne et toute sa puissance sous la suprême direction de la volonté générale ; et nous recevons en corps chaque membre comme partie indivisible du tout. Il se produit ainsi un corps moral qui reçoit de l'acte d'association son unité, son moi commun, sa vie et sa volonté. C'est la cité, la république, l'Etat, le souverain.[1] Ce pas-

[1] Dans son *Projet de Constitution pour la Corse* (*OEuvres inédites*, publiées par Streckeisen), Rousseau demande que toute la nation corse se réunisse en un seul corps politique, par un serment solennel. Cet acte d'union sera célébré le même jour ; le serment sera prononcé sous le ciel, en ces termes : « Au nom de Dieu tout-puissant et sur les saints Evangiles, par un serment sacré et inviolable, je m'unis de corps, de biens, de volonté et de toute ma puissance, à la nation corse, pour lui appartenir en toute propriété, moi et tout ce qui dépend de moi. Je jure de vivre et mou-

sage de l'état de nature à l'état civil crée la justice et la moralité. L'homme perd la liberté naturelle pour gagner la liberté civile, et sa jouissance des choses se change en propriété.

Il y a entière égalité, quant aux droits politiques. Chacun est membre du souverain constitué par le contrat, et qui se compose de tous les citoyens. Le souverain ne peut s'imposer aucune loi; du reste, les sujets n'ont pas besoin d'être garantis contre lui. En revanche, il peut les contraindre à obéir à la volonté générale. Le corps a un pouvoir absolu sur ses membres. Rousseau admet la peine de mort et la dérive d'un consentement éventuel : le coupable devient un ennemi qu'on a le droit de tuer. — La souveraineté est inaliénable et indivisible. Rousseau la voit dans le pouvoir législatif, qui doit appartenir au peuple tout entier. Cependant, il admet, comme les Grecs, le législateur individuel, qui saura transformer la nature humaine par ses lois et lui donner une forte empreinte nationale,[1] mais dont l'œuvre devra être acceptée par le peuple. Tout revient donc à la volonté générale, qui ne saurait errer. Rousseau a, du reste, de belles pages sur le caractère général et abstrait que doit garder la loi. Rousseau n'est pas net sur la question de savoir si l'unanimité est nécessaire : il ne la demande en réalité que pour le pacte social et se contente de la majorité pour les lois, sans en donner la raison, ce qui aurait été difficile, puis-

rir pour elle, d'observer toutes ses lois et d'obéir à ses chefs et magistrats légitimes, en tout ce qui sera conforme aux lois..... » La scène aurait eu, comme on voit, de la grandeur.

[1] Il revient sur l'importance de législateurs comme Moïse, Lycurgue et Numa, dans ses *Considérations sur le gouvernement de Pologne.*

que, en bonne logique, le contrat devrait être incessamment renouvelé à l'unanimité. [1]

Rousseau distingue entre le souverain, qui est la volonté, et le gouvernement qui est la force et qui exécute. Ces deux termes ne sauraient se confondre que dans un très-petit Etat. Le plus souvent, il faut un gouvernement distinct, chargé d'exécuter, et qui est ainsi un intermédiaire entre le corps politique et les sujets. Ce gouvernement reçoit du souverain les ordres qu'il donne au peuple. Il est le ministre, l'officier du souverain: il est soumis à la loi. Mais vis-à-vis des citoyens, comme sujets, il est *le prince*. Il lui faut un *moi*, une sensibilité, une volonté, une force: il y aura donc des assemblées. Rousseau admet que le gouvernement soit une aristocratie, mais élective. Il accepte la monarchie pour les grands Etats. — Mais il n'admet pas la représentation pour l'œuvre législative. Le peuple doit voter toutes les lois et, par conséquent, être souvent assemblé. [2] Il ne peut se faire représenter: il peut tout au plus constituer des commissaires, et la loi doit toujours être ratifiée par lui. Rousseau rejette formellement la législation par une Chambre des députés. Selon lui, le peuple anglais n'est libre que lorsqu'il élit ses représentants; aussitôt après, il est esclave (!). On ne voit pourtant pas pourquoi, avec le principe du contrat, il ne pourrait pas y avoir mandat, comme en droit civil. Du reste, Rous-

---

[1] Dans ses *Considérations sur le gouvernement de Pologne*, Rousseau, parlant du *liberum veto*, l'admet, c'est-à-dire demande l'unanimité pour les lois fondamentales.

[2] Ici, Rousseau parle avec quelque indulgence de cette institution de l'esclavage, qui faisait des loisirs aux Athéniens et aux Romains; et on a été, en Amérique, jusqu'à s'autoriser de ses paroles.

seau accorde que son système n'est praticable que dans les petits Etats, comme Genève, dont le Conseil général était toujours présent devant ses yeux: il indique le chiffre de 10,000 citoyens, celui de la République de Platon.[1]

Le dernier sujet que traite Rousseau dans le *Contrat social*, c'est celui des rapports entre l'Eglise et l'Etat; il l'a repris plus tard dans les *Lettres de la montagne*. Le christianisme étant, non une religion primitive et nationale, mais un système secondaire et qui est venu aboutir à la distinction entre l'Eglise et l'Etat, Rousseau ne serait pas logique s'il lui était favorable dans l'ordre social. Il regrette, en effet, l'unité antique, où se combinaient dans un même tout la religion et l'Etat. Je pense avec lui[2] que notre distinction entre le sacré et le profane est superficielle, et que la famille et la patrie sont des choses aussi vénérables que l'Eglise: c'est aussi l'idée de Schiller, par exemple dans son poème de *La cloche*. La religion doit être profondément nationale. Cependant Rousseau va trop loin, lorsqu'il dit que la religion chrétienne ne peut se concilier avec le patriotisme et l'esprit militaire. Il n'a pas assez considéré ici le changement opéré par la Réforme du XVIe siècle, qui a fait du christianisme une chose d'Etat et l'a mêlé intimement à la vie nationale tout entière; il a oublié aussi l'esprit de résistance à l'oppression qui

[1] Il faudrait relever ici l'influence que Platon a exercée sur Rousseau. Elle a été très-grande. Platon voulait, comme lui, une cité austère, à la spartiate; et pour le philosophe grec, comme pour Jean-Jacques, la politique était avant tout éducation. Seulement, Platon est plus logique: il est franchement idéaliste, et il insiste, non sur le concours des volontés, mais sur le règne de la raison.

[2] Voyez ma brochure, *Genève et le séparatisme*, 1866.

animait les Eglises calvinistes, et qui a fait des Puritains les meilleurs champions du droit. Il est vrai que, dans tout cela, le christianisme s'est combiné avec un autre principe que lui-même.

Les choses étant ainsi, le christianisme, d'après Rousseau, ne saurait devenir un principe national; il faut donc le laisser à lui-même, et se contenter d'organiser ce qu'il appelle la religion civile. Selon lui, l'Etat ne doit pas s'occuper des Eglises chrétiennes, il leur doit simplement la tolérance; mais il excepte le catholicisme de ce bienfait, parce qu'il est lui-même intolérant. [1] Rousseau blâme toute persécution, et, s'il loue Calvin comme législateur dans l'ordre civil, il le condamne sévèrement comme persécuteur. Mais, d'autre part, Rousseau impose la religion civile. Elle sera fixée par le souverain, et comprendra l'existence de Dieu, l'immortalité de l'âme, la sainteté du contrat social et des lois. Celui qui ne croit pas ces dogmes sera banni ; s'il se conduit comme ne les croyant pas, il sera puni de mort.

Voilà qui est formel. Il est très-singulier que Rousseau, qui en toute rencontre, et spécialement dans sa *Lettre à d'Alembert*, insiste avec tant de raison sur l'importance des traditions, des mœurs, des fêtes, de tout ce qui, en un mot, constitue et maintient l'originalité nationale, sans qu'il soit besoin de la moindre contrainte, il est singulier, dis-je, que le même Jean-Jacques fasse décréter par le peuple une religion civile, bien abstraite et bien rationnelle, et qu'il

---

[1] C'était le point de vue de Cromwell et de Milton. L'Etat ne doit pas aller aussi loin ; mais il a le droit de se défendre, lui et la société civile, contre les empiétements cléricaux, et pour cela, il lui faut un idéal.

l'impose ensuite par la force. Chez les Barbares et dans la cité antique, la religion n'est qu'un des facteurs traditionnels de la vie nationale; elle tient à tout, elle pénètre et anime tout; par cela même elle n'a rien d'abstrait et n'a pas besoin de s'imposer. Rousseau est ici, comme presque toujours, beaucoup trop radical. Et, d'ailleurs, comment faire abstraction ainsi du christianisme qui, sans doute, et c'est là son grand défaut, nous est venu d'une autre race, mais qui, cependant, s'est incorporé à notre culture et qui, surtout dans le protestantisme, est devenu intimement national? Ainsi compris, le christianisme devient inoffensif. En tout cas, il ne faut rien imposer dans ce domaine, il faut agir par les voies morales, et il est bizarre que Rousseau, qui croyait si fort à l'éducation, se soit ici défié d'elle, et qu'il lui ait préféré le moyen détestable de la contrainte. L'unité morale, la tradition spirituelle, la culture, voilà les voies normales dans tout ce qui tient à l'idéal. Mais il faut accorder à Rousseau qu'un idéal est nécessaire à une nation: elle doit former un tout dans l'ordre spirituel, aussi bien que dans l'ordre extérieur. La puissance est à l'idée, et l'État ne pourra vaincre le cléricalisme que par la supériorité de son principe moral.

Tel est ce système, dont Rousseau a emprunté toutes les grandes idées à Hobbes et à Locke.[1] Hobbes est le véritable auteur de la doctrine du contrat social; il l'a construite de toute pièce: seulement, outre le contrat d'union, il en suppose un autre par lequel les hommes aliènent tous leurs droits entre les mains d'un despote, tandis que Rous-

---

[1] Pour la critique du système de Hobbes, v. Cousin, *Cours d'histoire de la philosophie moderne*, t. III.

seau déduit, avec plus de raison, la souveraineté populaire du contrat social. [1] Quant à Locke, il admet seulement la transmission à l'Etat du droit naturel que les particuliers ont de juger et de punir ; mais il réserve, et il excepte avec raison du contrat, les droits individuels, comme celui de propriété. Voyons maintenant ce que vaut la théorie de Rousseau.

Elle consiste donc à déduire l'Etat du concours exprès des volontés individuelles, et à le faire reposer sur la volonté concordante et persistante des citoyens. C'est le droit de la volonté. Un pareil système soulève des objections historiques et théoriques d'une extrême gravité. [2]

Et d'abord, nous ne voyons pas, en fait, l'Etat sortir d'un contrat. Quoi qu'en dise Rousseau, l'Etat dérive de la famille, ou plutôt de la tribu; et tout commence par l'autorité maternelle ou paternelle, à laquelle peut succéder celle de l'aîné, ou celle des anciens. Or, elle n'implique pas le consentement. — La commune territoriale, qui est une forme plus récente des sociétés primitives, a sans doute quelque chose de plus libre ; mais elle n'en repose pas moins sur un ensemble de nécessités, celles qui résultent du voisinage. — Plus tard, lorsque l'Etat s'agrandit, c'est le plus souvent sous l'action morale des grands intérêts, des grandes idées religieuses et sociales, et sous celle des familles ou des classes qui les représentent. Le pouvoir est alors le prix des services rendus. La violence joue ici un grand rôle, mais elle n'explique pas tout.

---

[1] Il y a dans Spinosa des idées très-analogues à celles de Hobbes.

[2] Il y a une critique très-pénétrante de la théorie de Rousseau dans Charles Comte, *Traité de législation*, t. I.

Le contrat peut intervenir à l'origine des États, mais c'est toujours entre des organismes déjà formés. Exemple : les confédérations, dont on sait que Rousseau s'était occupé, dans un écrit qui s'est perdu, et pour lesquelles il avait naturellement une prédilection marquée. Mais la confédération elle-même tend à l'unité. Il peut arriver aussi, on doit le reconnaître, que les individus se lient les uns aux autres par un serment personnel : ainsi à l'origine des *communes jurées* du moyen âge, ainsi encore, lorsque les Circassiens, il y a trente ou quarante ans, s'unirent entre eux, par serment, contre les Russes. Le serment civique des jeunes gens, usage qui existe encore dans la plupart de nos cantons, se rattache à cette même idée ; dans les *Landsgemeinden* des cantons forestiers, il est même renouvelé chaque année. Mais, dans tous les cas, il y a quelque chose d'antérieur.

Une autre forme du contrat, c'est celui qui intervient entre un pouvoir existant et une ville ou une nation qui veut obtenir de lui certaines garanties ou certains droits. Là est l'origine de ces gouvernements mixtes, comme celui de Rome et surtout comme celui d'Angleterre, dont Rousseau ne voulait pas. Pour nous limiter à la forme constitutionnelle moderne, le peuple est alors représenté, vis-à-vis du prince, par des députés ; et cette forme représentative devient aussi celle des démocraties modernes et des États fédératifs, où le canton constitue un élément historique, correspondant à ce que sont la royauté et la noblesse dans le système constitutionnel. La représentation est une nécessité des grands États, elle forme le trait distinctif des nations modernes, qui concilient ainsi l'unité avec la liberté. La liberté est née, non dans les villes, si l'on excepte Genève, mais dans la monarchie constitutionnelle d'Angleterre, où les droits ont été défendus par les communes contre la royauté, et finalement reconnus par celle-ci. D'ailleurs, c'est seulement dans les assemblées représentatives, que les questions si complexes de notre temps peuvent être comprises, approfondies et réellement discutées. Le peuple, même chez nous, n'a le plus souvent pas les lumières voulues pour juger en connaissance de cause. Voilà ce que Rousseau a eu tort de méconnaître. Il a pour ainsi dire ignoré l'Angleterre. D'une façon plus générale, il n'a pas compris cette forme de la nation territoriale qui caractérise l'État moderne, et qui a son origine dans le fait que les tribus germaniques se sont répandues et fixées dans de vastes pays, au lieu de se grouper dans des villes, comme celles qui ont fondé Athènes ou Rome. L'antiquité ne connaît que l'empire ou la cité : la société moderne est constituée sur le type national, et cette forme n'est possible qu'avec le système représentatif, que Rousseau n'admettait pas.

Et cela est d'autant plus fâcheux, qu'il admet une certaine représentation du souverain par le prince, ce qui peut conduire à la doctrine impérialiste ou plébiscitaire, inaugurée par les Napoléon, et d'après laquelle la nation est représentée, avant tout, par l'empereur, et accessoirement par le corps législatif. Non pas qu'il faille refuser au pouvoir exécutif toute valeur représentative : ce serait difficile là où ce pouvoir est le produit de l'élection populaire, comme aux États-Unis et dans certains cantons suisses. Mais il est bien certain, cependant, que la nation est représentée essentiellement par la Chambre, formée de ses députés et chargée de contrôler le gouvernement. [1]

Rousseau n'a donc pas bien compris la question historique. L'Etat ne dérive pas, en fait, du contrat. Et lors même qu'il y aurait à l'origine de l'Etat un principe contractuel, il devient inévitablement et rapidement un fait héréditaire, comme au reste toute société qui dure. Les Eglises séparées, par exemple, semblent être l'œuvre de la pure volonté; c'était la théorie de Vinet: mais, à la seconde génération, il en va déjà autrement, et la tradition s'impose, surtout aux enfants. Mais ceci est bien plus vrai encore des Etats, qui embrassent la vie sociale dans son ensemble, et qui, en outre, tiennent fortement au sol. Les nations se recrutent par la naissance: on naît sujet d'un Etat, par cela seul qu'on est le fils d'un père citoyen ou national de cet Etat. Les noms eux-mêmes, *patrie*, *nation*, rappellent cette identité fondamentale entre l'Etat et la famille. L'Etat a la haute tutelle des mineurs et de tous les incapables. Mais il y a ici quelque chose de plus général, c'est l'ensemble de facteurs qui constitue la nationalité et qui détermine l'individu en dehors de tout consentement de sa part. L'immense majorité des hommes sont ce que les fait le pays; il y a là un milieu moral dans lequel ils sont plongés et qui les pénètre de toute part. L'éducation a une très-grande puissance, et Rousseau admettait lui-même

---

[1] Un point à noter, c'est que l'avocat genevois Delolme, un des chefs du parti *représentant*, après avoir été d'abord un des chauds partisans des idées de Jean-Jacques, fut converti, par un long séjour en Angleterre, au système représentatif; il a écrit sur la Constitution de l'Angleterre un livre qui est resté classique dans ce pays.

qu'elle doit transformer la nature dans le sens et en vue de l'originalité nationale.

Cette originalité, cette indépendance de la nation vis-à-vis du dehors, était à ses yeux, comme aux nôtres, le premier des biens; et, dans la *Lettre à d'Alembert*, qui est son chef-d'œuvre, il analyse admirablement tous les moyens par lesquels se maintient un esprit national. [1] Il relève l'importance des fêtes populaires, ce retour à la fraternité barbare, qui se témoigne en particulier par le repas commun. [2] Bref, il tient, avec raison, pour la nationalité dans ce qu'elle a de plus spécial et de plus distinct. Or, la nationalité est supérieure et antérieure à tout consentement. Elle n'est pas plus le produit de la volonté que le fond même de chaque individualité; elle est donnée comme celle-ci. Elle constitue la substance même de notre être moral. — Et, remarquez-le, elle n'a pas été possible jusqu'à présent, sans une religion positive; il lui faut tout au moins, comme centre, un idéal qui se transmet aux individus par l'éducation et qui est l'âme de toutes les œuvres et de tous les symboles qui constituent la forme et la poésie de la vie nationale. [3] Le caractère des mœurs, des coutumes, de tout ce qui fait un peuple, c'est de s'imposer, non par la force, mais par l'habitude et l'affection. Le patriotisme est vo-

---

[1] V. aussi les *Considérations sur le gouvernement de Pologne*.

[2] Sur la Fête, voyez *Le presbytère*, de Töpffer, la charmante brochure de Galiffe, et les belles pages de Victor Cherbuliez, dans *Un cheval de Phidias*. La fête militaire a une importance toute spéciale.

[3] Cet idéal est formulé, quand il le faut, par les penseurs, dont la grande mission est, comme l'a si bien montré Fichte, de donner à leur nation la claire conscience d'elle-même. — Dans sa critique de Rousseau, Bluntschli insiste, avec raison, sur cette importance de l'esprit national, qui est la substance même de l'Etat.

lontaire, sans doute, mais il suppose un *substratum*, qui est l'œuvre du passé. — Toutes les objections historiques viennent se résumer dans cette idée centrale de la nationalité; et, je viens de le dire, Rousseau est ici en pleine contradiction en lui-même. Son profond amour pour la *vieille* Genève suffit pour le réfuter.

Ceci nous conduit aux objections de pure théorie. Cousin reproche à Hobbes et à Rousseau de parler des origines de l'État avant d'avoir défini le droit. Sieyès[1] avait déjà dit que Rousseau prend les commencements de la société pour les principes de l'art social. C'est la même critique sous une autre forme.

Rousseau, pour arriver à son idée du contrat, exclut successivement, comme origines de l'État, la famille et le droit du plus fort. Nous lui accordons volontiers que la force ne fonde pas le droit. Mais ces alternatives n'épuisent pas la question.

Le droit, dans sa plus haute généralité, correspond exactement au devoir, et on peut le définir: la puissance qui appartient à l'objet du devoir sur la personne obligée.[2] Le droit suprême, c'est par conséquent celui du bien: mais le bien ne saurait se réaliser que par la libre activité des personnes; donc son droit se transmet aux personnes. Le cas normal, c'est la réalisation indivi-

---

[1] Dans un fragment inédit, cité par Sainte-Beuve, *Causeries du lundi*, tome V.

[2] J'expose ici mes propres idées, mais elles sont conformes à la tendance qui règne en Allemagne depuis Hegel — V. Hegel, *Philosophie des Rechts*; Stahl, *idem*; Trendelenburg, *Naturrecht auf dem Grunde der Ethik*; Ahrens, *Philosophie du droit*; Bluntschli, *Allgemeines Staatsrecht*, et *Théorie de l'État*.

duelle du bien par la personnalité physique elle-même. L'individu voit mieux que personne son propre bien: d'ailleurs la responsabilité est chose bonne en soi; il faut que la souveraineté soit aussi divisée que possible. Le bien c'est, au fond, le maximum de vie consciente et voulue. L'individu a ainsi des droits antérieurs et supérieurs à l'institution sociale; il est son propre centre, et le premier de nos devoirs, c'est de respecter les autres en euxmêmes et dans leur sphère extérieure, la propriété; à ce devoir correspond le droit réel des personnes.[1] Entre ces personnalités il interviendra des conventions et des obligations pour l'échange des services. Mais l'individu ne pourra jamais s'aliéner lui-même entièrement, comme le suppose Rousseau. Autrement il faudrait admettre, par exemple, les vœux perpétuels, qui impliquent une abdication absolue de l'individu au profit de la communauté monastique. Sans compter que l'individu ne peut pas, en tout cas, disposer de ses descendants. Ici, Rousseau donne à l'Etat trop de puissance. On peut dire, avec Cousin et Saint-Marc Girardin, que son tort est de ne pas faire entre la société civile et l'Etat cette distinction qui a été si bien établie par Hegel, que les barbares ne font pas encore, et qui est le produit essentiel de la civilisation. — Mais, d'autre part, Rousseau ne donne pas assez de pouvoir à l'Etat, et voici comment.

Nous venons de voir que le bien se réalise avant tout par les individus. Mais l'enfant ne saurait se gouverner luimême: il a besoin de tutelle. Plus généralement, il y a

---

[1] Les droits individuels ont été particulièrement défendus par Locke, Benjamin Constant, Rossi, Cherbuliez.

des intérêts collectifs, des fins communes, qui ont un droit à se réaliser, et qui ne le peuvent que par la formation de ces organismes qu'on appelle les personnes morales et dont les plus importantes sont la famille et l'Etat. [1] Ici, le bien des uns est représenté par les autres: le droit appartient en réalité au bien collectif, au but, à la cause finale, à l'idée de l'ensemble. Et ceci est tout particulièrement vrai de l'Etat, qui représente la totalité des intérêts et des droits d'une société donnée. Là est le titre de sa souveraineté. Une fois constituée, la personne collective entre en rapport avec la nature, comme l'individu: la patrie, le territoire est un fait du même ordre que la propriété. La nation doit être respectée dans sa liberté. Puis elle entre dans des rapports conventionnels avec les autres Etats. Mais l'essentiel, ici, pour nous, c'est qu'il y a un droit du bien collectif, représenté par certains pouvoirs. Sans doute, on arrive logiquement à l'idée que l'ensemble des majeurs constitue le souverain dans l'Etat. Mais l'Etat ne s'en impose pas moins, de par son but. Il est supérieur aux volontés individuelles, et n'a pas à demander leur consentement. Sa souveraineté s'exerce sur un territoire donné, en dehors de toute adhésion expresse ou même tacite.

Ainsi, quand il punit. L'étranger qui passe sur notre territoire et y commet un délit, est par ce fait seul justiciable de nos tribunaux. Il n'a pourtant pas été partie au contrat social. — Et ici, je devrais critiquer la doctrine pénale

---

[1] Sur cette doctrine des *Corpora* ou personnes juridiques, trop peu connue en France, v. Savigny, *Système du droit romain actuel*, et Zitelmann, *Begriff und Wesen der sogenannten juristischen Personen*. Le sujet vient d'être traité à Genève, dans une thèse de licence, par M. William Serment. — Cp. Jhering, *Der Zweck im Recht.*

de Rousseau, d'après laquelle le coupable est un ennemi qu'on peut tuer, parce qu'il a rompu le contrat. [1] Il faudrait montrer la différence qu'il y a entre la guerre, qui est une pure violence, et la pénalité rationnelle infligée en vertu d'une loi et à la suite d'un jugement, de par le droit qui appartient à l'Etat, en vertu de son but. Mais ceci nous mènerait trop loin, et je reviens à la nature du droit de l'Etat. — J'ai cité la sanction pénale: il faudrait encore alléguer le droit que l'Etat s'accorde sur les individus, quand il réclame d'eux le service militaire et l'impôt, ou quand il exige leur aide dans les cas de danger public.

Une autre preuve que ce droit est supérieur aux volontés individuelles, c'est la haute tutelle que l'Etat exerce sur tous les incapables, et qui complète le pouvoir des parents. Or, la tutelle des faibles est peut-être ce qu'il y a de plus caractéristique dans l'Etat et ce qui le distingue le mieux de la nature, où le droit du plus fort règne sans partage. Comment Rousseau n'a-t-il pas vu cela, lui si préoccupé de l'enfant?

Ainsi encore, s'il faut le consentement des individus, pourquoi admettre la décision à la simple majorité? Dans le système du *Contrat social,* pour être logique, il faudrait une constante unanimité, comme dans les rapports de droit civil et dans les traités internationaux. Or, il y a là une impossibilité: on doit, dans tout corps, se contenter de la majorité, précisément parce qu'il y a subordination des individus au but commun et aux pouvoirs qui le représentent, tandis qu'en droit civil et en droit international

---

[1] Saint-Just se souvenait de ce passage, lorsque, dans le procès de Louis XVI, il demanda qu'il fût traité comme un ennemi public.

il s'agit de personnalités égales et souveraines. Ainsi encore, lorsque la majorité s'est prononcée, après une libre discussion, la minorité doit se soumettre, et les confédérations d'Etats elles-mêmes répriment par la force tout essai de séparation : c'est ce qu'ont fait la Suisse vis-à-vis du *Sonderbund* et les Etats-Unis vis-à-vis de la *Sécession*.

Ainsi donc, l'Etat s'impose de par son idée : à vrai dire, il constitue pour les individus le premier des devoirs, et c'est pour cela qu'il a des droits si considérables. — Et ici, on pourrait demander à Rousseau pourquoi il fait naître la moralité avec le Contrat social. Si ce dernier devait produire un si grand effet, il serait lui-même le premier des devoirs et, par conséquent, la moralité lui serait antérieure. — Ainsi encore, la loi ne crée pas le droit, elle le retrouve.

Mais si l'Etat existe par lui-même, il est limité par les droits individuels. [1] Et ici, nous ne pouvons admettre cette assertion de Rousseau, que la volonté générale ne peut errer et que le souverain ne saurait se lier. Il le doit, au contraire : autrement la démocratie serait inférieure à la monarchie représentative, où le pouvoir royal a été étroitement limité. La constitution est précisément cette loi que la nation se donne à elle-même, et qui devient la règle suprême du législateur ; et, dans la Constitution, c'est la déclaration des droits individuels qui est la chose importante : en la faisant, le peuple déclare solennellement qu'il y a quelque chose au-dessus de sa volonté. Il faut un contrepoids à la puissance populaire, et on peut même le cher-

---

[1] Sur ce point, v. surtout les critiques de Benj. Constant, dans son *Cours de politique constitutionnelle.*

cher dans un partage de la souveraineté entre la nation et un pouvoir héréditaire. C'est la théorie constitutionnelle, si bien exposée par Delolme, Benjamin Constant, Rossi.

Enfin, et cette remarque se rattache étroitement à ce qui précède, Rousseau a oublié le tribunal, dont Grotius et Locke avaient fait, avec raison, le centre de l'Etat.[1] Il ne voit que le peuple souverain, qui fait la loi, et le gouvernement, qui l'exécute. Mais, si le gouvernement viole la loi, où sera le recours? Plus généralement il faut un troisième pouvoir, le pouvoir judiciaire, chargé de comparer incessamment les faits posés par le gouvernement ou par les individus, avec les principes fixés par la loi. Le tribunal pourra même recevoir le droit d'annuler une loi, comme contraire à la Constitution; c'est le cas aux Etats-Unis et en Suisse, pour le Tribunal fédéral. La loi est alors considérée comme un fait, relativement aux principes posés dans la Constitution. Rien n'est plus logique. — Ajoutons qu'on peut très-bien concevoir un Etat sans législation et sans une administration collective; c'est le cas des tribus barbares, qui sont régies par la coutume, et où l'industrie est purement domestique. Mais on ne peut pas mieux admettre un Etat sans juges, qu'un homme digne de ce nom sans une conscience qui compare incessamment les faits avec les principes. C'est par le tribunal que l'Etat commence: les barbares n'ont pas d'autre institution positive. Et les peuples juridiques, comme les Romains et les Anglais, mettent le tribunal et le procès au premier rang. L'idée du débat contradictoire tend même aujourd'hui à

---

[1] Comp. l'excellente brochure de notre regretté compatriote, Auguste Rieu, sur *Le pouvoir judiciaire.*

se généraliser dans le domaine législatif et exécutif: voyez, par exemple, le système anglais des débats législatifs, qui institue une série d'appels dans la même assemblée. Enfin, c'est par le tribunal, sous la forme encore élémentaire de l'arbitrage, que le droit international et le *Völkerstaat* commencent aujourd'hui à se réaliser.

Telles sont les critiques auxquelles me paraît donner prise le *Contrat social*; j'ai essayé de les présenter dans toute leur rigueur scientifique. Mais voyons maintenant l'autre face de la question.

Il y a une chose profondément vraie dans la doctrine de Rousseau, c'est que l'Etat doit être toujours plus consenti et voulu par les citoyens. L'idée collective reste l'essentiel: mais elle doit être voulue par la nation, et se combiner avec elle pour former l'Etat libre. Le *corpus* naît de cette union intime entre l'idée et la volonté générale. Ici, comme en toute chose, il faut *faire de nécessité vertu*. Il était bon, d'ailleurs, à une époque où le despotisme règnait partout sur le continent, d'accentuer énergiquement cette idée que l'Etat est la propriété des citoyens, et que c'est la volonté générale qui doit gouverner. Les assemblées législatives ont, en outre, une tendance constante à s'isoler du peuple: de là l'idée du mandat impératif, de là surtout ces principes de l'initiative populaire et du *Referendum* qui se sont fait jour en Suisse dans ces dernières années. Notre Assemblée fédérale surtout a besoin de ce frein salutaire. Rousseau a été ici un précurseur. Il ne suffisait pas de défendre les droits individuels et la liberté sociale: il fallait encore ramener l'Etat à sa source, qui est le peuple. — Il fallait relever aussi ce principe que l'autorité paternelle a pour but final l'émancipation du jeune homme, et faire accepter à celui-ci les gênes de l'éducation. Le principe contractuel tend aussi à prédominer toujours plus dans les rapports entre conjoints. C'est une loi historique générale. De même encore, la pénalité doit être assez rationnelle et assez juste pour que le condamné puisse l'accepter.

Tout doit être, en fin de compte, voulu, tout doit devenir personnel. Or, Jean-Jacques base tout sur la volonté. Donc, au fond, il a eu raison, et quelques années plus tard, l'émancipation des colonies américaines venait prouver au monde ce que peut l'énergique volonté de tout un peuple. Il fallait ramener les hommes au centre, au foyer de leur être, qui est la volonté. Telle a été la grande œuvre de Rousseau, et Hegel a eu raison de dire, dans sa *Philosophie de l'histoire*, que c'est lui qui a le premier proclamé dans le monde ce grand principe de la volonté. Il a ainsi complété Descartes et ses successeurs, qui n'avaient affirmé que la pensée. C'est qu'aussi Genève a été, depuis le XVIe siècle, le triomphe et l'œuvre de la volonté. Calvin avait posé celle de Dieu : Rousseau pose celle de l'homme.

Si donc, au point de vue historique et juridique, on peut faire de justes reproches à sa doctrine, elle est irréprochable au point de vue moral. Il a eu raison aussi de prêcher aux républiques l'austérité et la simplicité des mœurs. Et j'ajoute qu'ici il faut combiner l'*Emile* avec les écrits politiques de Rousseau, car c'est dans l'*Emile* qu'il a donné sa philosophie et affirmé, d'une part la liberté morale, comme le but de l'homme, et de l'autre le devoir qui consiste à se subordonner au tout. — Dans Rousseau, l'homme, si longtemps sous tutelle, est enfin devenu majeur et souverain. Rousseau inaugure la période virile de l'humanité moderne. Il a fait sonner bien haut ce beau mot de citoyen, trop oublié depuis les temps de la Grèce et de Rome. Dans sa *Lettre à l'archevêque de Paris*, il signe avec orgueil: « Citoyen de Genève. » Il y a, sans doute, trop d'emphase oratoire et d'optimisme dans la dédicace de son *Discours sur l'inégalité* « à la République de Genève; » le portrait est flatté; mais est-ce au modèle à s'en plaindre? S'il a raisonné, toujours comme Platon, d'après la cité et non d'après les grands pays, ce n'est pas à nous, Genevois, de lui en vouloir, car nous savons ce que vaut une ville, et combien la vie morale et politique y est intense; et nous voulons défendre la souveraineté de la nôtre contre toutes les attaques, de quelque part qu'elles puissent venir. Notre patriotisme tout municipal est un des plus profonds et des plus passionnés qu'il y ait. Il a inspiré Jean-Jacques: encore une fois, ce n'est pas à nous de lui reprocher ce que sa doctrine en a pris de trop absolu et de trop restreint.

Pour être complet, il faudrait, après avoir rappelé la prédilection de Rousseau pour la forme fédérative, comme reposant sur la libre volonté,[1] citer ses vues sur le droit international. Il a résumé la théorie de l'abbé de Saint-Pierre[2] sur la paix perpétuelle, cette idée d'une confédération de tous les Etats civilisés et d'un tribunal international, qui avait déjà été indiquée par Henri IV, qui

---

[1] V. l'*Emile*, Livre V, et les *Considérations sur le gouvernement de Pologne*.

[2] Pour les travaux de Rousseau sur les écrits de l'abbé de Saint-Pierre, v. les *Confessions*, Livre IX.

devait être reprise par Kant, et qui approche aujourd'hui de sa réalisation. — Enfin Rousseau, dans le *Contrat social*, a, le premier, je crois, bien caractérisé la guerre, et posé les bases de notre droit actuel sur ce point, en disant que la guerre a lieu seulement entre les Etats, et que les hommes n'y sont ennemis que pour autant qu'ils sont soldats: selon lui, la guerre doit respecter la personne et les biens des particuliers; et l'Etat vainqueur n'a aucun droit sur la vie des vaincus. [1]

IV

Il me reste enfin à caractériser l'influence qu'ont exercée les idées de Rousseau.

Et d'abord, sa doctrine ayant été en grande partie le produit des doctrines genevoises sur la souveraineté du peuple, elle a dû agir avant tout sur Genève. [2] La condamnation de l'*Emile* et du *Contrat social* par le Petit-Conseil, en 1762, aggrava l'antithèse entre les deux partis en présence, qui s'appelèrent dès lors les *Représentants* et les *Négatifs*, les premiers réclamant le droit constitutionnel de *représentation*. Ils demandaient aussi que le Conseil général des citoyens votât les lois et les impôts,[3] et qu'il participât à l'élection du Conseil des Deux-

---

[1] On retrouve ces paroles à peu près telles quelles dans le discours par lequel, en 1800, Portalis inaugura le premier tribunal des prises maritimes, institué à Paris.

[2] V. Gaberel, *Rousseau et les Genevois*, et Am. Roget, *Rousseau patriote*, dans *J.-J. Rousseau et ses œuvres*.

[3] Ceci avait été reconnu par l'acte de médiation de 1738, qui attribuait aussi au Conseil général le droit de vote sur les traités, sur la paix et la

Cents. Rousseau plaida sa cause et celle des citoyens dans ses *Lettres de la Montagne*, écrites en réponse aux *Lettres de la Campagne*, par le procureur général Tronchin.[1] Il s'était déjà défendu sur le terrain philosophique et religieux dans sa *Lettre à l'archevêque de Paris*. Ces plaidoyers sont d'une grande force démonstrative ; dans les *Lettres de la montagne*, Rousseau se montre excellent avocat, et on est étonné de le voir aussi ferré sur la procédure. Il est vrai que le pamphlet de Tronchin n'est pas du tout à dédaigner : l'auteur y plaide habilement pour le système anglais des contre-poids dans l'Etat.

Jean-Jacques se défend donc avec une grande éloquence. Rien de plus légitime assurément, surtout quand on pense aux persécutions dont il était alors la victime. Rousseau a raison aussi de soutenir les prétentions des représentants. Mais il y a dans tout cela quelque chose d'un peu personnel et d'un peu étroit. Rousseau n'a pas un mot pour ces natifs, ces habitants, ces paysans, qui ne faisaient point partie de la cité active. C'est Voltaire qui a pris le parti des natifs.[2] Les représentants n'ont fait cause commune avec eux qu'en 1781 : jusque là, ils ne leur avaient témoigné que de l'hostilité. Je sais bien que la question politique doit être tranchée avant la question juridique et sociale. Cependant, Voltaire plaidant pour tous les opprimés et se constituant le procureur général de

guerre. Même en 1707, le principe de la souveraineté du peuple avait été pleinement reconnu en théorie par le syndic Chouet, s'adressant au Conseil général : il ajoute le droit de grâce à ceux que nous venons de citer.

[1] V. les *Confessions*, Livre XII.

[2] V. Gaberel, *Voltaire et les Genevois*, et Joël Cherbuliez, dans la *Biblioth. universelle* de 1853.

l'humanité, est plus intéressant que Jean-Jacques plaidant pour lui-même et pour les droits des citoyens.

Ses idées contribuèrent naturellement beaucoup aux révolutions genevoises de la fin du siècle, dans le sens démocratique. La transaction de 1768 avait donné au Conseil général le droit d'élire une partie des Deux-Cents et du Petit-Conseil: mais ce droit leur fut enlevé par la médiation de 1782 et ne leur fut rendu qu'en 1789. L'influence des idées françaises se faisait déjà sentir. En 1791, nous voyons se former le parti des *égaliseurs*, qui veut supprimer toutes les anciennes distinctions de classes et faire de tous les Genevois une seule nation souveraine :[1] cette grande idée, soutenue en France par Sieyès, triomphe à Genève en 1792.

Grâces à Rousseau, Genève a eu sa grande part dans le mouvement d'idées qui a produit la Révolution française.[2] Mais nos doctrines n'ont été qu'un des facteurs de cette grande transformation. Elle a été amenée, en outre, par la philosophie sociale des penseurs français et par la Révolution d'Amérique. Ce qui la caractérise, c'est d'avoir été inspirée et dirigée par une vue théorique d'ensemble: là est sa grandeur. Et ici qu'on me permette une citation de Hegel, dans sa *Philosophie de l'histoire* : « Depuis que le soleil brillait au ciel et que les planètes tournaient autour de lui, on n'avait pas encore vu ceci: l'homme cherchant à reconstruire le monde social d'après la raison. Anaxa-

---

[1] Le code de 1791 admit seulement les natifs à l'égalité politique : il donna au Conseil général la nomination du Petit-Conseil et des CC.

[2] V. surtout Buchez et Roux, *Histoire parlementaire de la Révolution française.*

gore avait dit le premier que l'esprit gouverne le monde; mais maintenant l'homme reconnaît pour la première fois que la pensée doit régir aussi la société humaine. Ce fut comme un magnifique lever de soleil. Une émotion sublime règne alors dans les âmes: l'enthousiasme de l'esprit agite le monde, comme si le divin se réconciliait pour la première fois avec l'humain. » Et notez que, dans le même temps, Kant renouvelait la philosophie allemande et inaugurait cette reconstruction idéale du monde achevée par Schelling et Hegel. [1] Les jurisconsultes romains n'avaient élevé leur édifice que longtemps après la construction idéale de Platon et d'Aristote. Ici, tout se passe dans les mêmes années. Voilà ce qu'il faut d'abord sentir, quand on parle de cette grande rénovation de 1789 dont nous datons, nous libéraux du XIXe siècle. Et c'est un grand honneur pour notre cité que d'avoir, par Jean-Jacques, inspiré à la fois la Révolution et la philosophie de Kant. [2]

La Révolution, dans sa première phase, essentiellement juridique, s'inspire surtout des idées anglo-américaines, telles que la philosophie française venait de les transformer. Elle fonde l'égalité civile sur les ruines de tous les priviléges. Cependant il y a autre chose encore: il y a l'idée de la nation souveraine et du citoyen à la façon antique; et ici Jean-Jacques est le grand inspirateur. Sieyès est manifestement son disciple dans la fameuse brochure sur

---

[1] Cette coïncidence grandiose a été relevée par Edgar Quinet.

[2] La grandeur de 89 a échappé à M. Taine, qui n'a voulu voir que les mauvais côtés de cette époque. Il les a mis en pleine lumière, grâces à ses pénétrantes recherches. Mais il n'est pas juste pour les réformes de la Constituante, et on peut le trouver aussi bien sévère pour Jean-Jacques, lorsqu'il qualifie le *Contrat social* d'eau-de-vie frelatée.

le Tiers-Etat, où il dit qu'il faut enfin constituer la nation en un seul tout. [1] Il se sépare de lui, il est vrai, en ce qu'il admet les grands Etats et, par conséquent, la forme représentative. On sait qu'à l'issue de la Révolution, lorsque le pouvoir se concentre entre les mains de Bonaparte et que la monarchie administrative se fonde, Sieyès devait patronner un système compliqué d'élection destiné à extraire, pour ainsi dire, de la masse du peuple l'intelligence qu'elle renferme. Nous sommes ici bien loin de Jean-Jacques. Ce qui le rappelle, en revanche, de bien près, ce sont ces *Fédérations* grandioses qui réunissaient à Paris les délégués de toute la France, et qui symbolisaient avec éclat le renouvellement périodique du Contrat social.

Dans la Révolution, Rousseau est, cependant, l'inspirateur plus direct de la seconde phase, celle qui s'ouvre par la proclamation de la République, et dans laquelle la France, pour mieux lutter contre l'Europe monarchique, se concentre sur elle-même, devient une personnalité d'une redoutable puissance, et ne craint pas d'imposer le civisme aux individus; où, en un mot, la période politique et morale succède à la période juridique et sociale, et où l'idée antique du *citoyen* devient le centre.[2] Rousseau aurait certainement répudié les excès de la Terreur; et d'ailleurs, il aurait plutôt appuyé le fédéralisme girondin contre la domination oppressive de la Convention et de ses comités, de la Commune de Paris et du club des Jacobins. Mais, lorsque Robespierre fait supprimer les Académies, lorsqu'il fait décréter le civisme et mettre la justice et la pro-

---

[1] Chose à noter, Sieyès ne cite point Jean-Jacques.
[2] V. surtout de Barante, *Histoire de la Convention*.

bité à l'ordre du jour, lorsque, dans un discours qui renferme un pompeux éloge de Rousseau, il décide la Convention à reconnaître officiellement l'existence de Dieu et l'immortalité de l'âme, lorsque cette religion civile devient celle de l'Etat et que la France célèbre avec Robespierre la fête de l'Etre suprême, tout cela, c'est bien manifestement du Jean-Jacques; c'est bien son idéal à la spartiate. [1] — Et ici, son influence se confond avec celle des souvenirs de l'antiquité, [2] par exemple, dans l'organisation de ces fêtes nationales qui ont alors une si grande importance. [3] Rousseau lui-même, ainsi que Mirabeau et Voltaire, a été le héros et le dieu d'une de ces solennités. En 1794, ses restes furent solennellement transférés au Panthéon, d'où la réaction cléricale devait, en 1821, les enlever, ainsi que ceux de Voltaire, pour les jeter à la voirie. La Convention fermait le cortége, et on porta devant elle le *Contrat social*, ce « phare du législateur. » [4] Ainsi, l'idée nouvelle se donnait ses symboles et s'affirmait en plein soleil, comme au temps du paganisme. Sans doute, la Révolution a eu tort de rompre avec la tradition européenne: mais il y a une belle audace et une tragique grandeur dans cette ère nouvelle qui remplace l'ère chrétienne, dans ces nouveaux mois, si poétiquement nommés, dans ces fêtes, enfin, théâtrales, sans doute, mais qui inspiraient l'enthousiasme à

[1] Robespierre avait été voir Rousseau à Ermenonville, dans les derniers temps de sa vie (Hamel, *Histoire de Robespierre*).

[2] V. la thèse de M. Georges Renard, prof. à l'Académie de Lausanne.

[3] V. le plan de fêtes nationales qui se trouve dans les *Institutions républicaines* de Saint-Just (Hamel, *Hist. de Saint-Just*).

[4] V. les détails dans Paris, *Honneurs publics rendus à J.-J. Rousseau.* — Reybaz, ministre de la République de Genève, prononça un discours dans la Convention et fut admis aux honneurs de la séance.

tout un peuple. Il faut sentir ces choses, comme les sentait, par exemple, le grand cœur de Michelet, si l'on veut être juste envers ces orageuses années de la première République. D'ailleurs, qui avait donné l'exemple de la contrainte dans les choses de croyance, sinon l'Eglise? La Terreur, elle, au moins, ne se cache pas pour son œuvre sanglante.

Mais, ce qui est certain, c'est que la tension fut exagérée. Il arrive un moment où la France demande grâce, et alors commence une période gouvernementale, juridique, administrative, qui revient aux idées du XVIIIe siècle français, et qui reconstitue la culture scientifique et la vie sociale. Malheureusement, elle vient aboutir au despotisme, mais à un despotisme plébiscitaire, et qui prétend être le produit de la volonté nationale. Le Consulat et l'Empire organisent la société civile, d'après les principes de 89. Mais ils ne veulent pas la vie politique, et l'idéologie à la Jean-Jacques est proscrite dans la personne de Mme de Staël. Puis, de nouveau, sous la Restauration et sous Louis-Philippe, essais pour appliquer les idées constitutionnelles de l'Angleterre. En 1848, retour à l'unité républicaine, et ensuite à l'idée impérialiste et plébiscitaire. Enfin, de nos jours, essai d'une Constitution à l'américaine.

La France politique, depuis 1789, oscille ainsi entre deux principes, celui de l'absolue unité, républicaine ou impériale, et celui d'un partage quelconque de la souveraineté, destiné à diviser le poids de l'Etat et à sauvegarder les libertés individuelles. L'influence de Rousseau s'est exercée dans le sens du premier de ces principes; mais il ne faut pas oublier qu'il n'avait pas voulu parler pour un grand pays, mais pour une cité comme Genève, où le gouvernement du peuple par le peuple est encore possible. Il n'aurait pas approuvé la tyrannie de Paris sur les départements à l'époque de la Terreur, ni l'insurrection de la Commune parisienne en 1871. Les grands pays ne peuvent, semble-t-il, s'organiser que sur le type anglo-américain. — Mais, rappelons-le aussitôt, pour être justes, si la France a de la peine à s'organiser politiquement, sa glorieuse Révolution a fondé un droit nouveau, basé sur l'égalité civile et politique ; elle a proclamé l'unité nationale et le droit laïque. Voyez, par exemple, l'action qu'elle a exercée sur la Suisse, en 1798, et la transformation qui s'opère en Allemagne, sous son influence, depuis le commencement du siècle. Nous sommes, ne l'oublions jamais, les fils de 89, et par conséquent les fils de Voltaire et de Rousseau.

Nous sommes aussi, et cela dans la meilleure et la plus intime partie de notre être moral, les fils de la philosophie et de la science allemandes. [1] Or, Kant, l'initiateur de ce grand mouvement, est un disciple de Rousseau. Comme lui, il met la volonté autonome au centre du monde. [2]

[1] Sur l'histoire de la philosophie allemande, voyez les ouvrages de Erdmann, Kuno Fischer, Zeller et Willm. — Pour les raisons que j'ai dites, Rousseau a peu agi sur l'Angleterre. Il a cependant inspiré le radicalisme de Paine et de Godwin. — Quant à l'Italie, elle a subi son influence, comme l'Allemagne, à cause du génie idéaliste de la race. Ainsi, on retrouve l'idée du contrat social dans la plupart des théoriciens italiens du XVIIIe siècle, Beccaria et Filangieri en tête.

[2] Rousseau aurait signé cette magnifique parole de Kant : « Les deux plus grandes choses de ce monde, c'est le ciel étoilé sur nos têtes, et la loi morale au fond de notre cœur. »

Fichte de même: la philosophie de ce dernier est vraiment héroïque; elle fait l'épopée de la conscience et de la volonté. Fichte a été un des inspirateurs de cette réaction de l'âme allemande contre l'Empire napoléonien, qui est venue aboutir à la bataille de Leipzig.

Kant, dans sa doctrine juridique, base, comme Rousseau, l'Etat sur le contrat social, par lequel tous renoncent à leur liberté anarchique, pour la reprendre comme membres d'un Etat, et la retrouver intacte dans une dépendance légale qui résulte de leur propre volonté. [1] Fichte [2] admet également un contrat social, par lequel les hommes s'assurent les uns aux autres la garantie réciproque et permanente de leurs droits; il admet, avec Rousseau, que celui qui viole le contrat social devrait seulement être banni ou tué comme un animal dangereux : mais Fichte suppose en outre un contrat d'expiation, par lequel tous promettent à tous de permettre que l'Etat emploie les pénalités qu'il jugera convenables. [3]

Mais il y a cette différence entre ces deux philosophes et Rousseau, qu'ils ont un vrai système et qu'en particulier ils commencent par une définition du droit. En outre, le caractère de cette définition les conduit à donner au droit

---

[1] V. Kant, *Doctrine du droit*, trad. Barni.

[2] Fichte, *Naturrecht*.

[3] Soit dit en passant, les criminalistes qui basent la peine sur le contrat social, se partagent. Les uns admettent que l'individu a conféré à l'Etat un droit sur sa personne et sa vie (Rousseau); les autres, qu'il a seulement transmis à l'Etat son droit de se défendre et de punir (Locke, Voltaire, Filangieri). Les uns supposent une concession du délinquant (Rousseau, Beccaria), les autres une concession du lésé (Vattel, Voltaire, Filangieri, Merlin, Mario Pagano, etc.). Cp. Hepp, *Die Strafrechtssysteme*, et le *Résumé de mes cours de Droit pénal et de Procédure pénale*.

individuel une beaucoup plus grande force que Rousseau. Ils distinguent, en effet, entre la *moralité*, qui est intérieure, et la *légalité*, qui est extérieure, formelle, et qui ne demande pas autre chose que la coexistence des libertés individuelles, moyennant la contrainte réciproque admise par le contrat. Ainsi, le for intérieur est réservé. Le droit assure la liberté extérieure, moyen et condition de la vie morale.

Mais Kant et Fichte n'en sont pas moins, et leur nombreuse école avec eux, des disciples de Rousseau.[1] Leur conception de l'Etat est, comme la sienne, trop extérieure et trop formelle. Elle devait être corrigée et complétée par celle de Schelling, et surtout par celle de Hegel et des théoriciens qui ont suivi, Trendelenburg, par exemple. Pour ces derniers, l'Etat contient un principe moral substantiel, et Hegel le place bien au-dessus du droit égoïste et de la moralité personnelle. Mais il fallait commencer par poser comme base solide l'indépendance du *moi*, la souveraineté de la conscience et de la volonté personnelles. C'est ce qu'ont fait, après Rousseau, Kant et Fichte. Jean-Jacques a donc, dans l'ordre moral et juridique, donné l'impulsion à la philosophie allemande, comme il l'a donnée à la Révolution, dans l'ordre politique. Avec le panthéisme de Schelling et de Hegel, la pensée allemande met l'esprit au centre du monde, elle fait de l'idée la cause universelle, et raconte son épopée au travers de la nature et de l'humanité: elle reconquiert ainsi le monde. Mais il fallait d'abord dégager le *moi* lui-même, dans sa pleine indépendance.

[1] Dieterich, *Kant und Rousseau*, 1878.

Ainsi, Rousseau, en ramenant les hommes au foyer même et au centre de leur être, a été le principal initiateur de notre époque. C'est donc un grand honneur pour notre vieille et chère cité que d'avoir produit et inspiré un génie pareil, et la nation genevoise a raison de fêter solennellement sa mémoire. — J'ai dit.

LES

IDÉES RELIGIEUSES DE J.-J. ROUSSEAU

PAR

A. BOUVIER

Professeur.

Les idées religieuses de J.-J. Rousseau, tel est mon
sujet. En l'abordant, Messieurs, je vois bien qu'il m'appelle
à parler de religion et même de christianisme, plus qu'on
ne se le permet d'ordinaire dans cette salle. Mais veuillez
considérer d'abord que le sujet me le commande lui-même.
Rappelez-vous ensuite que c'est Rousseau surtout que vous
allez entendre; et que, petit-neveu d'un ministre dont il
s'est cru le petit-fils, élevé dans son enfance par un pasteur,
instruit dans sa jeunesse par un vicaire, ami dans son âge
mûr de plusieurs théologiens, Genevois du dix-huitième
siècle, habitué, comme ses compatriotes d'alors, à dog-
matiser, enfin, apôtre par choix d'une forme nouvelle de
la religion, Rousseau, tout laïque qu'il est, est un peu, un
peu trop, diront quelques-uns, prédicateur. Prenez-en votre
parti. Souffrez enfin qu'à l'occasion, je ne taise point ma
conviction personnelle. Que, si quelqu'un s'en étonnait, je
répondrais avec Rousseau lui-même: « C'est mon opinion,
Monsieur: peut-être est-elle fausse, mais tant que c'est la
mienne, je ne serai point assez lâche pour vous la dissimuler. »

Comment, au reste, ne pas s'arrêter aux idées religieuses

de Rousseau, dans cette grande revue de toutes ses idées, de toutes les parties de son œuvre, à laquelle son centenaire appelle la génération présente? Car on ne saurait méconnaître deux faits: le premier, c'est que la religion a tenu la plus grande place dans son âme; le second, c'est qu'elle a noué tout le drame de sa vie.

Qu'il me serait facile de vous montrer l'attachement ardent de Rousseau à ses idées religieuses, en vous redisant, avant et après sa grande profession de foi, mise sous le nom du Vicaire, toutes ses professions de religion, et de religion expressément chrétienne, multipliées dans ses livres et ses correspondances, avec une intime complaisance. Je me borne à en citer quelques-unes parmi les principales; elles parleront assez d'elles-mêmes: « J'ai de la religion, mon ami, écrit-il à Vernes, et bien m'en prend; je ne crois pas qu'homme du monde en ait autant besoin que moi. » A d'Alembert, dans sa fameuse *Lettre sur les spectacles*, il ne craint pas d'adresser ces mots qui devaient résonner étrangement dans ce monde des Encyclopédistes: « Nul n'est plus pénétré que moi d'amour et de respect pour le plus sublime de tous les livres; il me console et m'instruit tous les jours, quand tous les autres ne m'inspirent plus que du dégoût. » Plus tard, lorsqu'il vient d'être condamné à Paris et à Genève, et que réfugié à Motiers, son premier vœu a été d'être admis à la communion avec les autres membres de l'Eglise réformée de l'humble village, que déclare-t-il? « Je suis attaché de bonne foi à cette religion véritable et sainte, et je le serai jusqu'à mon dernier soupir. Je désire d'être toujours uni extérieurement à l'Eglise, comme je le suis dans le fond de mon cœur, et quelque consolant qu'il soit pour moi de participer à la communion des fidèles, je le désire autant pour leur édification que pour mon propre avantage, car il n'est pas bon que l'on pense qu'un homme de bonne foi qui raisonne ne peut être un membre de Jésus-Christ. » Et quelque temps après : « J'ai la consolation d'être reconnu membre de l'Eglise. Il faut être opprimé, malade et croire en Dieu, pour sentir combien il est doux de vivre parmi ses frères. » Et lorsque lui arrive le mandement accusateur de l'archevêque de Paris, et qu'il prend pour lui répondre sa terrible plume de polémiste: « Monseigneur, s'écrie-t-il, je suis chrétien, et sincèrement chrétien, selon la doctrine de l'Evangile. Je suis chrétien, non comme un disciple des prêtres, mais comme un disciple de Jésus-Christ. »

Et qu'on n'essaie pas de lui refuser ce titre de chrétien, si précieux pour lui. Il répondra à ses juges dans les *Lettres de la montagne* avec un accent qu'il leur fut, sans doute, difficile de méconnaître : « La charité de Jésus-Christ veut que nous soyons tous frères ; nous la suivons en vous admettant pour tels ; pour l'amour de lui, ne nous ôtez pas un titre que nous honorons de toutes nos forces, et qui nous est aussi cher qu'à vous. » Que l'on reste indifférent à ces protestations d'une conscience calomniée, qui atteste ardemment la conviction qui la remplit, ou qu'on en soit fatigué, voilà ce que je ne comprends guère ; mais que des gens religieux, qui prétendent juger Rousseau, les ignorent ou affectent de les mépriser, voilà ce que je ne comprends plus.

Nous avons dit en second lieu que la religion a noué le

drame de sa vie. Oni. C'est à cause d'elle que jeté, au
sortir de l'enfance, hors du culte de ses pères, il est resté
en Savoie; c'est à cause d'elle qu'il est revenu à Genève
en 1754, et dans l'âge de la maturité, s'est fait réintégrer
dans le protestantisme; c'est à cause d'elle que son ouvrage
capital a été brûlé à Paris, puis à Genève, puis à La Haye;
à cause d'elle qu'il s'est vu poursuivi tour à tour par les
autorités et par la populace, et s'est enfui, tremblant, de
lieu en lieu, dans les inquiétudes perpétuelles et les tris-
tesses d'un long exil.

Et le dirai-je ? Messieurs, le souvenir poignant de la
grande injustice qui lui a été faite à Genève au nom de
la religion, n'a pas été une des moindres raisons pour moi
de monter à cette tribune. Successeur des hommes d'Eglise
qui furent ses amis, et qui, sans tremper, il est vrai, dans
sa condamnation, l'y abandonnèrent pourtant, et même
ne craignirent pas de disputer contre un banni, j'ai pensé
que pour ma faible part, au milieu de mes collègues, il fallait secouer toute solidarité, toute apparence de solidarité
avec la persécution et les persécuteurs.

Que, en condamnant Rousseau et son livre comme
scandaleux, *téméraire*, *impie*, les autorités genevoises de
1762 se soient crues obligées par le serment de fidélité
que toute la vieille Genève prêtait à l'Evangile, cela n'est
pas douteux; qu'en le faisant, elles aient forcé la loi et
porté atteinte au droit positif d'un bourgeois de Genève,
je ne sais trop, et suis presque tenté de croire qu'elles
avaient pour elles le texte, la coutume et l'opinion ; mais
ce que je sais bien, c'est que si elles n'ont pas perpétré
un crime légal, elles ont commis une faute contre la civi-

lisation, elles ont attenté à l'équité, au droit de la pensée, à l'intérêt bien entendu de la religion, qu'elles prétendaient défendre ; c'est que non-seulement, comme écrit Rousseau à l'un de ses correspondants, « toutes ces brûleries étaient bêtes, » mais encore qu'elles étaient indignes d'un pays libre et éclairé, et plus nuisibles aux juges qu'à la victime ; ce que je pense, c'est que, sauf l'exagération de la phrase, Rousseau avait raison en s'écriant: « Si les ministres avaient connu et aimé (nous dirons, nous, mieux connu et mieux aimé) la religion, à la publication de mon livre, ils auraient poussé de concert un cri de joie ; ils se seraient tous unis avec moi, qui n'attaquais que leurs adversaires; » ce que je ne vois que trop enfin, c'est que la fumée de cette brûlerie stupide de l'*Emile*, jette une ombre sur le bon renom de la Genève du dix-huitième siècle, comme celle du bûcher de Servet reste une tache indélébile, et que nous ne déplorerons jamais assez, sur le front si fier de la Genève du seizième.

Mais voici que, au moment d'aborder les idées religieuses de Rousseau, j'entends de divers côtés une objection grave: « Ses fautes! Ses fautes! Pourquoi parler de la religion d'un homme qui s'est rendu coupable de telles fautes et qui, ensuite, n'a pas craint de les raconter ? » Je pourrais faire observer que dans ces séances académiques il s'agit moins de l'homme que de ses idées et de leur rôle dans l'histoire des idées, mais je sais bien qu'en religion les idées et la vie doivent ne faire qu'un. De là de sérieux motifs pour garder le silence, si un motif, j'ose le dire, encore plus élevé et plus fort, le désir de faire quelque bien dans cette circonstance, ne m'avait engagé à le rompre.

Les récits dont on parle m'ont stupéfié, m'ont indigné, moi aussi, lorsque dans ma jeunesse je dévorais, après tant d'autres, des ouvrages pénétrés de la douceur subtile et parfois dangereuse d'un style incomparable; et quand je les rouvre dans l'âge de la maturité, avec plus de connaissance de ce qui se passe dans le monde, j'ai de la peine à comprendre ce phénomène psychologique d'un cœur sincèrement épris de l'idéal, et qui, cependant, garde encore un air de parvenu dans l'ordre moral, parce qu'il ne s'est pas éloigné assez résolument des vapeurs malsaines que traversa sa jeunesse; d'un artiste qui montre en de certains endroits si peu de goût, de délicatesse, de dignité personnelle, à qui manque en trop de pages, moins nombreuses cependant qu'on ne le dit, cette chasteté de la plume qui est tout au moins le repentir du littérateur, et qui, trompé par je ne sais quelle triste illusion, pense confondre de méchantes calomnies en découvrant sans retenue le mal et le bien de sa vie dans ses *Confessions*. Je m'étonne et de ces turpitudes, et de cette affreuse lâcheté paternelle, et de cette aberration, et si je ne connaissais la faiblesse du cœur de l'homme et de tout homme, moi aussi, je me dirais justement scandalisé. Rassurez-vous toutefois, pères et mères de famille, je ne viendrai point tirer ces fautes des volumes où l'on semblait s'être sagement mis d'accord à les laisser ensevelies, pour les étaler devant vous avec un zèle qui aisément pourrait vous paraître amer. Pour cela, je les pleure trop comme Genevois, comme homme, comme chrétien.

Mais cette confidence faite, laissez-moi vous le demander : peut-on oublier dans quel temps et quel entourage a grandi ce pauvre ardent jeune homme; quel était le relâchement des principes et des mœurs, le dédain pour les devoirs de la vie de famille au sein d'une société aussi corrompue, du haut en bas de l'échelle ; ce qu'on lit dans des pages écrites par le grave auteur de l'*Esprit des lois* ou par celui de *Zaïre* et d'*Alzire*, et que vraiment il faut descendre à une profonde et compatissante indulgence envers cet homme pour n'être que strictement juste ? Peut-on oublier que ces fautes, qu'expliquent, mais n'excusent pas assurément de telles séductions et de tels exemples, il les a cruellement expiées par les noirceurs dont le chargeaient calomnieusement ses ennemis jaloux de le perdre dans l'opinion, par l'isolement de sa vieillesse, par ses remords, par les larmes amères dont son visage restait encore baigné, alors même qu'il se composait et prenait un air satisfait et emphatique devant les hommes? Peut-on oublier combien souvent il les a déplorées en des mots d'une sincérité navrante, et comment l'instant d'après sortaient de son cœur, avec la même droiture et dans d'honnêtes pages, des confidences qui attendrissent, comme celle-ci, par exemple: « Qu'aurais-je pu désirer avec quelque suite ? Une seule chose, c'eût été de voir tous les cœurs contents. L'aspect de la félicité publique eût pu seul toucher mon cœur d'un sentiment permanent, et l'ardent désir d'y contribuer eût été ma plus constante passion . . . . . Je n'ai jamais connu d'autre bonheur dans la vie que celui d'aimer et d'être aimé. » Quand j'entends de tels épanchements, il me semble que je vois tomber sur sa tête aussi cette parole d'une miséricordieuse absolution:

« Il lui a été beaucoup pardonné, et la preuve c'est qu'il
a beaucoup aimé. »

Et peut-on méconnaître enfin ce fait curieux dans l'histoire de l'humanité, c'est que les grandes âmes ardentes
sont aussi celles qui font les plus grandes chutes, et que
c'est là, dans leur abîme, souvent, que la vérité va les
appeler, leur faire soupirer ou pousser des paroles révéla-
trices, qui ne sortiront jamais des âmes médiocres dans le
bien comme dans le mal, et qui seules éveillent chez les
hommes des échos profonds, et arrachent des sympathies
bien plus efficaces que l'adhésion qu'on accorde aux pla-
cides maximes d'une sagesse toujours égale à elle-même.
Assurément, il est bien loin de ma pensée de comparer
le réformateur inconséquent du dix-huitième siècle aux
héros des âges bibliques; mais ne se souvient-on pas quelles
émotions intérieures trahissent et quelle vertu pénétrante
ont empruntée de ces émotions mêmes les cantiques de ce
roi qui fut un adultère et un meurtrier avant d'être un
grand pénitent, les lettres de cet apôtre, victime magnifique de l'apostolat, qui avait été d'abord le bourreau du
premier des martyrs, et de cet autre qui, avant son pardon, avait renié lâchement son maître?

Or, Rousseau a certainement été une de ces âmes extra-
ordinaires, dans le creuset desquelles s'élabore, au feu de
toutes les sortes d'épreuves, des pensées qui deviennent
le trésor d'une ou deux générations, car il a fait cette
œuvre-ci, dont je vais vous entretenir: il a réveillé le sentiment religieux parmi les incroyants, les indifférents ou
les indécis de son temps, et il a élargi parmi les chrétiens,
non sans quelques démolitions, il est vrai, la religion offi-

cielle et traditionnelle. Il le sentait bien, lui qui prononçait dans la profession du Vicaire cette parole capitale : « Quand une fois tout est ébranlé, on doit conserver le tronc aux dépens des branches ; les consciences agitées, incertaines, presque éteintes ... ont besoin d'être affermies et réveillées ; et pour les rétablir sur la base des vérités éternelles, il faut achever d'arracher les piliers flottants auxquels elles peuvent tenir encore. » On ne pouvait mieux définir son double but, sa double œuvre au dix-huitième siècle : réveiller le sentiment religieux, l'élargir. Et c'est par là qu'il a préparé un siècle nouveau, dont il n'est pas trop hardi de dire qu'il a été le précurseur.

En voilà bien assez, pour que des gens sérieux ne se refusent pas à l'écouter, à l'étudier, et même à l'honorer. Oui, pardon, puisqu'il le faut, mais honneur à l'homme qui a cherché ardemment la vérité pour lui-même et pour son temps, qui l'a célébrée avec passion, sans la trouver toujours, et qui, lorsqu'il a été rencontré par elle, s'est attaché avec un énorme effort à ses traces ! Honneur à tout homme qui a servi, ne fût-ce que d'un pas boîteux, ne fût-ce qu'un jour, la vérité dans sa carrière éternelle !

I

Les idées de Rousseau sont avant tout des expériences, mais des expériences qui ont été déposées dans sa vie, en des temps successifs, par les influences spirituelles générales, les réalités et les mouvements de son siècle, dont son âme impressionnable a subi le contact. Ce furent comme autant de forces qui s'emparèrent de lui tour à tour, et finirent par se combiner, pour le pousser dans la ligne que leur concours lui traçait. Il faudrait donc l'accompagner dans les péripéties du drame de sa jeunesse, à travers chacun des trois actes de ce qu'on pourrait appeler la phase de la préparation, jusqu'au moment de la crise, d'où il sortit écrivain mûr et désormais fidèle à lui-même. Mais nous n'en avons pas le temps. Bornons-nous à esquisser les trois puissances qui s'exercèrent sur lui, puis s'incarnèrent en lui, le protestantisme, la mysticité du cœur, la lutte contre l'athéisme.

Le protestantisme n'était déjà plus, dans la première moitié du XVIIIe siècle, ce qu'il avait été dans les deux siècles précédents. Partout il se transformait en s'élargissant, et parfois en s'énervant ; en Angleterre, depuis la révolution de 1688; en Hollande, depuis l'arrivée des Français réfugiés; en Allemagne, un peu plus tard, avec Lessing; à Genève, depuis l'influence de Jean-Alphonse Turrettini, promoteur d'une réforme pacifique, mais peut-être d'autant plus profonde, poursuivie durant tout le siècle par ses disciples et successeurs. Il était devenu plus libéral, et Genève avait desserré le joug des Confessions calvinistes, en 1706 et 1725. En même temps il était devenu philosophique; ses docteurs, par leurs cours ou leurs ouvrages, avaient constitué l'étude de la religion naturelle à côté de celle de la religion révélée, et partout introduit la raison moderne avec ses procédés dans la forêt des mystères. Ainsi, les Anglais Locke et Clarke; ainsi Jean-Alphonse Turrettini qui, de 1729 à 1737, publiait une série de dissertations en latin sur la théologie naturelle (preuve, entre tant d'autres, que la *Profession du vicaire savoyard*, en 1762, n'en a pas la première responsabilité), et dont l'élève, Jacob Vernet, traduisait, en 1736, le remarquable traité sur la *Vérité de la religion chrétienne* et des *Pensées sur la religion*, où l'on trouve ébauchées plusieurs des meilleures idées de Rousseau. Il n'y a pas à douter que notre écrivain n'ait connu tout cela. Outre que l'empreinte du protestantisme de sa première jeunesse était restée indélébile dans son esprit et son caractère, il s'était nourri des ouvrages de Locke et de Clarke; il se lia, lors de sa réintégration dans l'Eglise de Genève, en 1754, avec tout ce qu'elle contenait de théologiens éclairés, avec Vernet, Amédée Lullin, Jacob Vernes, avec Abauzit surtout, ce vrai sage, qu'il a tant loué, penseur hardi, homme si modeste, et tout ensemble si ferme dans son amitié. Rousseau s'éprend, mais non point à la légère, de ce protestantisme-là. Ces principes, jusque-là enseignés en latin, ou prêchés en français seulement dans l'étroite enceinte de l'Eglise de Genève, il va les proclamer, avec la netteté de l'esprit laïque, et avec la vigueur et l'éloquence qui lui sont propres, et s'en faire le porte-voix pour toute l'Europe.

Il les ramène à deux : la vénération pour la Bible, la libre interprétation individuelle. — Quant au premier, les ouvrages de Rousseau montrent assez sa connaissance et son usage de la Bible, le respect, l'amour, l'espèce de culte même qu'il a pour elle; il me suffira de deux mots de lui pour le rappeler. Lorsqu'on vint de la part du maréchal de Luxembourg, dans la nuit du 8 juin 1762, l'avertir précipitamment qu'il était décrété de corps et qu'il fallait fuir, il était, nous dit-il, tout préoccupé de la lecture d'un passage du livre des Juges, car «ma lecture ordinaire du soir était la Bible, et je l'ai lue entièrement au moins cinq ou six fois de suite de cette façon.» Et quelques années plus tard, il disait à l'un de ses jeunes admirateurs : « Je n'écris plus, je ne lis plus. Il n'y a plus qu'un livre que je puisse lire, c'est la Bible. Elle ne me quitte plus, et je la tiens sous le chevet de mon lit. » — Et quant au libre examen, on ne peut être plus décidé ni plus clair que lui dans sa première *Lettre de la montagne*, ni en faire plus largement usage pour soi-même : « La libre interprétation de l'Écriture emporte non-seulement le droit d'en expliquer les passages chacun selon son sens particulier, mais celui de rester dans le doute sur ceux qu'on trouve douteux, et celui de ne pas comprendre ceux qu'on trouve incompréhensibles. »

Ce protestantisme-là, conscient de lui-même et résolu, fut la substance de toute sa pensée religieuse; ce qui viendra plus tard y mettra la poésie, l'élan, l'accent polémique, la puissance communicative.

Le second élément religieux qui fermenta dans cette âme riche, complexe et mobile, ce fut la mysticité. Rousseau y était disposé, ce semble, par un héritage maternel. Mais sa mysticité, ce qu'il appelle, lui, sa dévotion, ne s'épanouit qu'en Savoie, dans la chaude, trop chaude atmosphère de la vie champêtre et des tendres émotions, à l'école de la nature, de la musique, du catholicisme et de la femme.

La nature. Excepté le bonhomme La Fontaine et le romanesque évêque Fénelon, personne jusque-là, même en vivant au milieu d'elle, ne paraissait l'avoir remarquée. La génération de Rousseau commença un peu partout à la regarder, mais lui, il la sentit, il la goûta, il s'unit à elle avec passion. C'est dans sa société, qui n'est muette que pour les sourds, qu'il trouvait ses plus vives inspirations, qu'il se consolait, se rasséréait, devenait heureux et meilleur. C'est elle surtout qui lui parlait de Dieu, lui faisait, pour ainsi dire, voir Dieu, et le soulevait, d'un chemin souvent fangeux, pour l'emporter dans la sereine et pure région d'une communion avec le Créateur. C'est que la nature nous révèle partout l'ordre et l'esprit, partout du moins elle nous montre la beauté suprême. Elle nous fait entrer dans l'infini de l'espace, de la diversité, de la vie. L'infini...., tantôt elle nous écrase de sa grandeur, tantôt elle le met comme sous notre œil, notre main, ce qui faisait que Rousseau avait pris un si grand goût pour les fleurs; elle nous révèle ainsi tout à la fois l'immensité et la proximité de Dieu, la sublimité et la parfaite simplicité de ses voies. Elle l'abaisse jusqu'aux plus petits, elle parle de lui par les oiseaux de l'air et les lis des champs, et l'on dirait parfois qu'elle en parle à eux. Aussi devrait-elle rendre religieux les habitants des campagnes, comme Rousseau le dit si bien dans ces lignes: « Je comprends comment les habitants des villes, qui ne voient que leurs murs, des rues et des crimes, ont peu de foi ; mais je ne puis comprendre comment les campagnards, et surtout les solitaires, peuvent n'en point avoir. Comment leurs âmes ne s'élèvent-elles pas cent fois le jour, avec extase, à l'auteur des merveilles qui les frappent? »

La nature, surtout dans nos régions tempérées, considérée sans esprit de système, dispose à l'adoration et à la confiance, et semble noyer toutes les obscurités dans la lumière de ces trois rayons du soleil des esprits, la puissance, la sagesse et la bonté. Ainsi la comprirent, après Rousseau, deux de ses compatriotes, le noble et touchant aveugle Charles Bonnet, plus savant, plus métaphysicien que lui, et presque autant poète dans ses brillantes hypothèses sur l'organisation, la hiérarchie et l'ascension éternelle de tous les êtres, et l'explorateur aussi enthousiaste qu'exact des hautes cimes, Horace-Bénédict de Saussure. Et n'est-ce pas, Messieurs, une chose remarquable que ces trois illustres Genevois du siècle dernier, qui, des premiers, ont étudié et fait aimer la nature à l'Europe, aient su y voir si bien Dieu dans sa bonté et sa majesté ?

Un autre maître de mysticité pour Rousseau, ce fut la musique. Celle qu'il a composée pour le public, plus tard, n'a sans doute rien de religieux ; mais la musique, qui berce de ses vagues et profondes harmonies les âmes rêveuses, comme la sienne, les élève d'ordinaire à des émotions d'un ordre supérieur ; ce qui fait que de tout temps, depuis les chantres des Védas et le roi David, elle a été comme une voix spontanée de la religion, qu'affectionnent de préférence les poètes et les peuples.

Le troisième maître de mysticité pour Rousseau, ce fut la femme, la dévotion catholique d'une femme. Ici, je m'arrête, plein pour lui de tristesse et de honte. Pourquoi faut-il que cette âme, vierge encore, qui, comme il le dira cinquante années plus tard, « n'avait alors aucune forme déterminée, et attendait dans une sorte d'impatience le moment qui devait la lui donner, » soit tombée entre les mains d'une Madame de Warens, pauvre femme, bonne sans doute, mais si faible et si gâtée, victime des pires sophismes, dont elle faillit l'empoisonner à son tour? Pourquoi faut-il que le jeune Rousseau n'ait pas connu sa mère, et n'ait point eu de sœur? Femmes, savez-vous bien quel précieux héritage vous légueriez à vos fils, en leur laissant le souvenir protecteur d'un cœur à la fois honnête et aimant, et combien, si quelqu'un d'entre eux sait un jour parler à la foule, ce souvenir, idéalisé par la vénération filiale, pourrait, sous sa plume, préserver et ennoblir de lecteurs?

Mais enfin, jusque dans cette femme il y avait la femme, et jusque dans sa dévotion, mêlée de si repoussants compromis, il y avait la piété générique de la femme. Or, c'est aussi la piété de la femme, mais purifiée, que Rousseau a retenue de ses diverses expériences, et qu'il a voulu peindre dans sa Julie, la création chérie de son imagination. Julie, bien tendre et bien faible assurément, mais, après sa chute, affermie dans son repentir contre les plus émouvants souvenirs et les plus subtiles tentations, attachée à ses devoirs, tout entière à la pratique, heureuse de faire le bonheur des autres, s'avançant paisiblement vers un monde supérieur, attirant les siens dans la voie où elle marche, sans phrase, par le seul rayonnement de sa paix, et, sur son lit de mort, s'affermissant dans l'espoir de sa survivance, par le plus simple et peut-être le seul fort de tous les arguments : « Qui s'endort dans le sein d'un père n'est pas en souci du réveil. » La piété féminine, telle que Rousseau la dépeint, est soumise à l'autorité, et pourtant garde secrètement son indépendance; elle se déplaît aux subtilités et aux disputes théologiques ;

elle voit en Dieu moins la justice que la tendresse et la clémence; elle cherche enfin, dans le commerce avec ses convictions, moins la loi que la jouissance, le bonheur. Telle quelle, sans doute, elle ne suffit pas à comprendre les sévères justices de la vie, à faire accepter une règle ferme dans ses agitations; mais quelle onction bienfaisante ne peut-elle pas verser sur le jeu grinçant de ces machines orthopédiques pour les âmes, puissantes et souvent dures, qui s'appellent la théologie et l'Eglise ! Une chose est certaine, c'est qu'il fallait que ce protestantisme du XVIIIe siècle, que nous avons décrit, éclairé, mais raisonneur et sans mysticité, s'attendrît et se désempesât pour devenir attrayant. Voilà le service que lui rendit Rousseau. La mysticité, jointe à la mâle vigueur de l'esprit protestant, cette psychologie pénétrante avec cette force de logique, cette gravité avec cette émotion du langage, tout cela devait donner à sa pensée une trempe extraordinaire, et le rendre maître à la fois des raisonneurs et des rêveurs, des protestants et des catholiques, des hommes et des femmes.

Le voici à Paris, dans ce Paris où il reviendra toujours, comme au lieu où le talent a les plus franches coudées et trouve la tribune la plus retentissante. Il y passe dans le travail et l'étourdissement des premiers succès artistiques quelques années. Et pourtant, à mesure qu'il connaît mieux ce grand monde, il se sent mécontent; une secrète nostalgie ramène son imagination, qui toujours rêve, vers la vie populaire et républicaine, ou vers les montagnes et les mœurs simples, vers Genève ou vers Chambéry. Ici, tout lui paraît contraire au naturel, ou même dénaturé. C'est une culture factice, raffinée, superficielle, énervante, sans

vertu comme sans vraie grâce, parce qu'elle est sans simplicité, et il le dira bientôt, avec quelque excès, dans son
premier discours. Puis, dans l'ordre social, c'est un écha-
faudage d'inégalités, dont il a personnellement senti la
pression mortifiante dans des situations subalternes, et
dont il a vu les absurdes et honteux mensonges en haut,
dans une cour où règne la Pompadour, et les cruelles
oppressions en bas, dans la misère du paysan. Aussi, bientôt dégonflera-t-il son cœur ulcéré, dans son *Discours sur
l'inégalité*, qui s'achève par ces mots significatifs : « Il est
manifestement contraire à la loi de nature..... qu'une poignée de gens regorgent de superfluités, tandis que la multitude affamée manque du nécessaire. » Premier éclair,
premier coup de cloche, avertissant de la tempête révolutionnaire qui s'amoncèle à l'horizon.

Mais surtout, Rousseau est mécontent des philosophes.
Qu'est-ce donc qui va le détourner d'eux ? Sont-ce
leurs défauts ? Sans doute, ils en ont beaucoup : esprit
de coterie, orgueil, flatterie pour les grands, dédain pour
le peuple, avec de beaux mots humanitaires sous la plume,
intolérance surtout contre quiconque s'écarte de la troupe
d'holbachique ou encyclopédique. Et il les leur reprochera
assez vertement quand il aura rompu avec eux. — Sont-
ce leurs idées ? Sans doute, il ne pourra s'arranger, lui,
spiritualiste dans l'âme, de leur matérialisme et de leur
fatalisme, et, comme il dit avec une assurance quelque peu
dédaigneuse, que ne sauraient avoir les spiritualistes du
XIXme siècle, « il ne peut se faire à ces bizarres systèmes
de forces, de chances, de fatalité, de nécessité, d'atomes,
de monde animé, de matière vivante, de matérialisme. »

Mais il est manifeste que ce qui lui répugne le plus chez eux, c'est leur athéisme, et cela moins pour ses principes métaphysiques que pour ses effets desséchants et démoralisateurs:

« Fuyez, s'écriera-t-il plus tard, ceux qui, sous prétexte d'expliquer la nature, sèment dans les cœurs des hommes de désolantes doctrines.... Renversant, détruisant, foulant aux pieds tout ce que les hommes respectent, ils ôtent aux affligés la dernière consolation de leur misère, aux puissants et aux riches le dernier frein de leurs passions ; ils arrachent du fond des cœurs le remords du crime, l'espoir de la vertu, et se vantent encore d'être les bienfaiteurs du genre humain. Jamais, disent-ils, la vérité n'est nuisible aux hommes ; je le crois comme eux, et c'est, à mon avis, une grande preuve que ce qu'ils enseignent n'est pas la vérité. »

Quant à nous, Messieurs, comprenons les origines de cet athéisme, parfois plus bruyant que convaincu, et soyons justes envers les philosophes plus que Rousseau ne l'a souvent été lui-même. Ils étaient irréligieux, il est vrai, et mal leur en prit ; ils s'étaient juré entre eux, sur la parole du maître Voltaire, d'écraser l'infâme. Mais que leur offrait donc alors de vrai, de saint, de respectable et d'attrayant leur Église? Ne s'était-elle pas mise aux pieds de ce roi Louis XIV, le restaurateur de l'unité ecclésiastique, il est vrai, par les dragonnades et le bannissement de centaines de milliers de ses sujets, mais en revanche tout couvert d'adultères? N'avait-elle pas acheté de nouvelles persécutions aussi de l'infâme Régence? Et dans ses rangs qui voyait-on? Ici des jansénistes durs, étroits, tombés dans l'hallucination des plus absurdes miracles ; là leurs implacables adversaires, les Jésuites, poursuivant leur victoire par mille intrigues et lassant déjà les rois même par leur insatiable soif de domination. Hypocrisie, superstition, despotisme, voilà ce que les philosophes voyaient sous le couvert du nom du Christ. On ne s'étonne plus alors de leur protestation, et l'on comprend qu'en attaquant une Eglise aussi pervertie, ils aient cru servir la vérité et l'humanité. Mais pourquoi se tourner en même temps contre Dieu même, contre l'esprit, contre la liberté, la dignité et l'immortalité de l'âme, contre la loi morale, contre tout ce qui seul pouvait servir d'appui solide à une réforme véritable du présent ? Voilà ce que Rousseau, avec son naturel droit, avec son cœur profond, ne pouvait ni comprendre ni pardonner. De là son malaise d'abord, puis ses dégoûts, puis un ardent besoin de rentrer en luimême pour y chercher cette vérité qu'il ne trouvait plus nulle part à l'entour. C'est alors, nous dit-il, qu'une grande révolution se fit en lui, qu'un nouveau monde moral se dévoila à ses regards, qui n'était autre que celui de ses souvenirs, transformé en un véritable idéal.

Ainsi, par un mouvement de tout son être, où la réflexion a autant de part que l'instinct, il se décide pour la religion contre l'athéisme. Ces convictions, si lentement acquises par l'expérience, et reconquises en quelque sorte par la volonté, il va les confesser. Et l'on comprend qu'il y aura dans sa parole autant de polémique que d'affirmation. Le moment venu, il se lève enfin, et contenant à peine, sous les brides serrées de la logique, cette éloquence emportée, il court seul à l'ennemi, et le frappe de ce glaive acéré et brûlant qui pénètre jusqu'au cœur, soldat et, comme il ose le dire, « défenseur de la cause de Dieu. » Ce spectacle a quelque chose de grand, n'est-ce pas? Et quand je le vois ensuite, harcelé par les philosophes, bafoué par Voltaire, qui ne craint pas de l'outrager, lui banni et fugitif, dans le triste poème de la *Guerre civile de Genève*, condamné et pourchassé par les représentants officiels de cette religion qu'il voulait soutenir et qu'il avait du moins dépeinte avec tant d'éclat, tombé dans un noir chagrin, continuer néanmoins à lutter contre les sceptiques et les athées, sans écrire publiquement un seul mot contre ce grand « fanfaron d'impiété » qui avait travaillé à l'exiler de sa patrie, quand je le vois chercher par d'admirables lettres, qu'on pourrait appeler vraiment pastorales, à arracher ses jeunes correspondants à la séduction du doute, quand je le vois enfin, malgré les hommes, malgré la destinée, malgré son humeur même, demeurer fidèle à une cause qui répudiait et maudissait ses services, et même se montrer toujours plus affirmatif, je dis que ce spectacle est plus que beau, il est bien rare. Eh! y a-t-il donc tant d'héroïsme chez nous, croyants d'aujourd'hui, qu'un tel courage soit tenu pour rien ; et dans nos rangs, combien en compte-t-on qui osent soulever, je ne dis pas avec la même force, mais du moins avec le même zèle, contre les irréligions et les abus de notre temps, cette massue d'Hercule tombée de ses mains !

II

Exposons maintenant ses idées. On pense peut-être
qu'il est bien difficile de le comprendre au milieu de tant
de contradictions et de paradoxes qu'on lui reproche. Mais
en vérité, quand on y regarde de près, les difficultés s'ef-
facent. Il nous a d'ailleurs livré son secret; les paradoxes,
coups de feu pour attirer l'attention, sont inévitables chez
un novateur : « Lecteurs vulgaires, pardonnez-moi mes
paradoxes; il faut en faire quand on réfléchit et, quoi que
vous puissiez dire, j'aime mieux être homme à paradoxes
qu'homme à préjugés. » Ailleurs, il s'excuse naïvement:
« Un auteur qui écrit d'après son cœur, est sujet en se
passionnant à des fougues qui l'entraînent au delà du
but. » Enfin, il nous prémunit contre un tort habituel à
ses critiques. « Ils écartent le vrai but de l'ouvrage , ils
lui donnent pour but chaque erreur, chaque négligence
échappée à l'auteur, et si , par hasard, ils trouvent un
passage équivoque, ils ne manquent pas de l'interpréter
dans le sens qui n'est pas le sien. » Souvenons-nous, Messieurs, de la leçon indirecte, car elle est bonne.

Rousseau, cherchant la vérité, ne pouvait, en son temps,
que rompre avec l'autorité, qui régnait encore dans les
codes, les habitudes et les masses, mais qui, par les disputes séculaires des théologiens et leurs violences, avait
perdu l'empire sur les esprits. « Ne donnons rien au droit
de la naissance et de l'autorité des pères et des pasteurs,
mais rappelons à l'examen de la conscience et de la raison
tout ce qu'ils nous ont appris dès notre enfance. »

L'autorité se présentait d'abord à lui sous la forme du catéchisme. Rousseau n'aime guère les catéchismes tels qu'il les connaît; hérissés de formules, dit-il, souvent inadmissibles et toujours inconcevables, et chargés en réalité d'une métaphysique aussi incohérente que surannée. L'autorité, c'est ensuite la révélation. Nous verrons plus loin, contrairement à l'opinion courante, quelle estime il en fait; mais convenons qu'avec tous les ménagements du plus sincère respect, il la répudie comme autorité. Dieu a parlé, dit-on. Mais où? par qui? Voici des révélations rivales, contradictoires, attestées par des hommes, exposées dans des livres. Et l'on se rappelle les vives protestations de sa pensée surmenée par l'apologétique d'alors, ces deux cris partis de son cœur: « Toujours des livres ! . . . Que d'hommes entre Dieu et moi! » Quant aux écoles de philosophie, on y trouve autant de dogmatisme que dans l'Eglise, et bien plus d'incertitudes, de contradictions, avec une plus injustifiable intolérance. Ainsi l'autorité est impuissante sur la raison: « Il me faut des raisons pour soumettre ma raison. » L'autorité est mal commode à consulter et, par conséquent, impopulaire. L'autorité, enfin, n'ayant que des hommes pour organes, est toujours incertaine et décevante. Et son esprit, tour à tour catholique et protestant, longtemps ballotté et souvent déçu, son génie indépendant, qui veut être gagné plutôt que plié, s'en va quérir lui-même sa pâture. Au dogmatisme des églises et des écoles, il oppose le grand livre de la nature, dont une page est écrite dans l'homme et l'autre dans le ciel et sur la terre. « Il est un seul livre ouvert à tous les yeux, c'est celui de la nature. C'est dans ce grand et sublime livre que j'apprends à servir et à adorer son divin auteur. Nul n'est excusable de n'y pas lire, parce qu'il parle à tous les hommes une langue intelligible à tous les esprits. » Tel est donc le siége de la vérité.

Comment y arriver maintenant? Par quelle méthode? Rousseau, si peu méthodique qu'il soit de tempérament, comprend l'importance de la méthode. Quelle est donc la sienne? Comment la définit-il? Par des mots de la même famille qui reviennent bien souvent dans ses livres: *sentiment* ou *assentiment intérieur*, quelquefois *sentiment inné*, ou bien *voix intérieure*, ou bien *dictamen interne et secret de la conscience*. Faut-il entendre par là ce que le XVIIIe siècle appelait d'ordinaire *la raison?* Oui, la raison intuitive, mais non la raison discursive et raisonneuse, qui, selon Rousseau, peut tromper et a besoin du sentiment pour la rectifier : « Je trouve, dit-il, dans ce jugement interne une sauvegarde naturelle contre les sophismes de ma raison. » Le sentiment est pour lui, tout ensemble, la conscience ou le sens moral, et le cœur, avec ses impressions et ses émotions. C'est donc ce que nous appelons, nous, aujourd'hui, à l'imitation des Allemands, la conscience, c'est-à-dire la science personnellement acquise des expériences qu'a déposées en nous la vie.

Mais cet organe de la connaissance du vrai est-il légitime, et d'où vient sa légitimité? Ah! répond Rousseau, c'est qu'il vient de Dieu ; c'est que ce sont « les lumières qu'il donne à mon esprit, les sentiments qu'il inspire à mon cœur ; » c'est « ce que Dieu dit au cœur de l'homme. » Aussi est-elle identique chez tous les hommes. Aussi possède-t-elle, en principe du moins, la certitude, sinon l'infaillibilité. « Je crois que jamais le sentiment intérieur ne nous trompe, et qu'il est la lumière de notre faible entendement, lorsque nous voulons aller plus loin que ce que nous pouvons concevoir..... Si les vérités éternelles que mon esprit conçoit pouvaient souffrir quelque atteinte, il n'y aurait pour moi nulle espèce de certitude. » On peut donc se confier à cette méthode, qui d'ailleurs est la seule populaire. Aussi, Rousseau s'y livre-t-il avec impétuosité, entraînant avec lui tout un cortége d'esprits. Toutefois, il ne sort pas des justes limites, et n'est nullement un mystique ou un théosophe effréné. En théorie du moins, il ne confond point le sentiment de l'individu, faible et borné, le sien, par exemple, avec le sentiment universel. Il confesse les illusions individuelles, il ne veut point imposer son sentiment personnel aux autres, mais seulement engager chacun, par son exemple, à se consulter lui-même. « A quelle absurdité, s'écrie-t-il, mènent l'orgueil et l'intolérance, quand chacun veut abonder dans son sens, et croire avoir raison exclusivement au reste du genre humain. » Cette réflexion amène Rousseau à insister sur les précautions dont doit être entourée la pratique de cette méthode ; elles sont sages et même religieuses. Sincérité avec soi-même : « Commencez par mettre votre conscience en état de vouloir être éclairée ; soyez sincère avec vousmême. » Mais point de disputes : « Ne disputez jamais, car on n'éclaire par la dispute ni soi, ni les autres. » Contrôle de la vérité par l'expérience de ses bienfaits, car elle se démontre par ses bienfaits moraux, la consolation et le courage qu'elle procure. Besoin d'une sorte de communion personnelle avec Dieu : « Mon fils, tenez votre âme en état de désirer toujours qu'il y ait un Dieu, et vous n'en douterez jamais. » Enfin, prière implicite : « Celui qui lit au fond de mon cœur sait bien que je n'aime pas mon aveuglement . . . . . Tout homme a le droit d'espérer d'être éclairé, lorsqu'il s'en rend digne. »

Ainsi guidé, Rousseau s'élance de toutes les forces de son être vers Dieu, à travers les hauteurs du ciel et les profondeurs du cœur. C'est qu'il en a besoin. « Dieu s'est suffisamment révélé aux hommes par ses œuvres et dans leur cœur, et, s'il y en a qui ne le connaissent pas, c'est, selon moi, parce qu'ils ne veulent pas le connaître, ou parce qu'ils n'en ont pas besoin. » Et, à cette raison première pour croire en Dieu, qui est moins un argument, comme on le voit, qu'un motif de sentiment, il en ajoute deux : la foi du genre humain, surtout du peuple, et le bienfait de cette croyance. « Arracher toute croyance en Dieu du cœur des hommes, c'est y détruire toute vertu. » « Il est notre confident, notre témoin dans l'adversité.... et, sous les yeux de Dieu, le juste est bien fort. »

Du reste, n'allez pas chercher dans Rousseau, sur ce point ni sur d'autres, des raisonnements bien suivis, un système rigoureux. Sa métaphysique est flottante et même fautive. Il n'est pas au clair sur la grande question de la création, et même, quelque part, il semble pencher vers le dualisme platonicien de Dieu et de la matière. Le déisme, qu'il partage avec tant d'hommes de son siècle, est un système bâtard, intenable ; mais, encore une fois, là n'est pas son originalité. Il voit Dieu, cela suffit.

Dieu se présente à lui sous l'aspect du grand ordonnateur. La magnifique organisation de toutes choses, l'harmonie des êtres, les lois qui règlent la constitution physique et morale de l'homme, l'ordre, en un mot, voilà ce qui le frappe. Et ne dites pas que cela est froid. Quoi ! y a-t-il rien de plus saisissant que cette grande esthétique de l'univers ? rien de plus doux que l'ordre, l'harmonie, partout, dans la société, dans les âmes, dans la vie ? Rétablir l'ordre, n'est-ce donc pas le but de l'amour ? n'en est-ce pas le triomphe et la récompense ? Ecoutez plutôt Rousseau lui-même, et vous verrez si la pensée de l'ordre le laisse froid. Je cite une page qui n'en est pas moins belle et neuve pour avoir traîné dans tant de chrestomathies :

« Bientôt, de la surface de la terre, j'élevais mes idées à tous les êtres de la nature, au système universel des choses, à l'Etre incompréhensible qui embrasse tout. Alors, l'esprit perdu dans cette immensité, je ne pensais pas, je ne raisonnais pas, je ne philosophais pas, je me sentais, avec une sorte de volupté, accablé du poids de cet univers ; je me livrais avec ravissement à la confusion de ces grandes idées, j'aimais à me perdre en imagination dans l'espace ; mon cœur, resserré dans les bornes des êtres, s'y trouvait trop à l'étroit ; j'étouffais dans l'univers, j'aurais voulu m'élancer dans l'infini. Je crois que si j'eusse dévoilé tous les mystères de la nature, je me serais senti dans une situation moins délicieuse que cette étourdissante extase à laquelle mon esprit se livrait sans retenue, et qui, dans l'agitation de mes transports, me faisait écrier quelquefois : O grand Etre ! sans pouvoir dire ni penser rien de plus ! »

C'est dans le jeu naturel des lois, dans leur régularité continue, que Rousseau sent de préférence l'action de Dieu : « C'est l'ordre inaltérable de la nature, dit-il, qui montre le mieux la sage main qui la régit. » Il ne nie point la possibilité du surnaturel, il ne dispute point à la liberté divine le pouvoir de faire des miracles, et à la question : Dieu peut-il faire des miracles? on connaît sa réponse : « Cette question, sérieusement traitée, serait impie si elle n'était absurde ; ce serait faire trop d'honneur à celui qui la résoudrait négativement que de le punir, il suffirait de l'enfermer. » Mais les miracles de fait, quand il rencontre des récits de scènes et de phénomènes prétendant à ce caractère, ne parlent pas à sa religiosité, et c'est la raison pour laquelle il en détourne les yeux.

Plus il médite sur Dieu d'ailleurs, plus il sent que Dieu dépasse toutes les affirmations et tous les raisonnements, et que son essence est incompréhensible. Il l'a dit dans une belle page du *Vicaire savoyard*, il l'a dit en vingt autres endroits. C'est même cette pensée qui fait le mieux éclater la mysticité de l'écrivain, et le conduit jusqu'au bord d'une conception de Dieu plus spéculative et plus sûre que celle de son siècle, et qui n'a pris consistance que dans le nôtre: « J'aperçois Dieu partout dans ses œuvres, je le sens en moi, je le vois tout autour de moi, mais sitôt que je veux le contempler en lui-même, sitôt que je veux chercher où il est, ce qu'il est, et quelle est sa substance, il m'échappe et mon esprit troublé n'aperçoit plus rien..... Sa substance inexplicable est à nos âmes ce que nos âmes sont à nos corps. » Aussi cette contemplation éperdue se tourne-t-elle naturellement en prière : « Le plus digne objet de ma raison est de s'anéantir devant toi; c'est mon ravissement d'esprit, c'est le charme de ma faiblesse de me sentir accablé de ta grandeur. »

Je viens de citer une prière échappée de sa plume, et cela me rappelle qu'un des griefs des chrétiens ses contemporains contre sa religion était qu'elle méconnaissait et supprimait la prière. Il est vrai que le Vicaire avait dit: « Je converse avec Dieu, je pénètre toutes mes facultés de sa divine essence, je m'attendris à ses bienfaits, je le bénis de ses dons, mais je ne le prie pas. Que lui demanderais-je ? » Ce *je ne le prie pas* lui fut rudement reproché. Rousseau l'explique pourtant dans sa troisième *Lettre de la montagne :* « L'homme pieux qui parle (dans la profession du Vicaire) ne croit pas qu'il soit absolument nécessaire de demander à Dieu telle ou telle chose en particulier. Il ne désapprouve point qu'on le fasse; quant à moi, dit-il, je ne le fais pas, persuadé que Dieu est un bon père qui sait mieux que ses enfants ce qui leur convient. Mais ne peut-on lui rendre aucun autre culte aussi digne de lui? Les hommages d'un cœur plein de zèle, les adorations, les louanges, la contemplation de sa grandeur, l'aveu de notre néant, la résignation à sa volonté, la soumission à ses lois, une vie pure et sainte, tout cela ne vaut-il pas bien des vœux intéressés et mercenaires? » Et il complète son explication par ces lignes remarquables: « De toutes les formules l'oraison dominicale est sans contredit la plus parfaite ; mais ce qui est plus parfait encore est l'entière résignation aux volontés de Dieu: Non point ce que je veux, mais ce que tu veux. Que dis-je? c'est l'oraison dominicale elle-même. Elle est tout entière dans ces paroles: Que ta volonté soit faite ! Toute autre prière est superflue et ne fait que contrarier celle-là. » Ainsi Rousseau, en recommandant la prière d'adoration et la prière d'acquiescement, n'admet pas la requête. Mais en cela, il parle autrement que ne le voudrait sa méthode ordinaire, le sentiment religieux, pour qui la requête sera toujours non pas, sans doute, un calcul intéressé, mais un besoin. Aussi Rousseau se donne-t-il à lui-même des démentis en bien des pages. Ecoutez cette requête spirituelle du Vicaire lui-même : « Dans la juste défiance de moi-même, la seule chose que je lui demande, ou plutôt que j'attends de sa justice, est de redresser mon erreur, si je m'égare . . . L'illusion qui m'abuse a beau venir de moi, c'est lui seul qui peut m'en guérir. »

Au surplus, lisez-le et vous verrez qu'il n'y a pas d'écrivain laïque qui parsème ses écrits d'un plus grand nombre d'invocations, de prières même, et de prières vraiment admirables. C'est que la prière lui était devenue familière: « C'est surtout à mon lever, affaissé par mes insomnies, qu'une longue habitude me porte à ces élévations de cœur qui n'imposent point la fatigue de penser. Mais il faut pour cela que nos yeux soient frappés du ravissant spectacle de la nature. Dans ma chambre, je prie plus rarement et plus sèchement; mais à l'aspect d'un beau paysage, je me sens ému sans pouvoir dire de quoi. J'ai lu qu'un sage évêque, dans la visite de son diocèse, trouva une vieille femme qui pour toute prière ne savait dire que: O...! Il lui dit : Bonne mère, continuez de prier toujours ainsi; votre prière vaut mieux que les nôtres. Cette meilleure prière est aussi la mienne. » Dans les aspirations de son âme, et plus encore dans les agitations de son cœur passionné, d'ardentes supplications s'échappaient de ses lèvres ou de sa plume. J'aurai à en citer plus loin une de sa vieillesse; en voici une de sa jeunesse, qui ne figure point dans les éditions générales de ses œuvres, et qu'on nous saura gré de transcrire ici en partie, car elle trahit une des impulsions de sa meilleure nature, impulsion bientôt comprimée, il est vrai, par les passions et par le système, mais qui ne s'est pourtant point amortie, et a repris de la force plus tard : « Agréez mon repentir, ô mon Dieu ! Honteux de mes fautes passées, je fais une ferme résolution de les réparer par une conduite pleine de droiture et de sagesse. Je rapporterai désormais toutes mes actions à vous, je vous méditerai, je vous bénirai, je vous servirai, je vous craindrai, j'aurai toujours votre loi dans mon cœur et toutes mes actions en seront la pratique; j'aimerai mon prochain comme moi-même. Je me préparerai à la mort comme au jour où je devrai vous rendre compte de toutes mes actions, et je l'attendrai comme l'instant qui doit me délivrer de l'assujettissement au corps et me rejoindre à vous pour jamais. En un mot, ô mon souverain Maître ! j'emploierai ma vie à vous servir, à obéir à vos lois, à remplir mes devoirs. J'implore vos bénédictions sur ces résolutions que je forme de tout mon cœur avec un ferme propos de les exécuter, sachant par une triste expérience que sans le secours de votre grâce, les plus fermes projets s'évanouissent, mais que vous ne la refusez jamais à ceux qui vous la demandent de cœur et avec humilité et avec ferveur. » [1]

[1] Pièce communiquée par la famille de Saussure à André Sayous, et publiée par ce dernier dans *Le XVIIIᵉ siècle à l'étranger, Histoire de*

Dans la lumière inaccessible et éblouissante des perfections divines que Rousseau adore, il en est une qu'il perçoit plus distinctement, c'est la bonté. Il l'affirme avec une ardeur filiale. Tout ce qui lui paraît contraire à cette bonté, il le repousse d'emblée, sans discussion, par instinct; ainsi les peines éternelles.

De là son optimisme. Etudions-le dans la fameuse réplique qu'il infligea au pessimisme superficiel et railleur de Voltaire, qui s'était attaqué à la Providence, dans son poème sur le désastre de Lisbonne en 1756. Rousseau, froissé dans ses sentiments intimes, prend la plume, écrit une lettre grave, presque partout bien raisonnée, mais surtout pleine de foi et d'une sorte de passion personnelle pour « la cause de la Providence, dont, s'écrie-t-il, j'attends tout. » D'abord, il dément le mal général, sans nier pourtant le mal particulier, ce qui l'amène à définir l'optimisme ainsi : « Au lieu de *Tout est bien*, il vaudrait peut-être mieux dire : *Le tout est bien*, ou *Tout est bien pour le tout.* » Au reste, les deux fondements de l'optimisme sont la croyance en Dieu et la croyance à l'immortalité. « Si Dieu existe, il est parfait, il est sage, puissant et juste; s'il est sage et puissant, tout est bien; s'il est juste et puissant, mon âme est immortelle; si mon âme est immortelle, trente ans de vie ne sont rien pour moi, et sont peut-être nécessaires au maintien de l'univers. » Et plus loin : « La question de la Providence tient à celle de l'immortalité de l'âme, que j'ai le bonheur de croire. » Mais, ce qui fait la force émouvante, j'allais presque dire la majesté de cette lettre,

la littérature française dans les divers pays de l'Europe, depuis la mort de Louis XIV jusqu'à la Révolution française, t. I, p. 257.

c'est que Rousseau mêle sa personne et celle de son rival au débat, et se prend lui-même pour un argument vivant. Ecoutez cette apostrophe poignante : « Je ne puis m'empêcher, Monsieur, de remarquer à ce propos une opposition bien singulière entre vous et moi dans le sujet de cette lettre. Rassasié de gloire et désabusé des vaines grandeurs, vous vivez libre au sein de l'abondance ; bien sûr de votre immortalité, vous philosophez paisiblement sur la nature de l'âme, et si le corps ou le cœur souffre, vous avez Tronchin pour médecin et pour ami; vous ne trouvez pourtant que mal sur la terre. Et moi, homme obscur, pauvre, et tourmenté d'un mal sans remède, je médite avec plaisir dans ma retraite, et trouve que tout est bien. D'où viennent ces contradictions apparentes? Vous l'avez vous-même expliqué: vous jouissez, mais j'espère, et l'espérance embellit tout. » Ecoutez ce dernier défi, qui semble un·chant de victoire : « Toutes les subtilités de la métaphysique ne me feront pas douter un moment de l'immortalité de l'âme et d'une Providence bienfaisante. Je la sens, je la crois, je la veux, je l'espère, je la défendrai jusqu'à mon dernier soupir. »

Voltaire ne répondit que par une excuse pour son silence, tirée de la santé de sa nièce; mais, quelques années plus tard, il reprit ses mêmes sarcasmes contre la Providence et l'optimisme, dans l'amer et honteux roman de *Candide*.

Et maintenant, descendons à l'homme. Que pense de lui Rousseau ? Chacun sait sa grande thèse, tant discutée et attaquée : « L'homme est naturellement bon. » Il l'exprime de toutes les façons et partout, déjà dans le *Discours*

sur l'inégalité, et surtout dans l'*Emile,* dont c'est le thème :
« L'*Emile* n'est qu'un traité de la bonté originelle de
l'homme, destiné à montrer comment le vice et l'erreur,
étrangers à sa constitution, s'y introduisirent du dehors. »
Partout il nous fait voir l'espèce humaine, meilleure, plus
sage et plus heureuse dans sa constitution primitive,
aveugle, misérable et méchante à mesure qu'elle s'en
éloigne.

Qu'on le remarque bien : ici non plus qu'ailleurs, il n'aventure une idée abstraite, un système ; sa thèse, il le croit du
moins, est une affirmation d'expérience, un sentiment personnel. « L'homme est naturellement bon, écrit-il au roi
Stanislas, comme j'ai le bonheur de le sentir ; » et plus
tard : « Le peintre et l'apologiste de la nature, d'où peut-il
avoir tiré son modèle, si ce n'est de son propre cœur ? »
Telle est, au reste, la méthode qu'il conseille pour résoudre
la question : « Qu'Emile sache que l'homme est naturellement bon, qu'il le sente, qu'il juge de son prochain par
lui-même. »

Etablissons dans sa pensée quelques distinctions qui s'y
trouvent, mais qu'il n'a pas suffisamment accusées, faute
de quoi les critiques ont été déroutés et ont trop vite crié
au sophisme. Qu'est-ce pour lui que l'homme naturel ?
Est-ce l'homme historique, l'homme concret que nous
connaissons, tout individu pris tel quel, vous, moi ? Non,
c'est l'homme générique, pris à l'état normal, l'homme
idéal, si l'on veut. C'est l'homme envisagé avant toute
déformation par lui-même ou par les autres, par les écarts
de sa liberté, les abus de ses affections, l'éducation, les préjugés et les mauvais exemples de la société, c'est l'homme

en soi, dans son rapport primitif avec sa destination, tel qu'il est voulu de Dieu, ou comme dit la première phrase de l'*Émile*, « sortant des mains de l'auteur des choses. »

C'est dans cet homme-là que tout est bon. Les besoins physiques d'abord, ces affections premières qui ont trait à la conservation et à l'amour de soi : « L'amour de soi est toujours bon et toujours conforme à l'ordre. » Ces besoins qui dominent dans le premier âge de l'homme, l'enfance, et dans le premier âge de l'humanité, l'état sauvage, ne sauraient être mauvais, et téméraire qui les condamnerait : « C'est une entreprise aussi vaine que ridicule de vouloir les détruire, c'est contrôler la nature, c'est réformer l'ouvrage de Dieu. »

Ce qui est bon encore et même meilleur, c'est l'élément supérieur dans l'homme, le sentiment du juste et de l'injuste, du bien et du mal, la conscience morale qui, d'abord enveloppée, n'en est pas moins présente au fond de l'être : « Des premiers mouvements du cœur, des sentiments d'amour et de haine naissent les premières notions du bien et du mal. Justice et bonté ne sont point seulement des mots abstraits, mais de véritables affections de l'âme éclairée par la raison, et qui ne sont qu'un progrès ordonné dans ses affections primitives. » Ainsi, le corps avec ses instincts et ses lois, l'âme avec le sentiment du devoir, voilà l'homme que Rousseau appelle bon.

Cet homme originel, il l'a retrouvé, avons-nous dit, au fond de lui-même, il l'aperçoit au fond de tout homme, et quelque sévèrement qu'il juge d'ailleurs les effets délétères de la société sur cet homme-là, c'est à lui qu'il veut ramener les hommes par l'éducation et par les institutions civiles, car encore une fois, il est bon. On n'en peut douter ; cela doit être ainsi, si nous sommes bien l'œuvre de choix du Créateur, et cela est ainsi, comme le prouve l'instinct spontané et général, la confiance intime en l'homme qui soutient tous ceux qui cherchent à enseigner ou à diriger les hommes. N'est-ce pas sur cette foi première que reposent l'éducation, la persuasion, les lois?

Il importe de ne pas oublier contre qui Rousseau dirige cette thèse, qui, dans ses intentions, a une portée polémique autant qu'un rôle pédagogique. C'est bien moins contre telle ou telle théologie, celle des calvinistes ou des jansénistes, dont il ne se préoccupe guère, que contre le pessimisme fataliste des philosophes athées, qu'il vise toujours. Voilà ceux qui disent l'homme mauvais, parce qu'ils ne croient ni en Dieu, ni à l'esprit, ni à la liberté, ni à l'âme, et parce qu'ils méprisent le peuple. « Ne vous étonnez pas si les politiques parlent du peuple avec tant de dédain, ni si la plupart des philosophes affectent de faire l'homme si méchant. » Et indigné de ce qui lui paraît une sorte de crime de lèse-majesté humaine, il leur lance cette rude apostrophe : « Respectez donc votre espèce . . . . . Homme, ne déshonore point l'homme ! »

Et pourtant, aujourd'hui, on voit des croyants, qui ont relevé les doctrines du seizième siècle, se scandaliser de l'affirmation que l'homme est bon. Qu'il nous soit permis de nous arrêter un instant pour les rassurer. Entendue dans le même sens que Rousseau, ils ne la tiendraient plus pour si fausse et si dangereuse, s'ils comprenaient bien ici la pensée générale de la Bible, des prophètes, des apôtres, de Jésus surtout. La Bible s'ouvre par une doctrine, qui la domine tout entière, c'est que l'homme est fait à l'image de Dieu. Cette image s'est altérée, il est vrai, mais elle n'a jamais disparu, et toute l'éducation de l'humanité par le Père céleste a pour but et pour effet de la restaurer. Le fils prodigue ne perd point dans son égarement le souvenir de la maison paternelle ; et lorsque la misère l'aiguillonne, il la regrette ardemment et il se décide avec confiance à y retourner, tant il lui reste d'attaches natives à son père, et pour ainsi dire, tant il porte en lui de la substance paternelle. Nous osons affirmer que la doctrine traditionnelle de la corruption radicale de l'homme n'est point celle de la Bible, interprétée, comme il convient, selon l'esprit plus que selon la lettre ; et nous ajoutons, dût l'ombre du fondateur de cette Académie en frémir, qu'elle est vraiment une hérésie et, à en juger par ses effets dans l'éducation, la législation, les mœurs, la discipline de l'Église, une hérésie funeste.

Aussi bien, si contre sa conscience de spiritualiste, Rousseau avait voulu simplifier le problème, comme il paraît par moments enclin à le faire dans le *Discours sur l'inégalité*, voici ce qu'il aurait dit : L'homme est né animal avec un germe de perfectibilité ; il n'est donc ni bon ni mauvais, mais neutre ; ce qu'on pourrait, si l'on veut, appeler le mal en lui, c'est l'animalité ; le bien serait le principe spirituel. Il serait donc susceptible de devenir bon, c'est-à-dire éclairé, sous l'action des expériences douloureuses qui lui révèlent et le droit et la sanction de l'ordre. Mais en disant cela, Rousseau aurait été moins spiritualiste, par conséquent, moins conforme à la tradition chrétienne, qu'en disant l'homme originellement bon. Pourquoi donc des chrétiens lui font-ils un reproche de s'être mis dans des embarras logiques pour avoir voulu rester spiritualiste au même degré qu'eux? Est-ce se montrer reconnaissants et prudents ?

Nous ne lui ferons pas davantage un tort de n'être point entré dans la conception traditionnelle de la chute. Cette conception ne repose que sur une interprétation autorisée, mais qui nous paraît fautive, du mythe si profondément psychologique de la faute d'Adam et d'Eve. Adam, disait-on, le premier individu et le père de la race, en péchant, lui avait communiqué un virus moral qui l'infecta tout entière. Et l'on ne s'apercevait pas que le mot Adam n'est point je ne sais quel nom de baptême d'un premier individu humain, mais qu'il signifie homme, et que cet admirable récit n'est que l'histoire dramatisée de la genèse toujours et partout la même du péché dans l'homme, dans tout Adam, tout homme.

Nous verrons plus loin que le tort de Rousseau est ailleurs, et qu'il n'a pas su voir la condition actuelle où naît tout individu de l'espèce, l'homme historique; mais, encore une fois, sa thèse première, prise dans le sens qu'il lui donnait, n'est contraire ni à la Bible, qu'il n'entendait nullement rejeter ici, ni à l'expérience. Seulement elle était contraire à la philosophie de son temps, et si Christophe de Beaumont crut devoir la frapper d'une de ses foudres épiscopales, ce furent les athées matérialistes surtout qui s'en raillèrent et voulurent l'étouffer sous leurs huées.

La route que nous suivons nous amène au sujet qu'on appelle communément le péché. Rousseau le nie-t-il? Nullement. S'il se sert peu du mot, il avoue la chose, que dis-je ? emporté par son dégoût pour la société contemporaine, il l'exagère parfois. Et comment pense-t-il que se développe le péché ? Ou, pour employer ses propres termes, comment se représente-t-il que, l'homme étant bon, les hommes deviennent méchants ? Le mal moral est un désordre. Or, le désordre est irrationnel et, par conséquent, inexplicable rationnellement, puisqu'il est injustifiable. Cependant, Rousseau essaie, sinon d'expliquer, du moins de décrire cette triste formation du mal. L'équilibre primitif entre les deux forces essentielles de l'homme, les affections animales et la loi qui régit l'esprit, tend à se rompre. Les affections prennent le dessus, cessent de se subordonner à la loi, et deviennent alors des passions déréglées. « Pour n'avoir voulu suivre que tes passions, dit le précepteur à Emile qu'il veut avertir, jamais tu ne pourras les satisfaire. Tu seras misérable et tu deviendras méchant. Et comment pourrais-tu ne pas l'être, n'ayant de lois que tes désirs effrénés ? » La liberté, bonne en soi, devient l'instrument du mal, en s'asservissant aux passions dont elle devait rester maîtresse. Elle s'affaiblit, et sent douloureusement sa faiblesse. Encore ici, Rousseau n'est que l'écho de Jésus qui avait dit: « L'esprit est bien disposé, mais la chair est faible, » et de l'apôtre Paul, d'ailleurs peu goûté de lui, qui décrit dans une de ses pages les plus psychologiques et les plus saisissantes le conflit de la loi des membres et de la loi de l'esprit, c'est-à-dire, de la passion et du devoir, conflit dont les angoisses lui arrachent ce cri désespéré : « Misérable que je suis, qui me délivrera de ce corps de mort ! »

Mais cette perversion déplorable, comment, dans quelles

circonstances, dans quel milieu se produit-elle ? Dans la société, répond Rousseau. A mesure que les relations se rapprochent et se multiplient, les besoins s'échauffent et s'exagèrent par l'imagination, les intérêts se heurtent, la lutte pour l'existence surgit avec ses exigences féroces, l'amour de soi devient l'amour-propre. « Les passions douces et affectueuses naissent de l'amour de soi, dit-il, les passions haineuses et irascibles naissent de l'amour-propre. » L'amour-propre, qui se compare, se préfère et s'impose aux autres tour à tour. De là, enfin, l'état de mal ou de péché, que Rousseau caractérise exactement comme les penseurs orthodoxes. « Le bon s'ordonne par rapport au tout, et le méchant ordonne le tout par rapport à lui. Celui-ci se fait le centre de toutes choses, l'autre mesure son rayon et se tient à la circonférence. Ainsi, il est ordonné par rapport au centre commun qui est Dieu et par rapport à tous les cercles concentriques qui sont les créatures. »

Se faire aveuglément et injustement le centre de tout, voilà bien le mal moral, et Rousseau parle admirablement quand il est, comme ici, en plein dans le vrai. Mais pourquoi, brillant psychologue, dévier si vite de la droite ligne et dire : « Toutes les passions qui nous subjuguent et nous détruisent, nous viennent d'ailleurs. La nature ne nous les donne pas, nous nous les approprions à son préjudice ? » Pourquoi n'avoir pas énuméré et distingué suffisamment tous les faits, pour éviter de tomber dans ce sophisme : L'homme est bon, c'est la société qui le rend méchant ? Ne vois-tu donc pas, « historien de la nature, » comme tu t'appelles, que la société est née de l'instinct social, le premier et le plus puissant des instincts, bon comme tous les autres, bon parmi les bons, et que si la société a été un stimulant du mal, ce n'est pas parce qu'elle est la société, c'est parce que la liberté de l'homme qui s'y déploie, a la puissance du mal comme celle du bien, c'est-à-dire du dévouement comme de l'égoïsme, et que ces deux puissances sortent de l'état latent par le frottement, la seconde, hélas! plus vite que la première.

Ne nous hâtons pas pourtant de le condamner sans entendre ses réserves, ni tenir compte de ce qui l'excuse. Si, offusqué par la société de l'ancien régime, où tout, même les lois, contribuait à la perversion publique, Rousseau souvent charge avec excès la société, qui, à ses yeux, enfante les préjugés, fomente les passions, irrite et envenime l'amour-propre et ainsi empire tout, et s'il oublie que charger ainsi la société, c'est charger l'homme et la nature qui l'ont faite, et Dieu qui l'a certainement voulue ; ailleurs, à tête reposée, il en reconnaît les bons effets. Il voit clairement que c'est dans la société que se déploient ces vertus de la pitié, de la justice, de la moralité, de la bonté, qui, avant d'être des lois, sont des sentiments, dont l'homme ne prend réellement conscience qu'au sein de la société même. Si donc c'est dans la société que le mal se produit et s'accroît, c'est aussi au dedans d'elle que le bien doit se produire ou se rétablir, et que l'homme reprenant possession du fonds de bien qui est en lui, le pourra faire valoir et fructifier. Tel est le vrai jugement de Rousseau sur la société. Assurément, s'il eût désespéré d'elle, il n'aurait essayé ni de régénérer l'éducation, ni de corriger l'institution politique, en les ramenant l'une et l'autre au vrai et au droit, et il n'eût péniblement élaboré ni l'*Emile* ni le *Contrat social*.

Comment échapper à l'amour-propre, aux passions, aux préjugés? Comment secouer tous ces jougs que la vie sociale étend sur les âmes? Comment revenir au bien? Rousseau aperçoit et signale trois sortes de moyens pour cela: l'éducation, l'action des mobiles supérieurs et divins, l'institution sociale. N'en disons ici que ce qui touche directement à notre sujet.

L'éducation s'applique à l'homme aussi bien qu'à l'enfant. On sait que l'*Emile* est moins un programme pédagogique qu'un ensemble de vues sur la formation ou le redressement de l'homme par lui-même. Quelles sont donc les principales recommandations que le précepteur donne à son élève? D'abord éclairer l'amour de soi, en l'habituant à percevoir nettement la nécessité des choses qui le borne et à laquelle il doit s'accommoder librement, à modérer ses désirs, à les proportionner à son pouvoir, à les plier à son devoir, en un mot, ordonner les passions humaines. En second lieu, prendre le goût des plaisirs honnêtes, du travail, des exercices physiques. Enfin, et mieux encore, développer en soi ces généreuses affections de la pitié, de l'humanité, passions saintes et parfois héroïques, qui seules ont la force de déraciner et de remplacer les passions égoïstes. « Veux-tu vivre heureux et sage, ô Emile, n'attache ton cœur qu'à la beauté qui ne périt point. »

Sur tout cela, Rousseau abonde en conseils fort justes, mais qui sont bien insuffisants pour retenir l'homme emporté et affranchir l'homme asservi. On ne dit pas au malade: Guéris-toi toi-même. Il le comprend bien, et c'est pour cela qu'à l'âge où son élève va ressentir les plus vives passions, et par là courir le danger de devenir méchant, il appelle à son aide la religion, et particulièrement la religion chrétienne.

Oui, Messieurs, cette révélation dont il ne voulait pas comme autorité, il s'y attache comme au grand moyen de préservation et de relèvement, et, pour tout dire en un mot traditionnel dont il ne se sert guère, de salut pour l'homme devenu méchant ou exposé à le devenir.

Voilà ce qui n'a pas été assez remarqué dans la pensée de Rousseau, ni au siècle dernier, où l'on n'était préoccupé que du côté extérieur de la Révélation, de son caractère et de ses moyens autoritaires, ni au XIXe siècle, du moins par les hommes qui, rattachés à la notion traditionnelle de la rédemption, ne voient pas la chose là où elle manque de l'étiquette du mot consacré. Je prévois que plusieurs trouveront que je fais l'écrivain trop chrétien, à leur gré, tandis que les autres le trouveront indigne d'une telle appréciation ; je dis ce qui est, et ce que, textes en main, et en me penchant attentivement sur cette âme profonde, orageuse, mais transparente pourtant, je crois y voir.

Tel que nous le connaissons maintenant, nous comprenons bien qu'il ne s'attache au christianisme que par cela seulement qui attirait son cœur. Eh bien, qu'est-ce ? C'est la personne de Jésus ; non le mystère théologique de sa nature, non le surnaturel de son apparition, qui n'éveillent ni la curiosité philosophique, ni la vive imagination de l'auteur de l'*Émile*, mais la personne vivante, le caractère, l'homme enfin : voilà ce qui l'a captivé, voilà ce qui a gagné son entière adhésion. Cette façon de goûter le chris-

tianisme était une nouveauté au XVIIIᵉ siècle. Il a fallu
une cinquantaine d'années encore avant que l'attention
générale du monde religieux se portât du Christ de la
théologie et de l'Eglise, vers le Jésus de l'histoire et de
la vie.

Mais dans l'homme Jésus, quoi donc attirait Rousseau?
Tout, sans doute: le réformateur, le révélateur, le héros.
Et principalement, dans le docteur, la sagesse, la finesse,
la sublimité et la simplicité, la popularité saisissante de
l'enseignement; dans l'homme des relations, la bonté,
« l'amabilité, » « cette douceur qui tient plus de l'ange
et du Dieu que de l'homme; » dans le réformateur et le
héros, aussi supérieur au plus grand des sages que la religion est supérieure à la philosophie, la fidélité à son plan,
l'inflexible énergie, le pardon aux ennemis, le dévouement
jusqu'au plus affreux des martyres, et pour tout dire en un
mot que sa plume affectionne, « l'homme divin. » Plus il
le contemple, plus, dit-il, il se sent « pénétré d'une émotion
vive et délicieuse qui n'a sa source dans aucun sentiment
connu des hommes, » plus, d'un de ses ouvrages à l'autre,
sa vénération, son amour augmentent et cherchent de vives
couleurs, jusqu'à ce qu'enfin il arrive à une sorte de culte
qui s'exprime dans cette allégorie, aussi significative que
grandiose, où Jésus est placé au centre de l'histoire, sur
l'autel même de la religion définitive, comme la manifestation parfaite du divin parmi les hommes.

Sans doute, en tout cela on ne trouve ni une vue scientifique d'un aussi grand sujet, ni même une de ces études
pénétrantes de caractère, comme notre siècle en produit
toujours davantage; mais on entend un chant de louange

qui sort d'un cœur ravi, une sorte de prédication, éloquente en proportion de sa sincérité, qui dut paraître presque aussi nouvelle aux croyants qu'aux incroyants.

De Jésus, Rousseau va à l'Evangile, à la Bible. C'est l'autorité morale de l'un qui lui fait accepter celle de l'autre. Sans doute, le livre, il l'a toujours admiré et goûté, bien qu'inégalement dans ses diverses parties, mais encore une fois, c'est la biographie du Maître qui donne pour lui son prix à l'œuvre des prophètes et des apôtres. Il s'exprime là-dessus avec une parfaite clarté et avec une force qui peuvent surprendre ceux qui n'ont lu que la profession du Vicaire. Ecoutez-le dans la première des *Lettres de la montagne* : « Nous ne respectons pas précisément ce livre sacré comme livre, mais comme la parole et la vie de Jésus-Christ..... Vous nous demandez si nous admettons tout l'Evangile ; nous admettons tous les enseignements qu'a donnés Jésus-Christ ; l'utilité, la nécessité de la plupart d'entre eux nous frappent, et nous tâchons de nous y conformer. Tout ce qui nous est nécessaire à savoir pour être saint, nous paraît clair dans l'Evangile. Qu'avonsnous besoin d'entendre le reste ? » Et il ne tarit pas en témoignages de reconnaissance pour le bien que lui fait la lecture de ce livre. Il y a trouvé la consolation dans ses peines, les plus énergiques encouragements à ce que le dix-huitième siècle appelait la vertu, le sommaire de tous les devoirs, le tableau de la morale la plus pure en même temps que la plus attrayante, un écho d'en haut, un rappel à la patrie d'en haut, cette sanction enfin des promesses d'une autre vie dont la conscience a tellement besoin, au milieu des péripéties de celle-ci, qu'elle irait plutôt la demander à la légende du Poul Sherro, dans quelque vieille religion orientale, qu'à la nue philosophie. Et tout cela, il le voit dans la Sainte-Écriture, enveloppé d'une forme qui a le don de charmer les masses et d'entraîner irrésistiblement les âmes sincères. « Ce n'est pas, dit-il dans sa belle réponse au roi Stanislas en 1751, avec art et appareil que l'Évangile s'est étendu par tout l'univers, et que sa beauté ravissante a pénétré les cœurs. Ce divin livre, le seul nécessaire à un chrétien, le plus utile de tous à quiconque même ne le serait pas, n'a besoin que d'être médité pour porter dans l'âme l'amour de son auteur et la volonté d'accomplir ses préceptes. Jamais la vertu n'a parlé un si doux langage, jamais la plus profonde sagesse ne s'est exprimée avec tant d'énergie et de simplicité. On n'en quitte point la lecture sans se sentir meilleur qu'auparavant. » Remarquons ce dernier mot. C'est celui de la vraie apologétique. Affirmer qu'un principe éducatif quelconque, une religion surtout, rend l'homme meilleur, ce n'est pas seulement la recommander à la pratique, c'est la justifier, la glorifier aux regards même de la raison et de l'histoire. Et Rousseau l'avait tellement senti que c'est pour le faire sentir à toutes les classes de lecteurs qu'il a composé la *Nouvelle Héloïse*. Telle a été son intention, comme il le dit à J. Vernes; oui, cette œuvre de prédilection de son génie a été une apologétique dans un roman. On a dit que cette intention a nui au roman : je pourrais disputer là-dessus, mais si la critique littéraire hésite, la critique religieuse ne peut que lui savoir gré d'avoir paré des charmes de la fiction une pensée aussi haute, et tout au moins lui tient-elle compte d'un effort aussi généreux que périlleux.

Nous arrivons aux points les plus contestés et les plus contestables de la pensée religieuse de Rousseau, qui se trouvent dans le fameux chapitre VIII du dernier livre du *Contrat social*, intitulé *De la religion civile*. C'est un de ceux que visait surtout le procureur général Tronchin, lorsqu'il justifiait le jugement du Conseil dans la première des *Lettres de la campagne* : « Peut-on, disait-il, nier que l'auteur d'un livre qui déclare la religion incompatible avec la liberté, c'est-à-dire avec le bonheur de la société civile, et faite seulement pour des despotes et des esclaves, n'ait écrit contre la religion ? »

N'oublions pas ce que Rousseau a dit à ce propos même de la sévérité partiale et inintelligente de ses critiques, et cherchons quelle est sa vraie pensée. Il y a dans ce chapitre deux grandes affirmations: incompatibilité du christianisme et de la vie politique, nécessité et caractères d'une religion civile.

Et d'abord, la première affirmation est formulée ainsi: « La loi chrétienne est, au fond, plus nuisible qu'utile à la forte constitution de l'Etat. » Par ce christianisme, il entend, en premier lieu, manifestement le catholicisme romain. Ecoutez plutôt: « On a vu ce prétendu royaume de l'autre monde devenir, sous un chef visible, le plus violent des despotismes dans celui-ci . . . . . Cependant comme il y a toujours eu un prince et des lois civiles, il a résulté de cette double puissance un perpétuel conflit de juridictions qui a rendu toute bonne police impossible dans les Etats chrétiens. » Et plus loin : « L'intérêt du prêtre sera toujours plus fort que celui de l'Etat. . . . . La religion du prêtre est si évidemment mauvaise que c'est perdre le temps de s'amuser à le démontrer. » Tristement vrai ! Jusque-là, l'histoire, même l'histoire contemporaine est d'accord avec Rousseau. Mais il faut convenir qu'il va plus loin, et qu'il redoute dans son Etat même la pure et simple religion de l'Evangile, ou ce qu'il appelle le *droit divin naturel*. Et pourquoi donc ? On est étonné de ses raisons. C'est d'abord que cette religion, à force d'être parfaite, ne serait pas un lien suffisant pour une société d'hommes. C'est ensuite qu'elle rendrait les citoyens qui la suivraient indifférents à la patrie terrestre et oublieux, pour le ciel, de ses droits et de ses intérêts présents, de sorte qu'ils ne préviendraient point, mais subiraient la servitude. « Le christianisme, dit-il (et ici ce n'est pas le catholicisme, mais bien l'Evangile qu'il entend), ne prêche que servitude et dépendance. Son esprit est trop favorable à la tyrannie pour qu'elle n'en profite pas toujours. Les vrais chrétiens sont faits pour être esclaves. »

Si, au moment d'écrire de telles lignes, Rousseau avait porté les yeux sur son propre pays, sur la Hollande, l'Angleterre et les colonies anglaises de l'Amérique du Nord, s'il eût relu le témoignage rendu à la vertu sociale du christianisme par Montesquieu, qu'il estimait tant, s'il se fût rappelé ce qu'il avait écrit déjà, et eût évoqué devant lui des pensées qui remplissaient sa tête et qu'il devait bientôt coucher sur le papier, il n'eût pas assurément lancé dans le monde ces bruyants jugements, aussi malheureux que peu conformes à son expérience.

Comment donc cela s'est-il fait ? C'est qu'ici, contrairement à son habitude, il a écouté l'esprit de système plutôt que le sentiment intime. L'idée mère de son *Contrat social* est la constitution d'une société réalisant absolument la souveraineté nationale, en la statuant, l'appliquant et la défendant avec jalousie contre les dangers du dedans et les dangers du dehors. L'Etat est traité ainsi à la façon antique, comme un corps qui a droit à toutes les affections ainsi qu'à toute l'obéissance de ses membres, à l'exclusion de l'humanité. Or, le christianisme fait aimer la société universelle, l'humanité plus encore que le pays ; il n'en faut pas davantage au législateur du *Contrat social* pour le déclarer incompatible avec l'intérêt politique, patriotique et national. « En ôtant des institutions nationales la religion chrétienne, dit-il, je l'établis la meilleure pour le genre humain. » Et il ne voit pas que parler ainsi, c'est condamner non le christianisme, mais bien l'Etat, tel qu'il l'a imaginé. Etrange aberration, qui montre combien il s'écarte du vrai au point de départ même de tout le raisonnement !

Vous le sentez assez, Messieurs, vous qui avez vu au dix-neuvième siècle tant de citoyens, entièrement dévoués à leur pays, tant d'ardents patriotes qui ont voulu et su en même temps être des philanthropes cosmopolites, des amis et des serviteurs de l'humanité, vous qui pouvez dire, par exemple, si l'œuvre humanitaire de la *Croix rouge*, née dans ce pays-ci, a nui à sa politique intérieure. Cela, sans doute, était moins apparent au dix-huitième siècle, et pourtant Rousseau lui-même ne l'avait-il pas reconnu dans les moments où il n'est qu'observateur, et ne l'avait-il pas dit avec force, comme pour se réfuter lui-même ? Ecoutez-le plutôt dans la profession du Vicaire : « Nos

gouvernements modernes doivent incontestablement au
christianisme leur plus solide autorité et leurs révolutions
moins fréquentes ; il les a rendus eux-mêmes moins san-
guinaires..... La religion mieux connue, écartant le fanatisme, a donné plus de douceur aux mœurs chrétiennes...
Que d'œuvres de miséricorde sont l'ouvrage de l'Evangile!
Que de restitutions, de réparations la confession ne fait-
elle point faire aux catholiques! Chez nous, combien les
approches des temps de communion n'opèrent-elles point
de réconciliations et d'aumônes! » Que dis-je ? Dans ce
même chapitre du *Contrat social*, il vante la puissance
bienfaisante du christianisme, qu'il appelle par excellence
« la religion de l'homme. » « Par cette religion sainte,
sublime, véritable, s'écrie-t-il, les hommes, enfants du même
Dieu, se reconnaissent tous frères, et la société qui les unit
ne se dissout pas même à la mort. » Et ailleurs, tout en
défendant son livre, il dit aux Genevois : « C'est par le
principe de la Réformation (c'est-à-dire par cette même
religion que le système déclare propre à ne faire que des
esclaves) que vous êtes un peuple libre. » Enfin, dans le
tableau idéal et quelque peu utopique que la première
Lettre de la montagne trace du pays où, par hypothèse,
domineraient les prosélytes de la profession du Vicaire,
il les représente soumis, sans doute, aux lois et à l'avis
du plus grand nombre dans tout ce qui n'intéresse pas la
conscience, mais fermes et unis dans la déclaration de leurs
convictions, et montre ainsi la liberté établie au sein de
l'Etat sur le plus solide des fondements. « Alors, s'écrie-
t-il avec enthousiasme, Dieu ne sera plus l'organe de la
méchanceté des hommes, la religion ne servira plus d'ins-

trument à la tyrannie des gens d'Eglise et à la vengeance des usurpateurs, elle ne servira plus qu'à rendre les croyants bons et justes. » Et à cette nouvelle Eglise dans un nouvel Etat, il lègue pour devise ces mots : « Soyons hommes de paix, soyons frères ; unissons-nous dans l'amour de notre commun Maître et dans la pratique des vertus qu'il nous prescrit. »

En voilà bien assez pour disculper, sinon les vues systématiques de l'auteur, du moins le jugement intime de son cœur. Et encore faut-il ajouter qu'il semble corriger, sinon expliquer le système, dans cette parole : « La religion chrétienne est toujours bonne et saine dans l'Etat, mais comme loi politique, le christianisme dogmatique est un mauvais établissement, » parole qui paraîtra tout à fait approuvable à la conscience libérale du XIXe siècle.

La seconde affirmation du chapitre discuté est l'institution d'une religion civile, armée de la sanction la plus terrible de la loi. Rousseau s'élève d'abord avec force ici, comme en tant d'autres pages, contre l'intolérance dogmatique, et l'intolérance ecclésiastique ou confessionnelle si contraire au caractère d'un écrivain qui, protestant déclaré, a mis sur les lèvres du Vicaire savoyard ces aimables paroles : « Je ne trouve rien de si beau que d'être curé. Un bon curé est un ministre de bonté, comme un bon magistrat est un ministre de justice ; » et celles-ci, adressées au jeune prosélyte genevois : « Reprenez la religion de vos pères ; servez-la dans la sincérité de votre cœur et ne la quittez plus ; elle est très-simple et très-sainte ; je la crois, de toutes les religions qui sont sur la terre, celle dont la morale est la plus pure, et dont la raison se contente le mieux. »

Ces religions ou ces confessions chrétiennes diverses, Rousseau veut donc que l'Etat les tolère, en tant qu'objet de la conviction individuelle, laissant à chacun d'avoir telles opinions qu'il lui plaît, « sans qu'il appartienne au souverain d'en connaître. »

Jusqu'ici tout va bien. Mais nous arrivons au passage délicat, citons-le : « Il y a une profession de foi purement civile, dont il appartient au souverain de fixer les articles, non pas précisément comme dogmes de religion, mais comme sentiments de sociabilité, sans lesquels il est impossible d'être bon citoyen ni sujet fidèle. Ces dogmes de la religion sont l'existence de la divinité, puissante, intelligente, bienfaisante, prévoyante et pourvoyante, — la vie à venir, — le bonheur des justes et le châtiment des méchants, — la sainteté du contrat social et des lois. » Puis il ajoute : « Que si quelqu'un, après avoir reconnu publiquement ces mêmes dogmes, se conduit comme ne les croyant pas, qu'il soit puni de mort, il a commis le plus grand des crimes, il a menti devant les lois. »

Arrêtons-nous un moment sur cette triste phrase. Comment ne l'a-t-il pas biffée, à peine échappée de sa plume, le politique généreux qui a dit : « Si l'on entend qu'il soit permis à un gouvernement de sacrifier un innocent au salut de la multitude, je tiens cette maxime pour une des plus exécrables que jamais la tyrannie ait inventées ; » l'homme sensible qui a poussé un jour ce cri du cœur : « Le sang d'un seul homme est d'un plus grand prix que la liberté de tout le genre humain » ? Ah! la phrase, la phrase! — Mais vous représentez-vous quel châtiment de la phrase et quel supplice pour l'imprudent auteur, si, ayant vécu quinze années de plus, et que passant, octogénaire décrépit, un jour, en 1793, sur la place de la Révolution, il eût vu, comme tracées en lettres sanglantes, par je ne sais quelle main de la justice divine, sur cet échafaud où montaient d'heure en heure les adversaires de la religion civile, hébertistes et prêtres insermentés tour à tour, la phrase néfaste: *Qu'il soit puni de mort!* et si, s'enfuyant alors, effaré, il eût entendu de loin le murmure d'un siècle nouveau qui allait tout entier la lui reprocher avec horreur !

Mais laissons la phrase. Est-il nécessaire aujourd'hui, Messieurs, d'insister auprès de vous sur la témérité et l'impossibilité de l'institution d'une religion civile sanctionnée par la loi? Comment pourrait-on la faire accepter, la garantir? Comment diriger l'enquête contre les récalcitrants? Qui serait le procureur? qui le juge? Étrange imagination! Pourtant, on doit à un esprit d'une aussi grande portée que Rousseau, de reconnaître que, dans son temps, cette imagination était spécieuse, et semblait se justifier par de cruelles expériences faites et de justes appréhensions. Au lendemain du supplice de Calas, perpétré au nom du droit confessionnel, à la veille des deux bûchers qui attendaient l'*Emile*, sur des terres protestantes aussi bien que sur la terre catholique de la fille aînée de l'Eglise, alors que la religion traditionnelle et officielle pesait lourdement sur toutes les législations et toutes les magistratures, essayer d'alléger cette pression de tout le poids des dogmes positifs, ramener la religion de l'Etat à une sorte de minimum, cela pouvait et devait même paraître un grand progrès. Car, de dire que la religion est absolument en dehors de la compétence de l'Etat, qu'il n'a pas même à s'enquérir si les citoyens croient ou ne croient pas en Dieu, goûtent ou ne goûtent pas la morale, pourvu qu'ils n'enfreignent pas les lois, voilà ce qui ne pouvait alors venir à l'esprit de personne. Encore une fois donc, Rousseau croyait rendre un grand service à la société, en provoquant l'institution d'une religion civile. Considération juste et qui peut expliquer, sinon excuser, cette haute fantaisie.

Elle a disparu, ce me semble, du domaine des faits et des prédilections des esprits, car je me croirais injuste en appelant religion civile l'octroi par l'Etat d'un salaire et des édifices qui lui appartiennent, aux cultes qui reconnaissent son autorité légale dans le domaine purement administratif. Mais ce qui est resté de la pensée de Rousseau, c'est la maxime, souvent développée dans ce chapitre et ailleurs, qu'on pourrait formuler ainsi: « Tolérance pour tout et pour tous, excepté pour l'intolérance et pour les intolérants. » Maxime que je comprends, et dont je vais même jusqu'à honorer le courageux champion, quand la cause de la tolérance et de la liberté n'avait encore pour elle qu'une poignée de Winkelried, et que l'intolérance était le nombre, le pouvoir, le despotisme et le fanatisme, coude à coude, et armés de fer et de feu. Mais est-elle encore de saison, une fois que la liberté avance victorieuse dans le monde, surmontant sans trop de peine tous les obstacles, et ne soulevant déjà plus devant ses pas que de misérables trames ou de vaines objurgations? Je sais bien qu'il ne faut jamais mépriser ses adversaires; mais quand l'adversaire ne compte plus dans ses rangs que des corps, des classes ou des personnages séniles, aussi impuissants qu'obstinés, sans prise sur les jeunes générations ni sur les peuples émancipés, sans perspectives d'avenir, sans héritiers....., il est généreux, que dis-je? il est prudent de le ménager, et de ne pas lui rendre un reste de force et de vie, en ramenant, pour son repos sinon pour son droit troublés, des sympathies à jamais perdues pour sa cause. Eh! Messieurs, la théocratie intolérante se meurt, se meurt enfin sous nos yeux; n'allons pas, en imitant, ne fût-ce que de bien loin, ne fût-ce qu'un instant, quelques-uns des procédés de son triste passé, porter sur elle une main brutale pour l'achever; accordons-lui plutôt cette pitié mêlée de respect dont on environne les dernières convulsions des grands moribonds!

III

Revenons à Rousseau, et jetons rapidement les lignes d'un jugement que nous regrettons de ne pouvoir faire plus complet, mais qui du moins veut être équitable, sur son œuvre religieuse.

Le tort de sa pensée — tort commun à bien des réformateurs dans l'ordre spirituel — a été de se renfermer trop dans le moi individuel, dans son propre moi. Comme son siècle, il n'a pas assez regardé à l'histoire morale de l'humanité, cette autre révélation destinée à élargir et corriger celle que l'homme individuel porte en lui.

S'il l'avait considérée, ses erreurs ou ses demi-vérités

tournées en erreurs seraient devenues des parties vivantes et nécessaires d'un corps supérieur de vérités. Et voici tout ce qu'il aurait mieux compris, et qui lui a malheureusement échappé.

Il aurait compris que cet homme naturel en qui tout est bien, sans jamais disparaître assurément, est pourtant altéré dans chaque membre de l'espèce, par la perversion sociale séculaire, qu'a d'ailleurs si amèrement décrite sa plume; que chaque homme apporte en naissant, et en quelque sorte dans le sang de l'espèce, de la famille, un héritage, à la fois moral et physique, puisque le caractère et le tempérament sont indissolublement unis, et que c'est là ce fait d'expérience que les théologiens d'autrefois appelaient improprement du nom de péché originel, tandis que ceux d'aujourd'hui l'appellent solidarité des générations; et peut-être, grâce à son généreux optimisme, aurait-il en même temps vu, mieux que les uns et les autres, que cette solidarité est un canal non du mal seulement, mais aussi et toujours davantage du bien.

Il aurait compris que le mouvement tout entier de la société, autant que celui de l'homme individuel, est bon, dans son principe comme dans sa fin, que les législations, les sciences, les arts, les philosophies, contre lesquelles il a trop déclamé, sont l'œuvre du sentiment intime de l'humanité, qui est tout aussi divin par son origine, et bien plus large, plus sûr, que ce qu'il appelle son sentiment intérieur à lui.

Il aurait compris que les religions sont toutes, à leur jour, à leur manière, des révélations de Dieu et des aspirations à Dieu tout ensemble, et le plus grand des efforts de l'espèce pour atteindre l'invisible, l'idéal, le bien, à travers les obscurités et les misères de la réalité terrestre.

Il aurait compris, mieux qu'il ne l'a fait, l'avénement nécessaire et l'action rédemptrice du christianisme. Il aurait vu qu'il y a des justices sévères au fond de la vie de l'humanité, et que c'est pour cela que, souffrant de sa perversion, et pourtant toujours affamée de bien, elle appelle de ses soupirs la pleine apparition au milieu d'elle du divin, c'est-à-dire de la sainteté, de la liberté et de l'amour, dans une figure et une carrière d'homme. Il aurait vu qu'un tel être ne pouvait finir son œuvre au milieu des hommes autrement que par le sacrifice de lui-même, et pourquoi il fallait que l'esprit de cette vie, lui survivant, se communiquât au monde comme une puissance indéfectible de purification et de perfectionnement. — Alors ce que la chrétienté appelle rédemption, cette grande libération des consciences arrachées à l'égoïsme par un amour supérieur, cessant de l'offusquer par les quelques subtilités théologiques derrière lesquelles elle s'était voilée, aurait éclaté à ses yeux comme la réalité morale qui éclaire et réchauffe tout.

Avec la philosophie de l'histoire, apprenant celle du dogme, il aurait compris que les dogmes naissent des expériences et les appuient à leur tour, et il n'aurait pas écrit ces lignes si légères : « Quant aux dogmes qui n'influent ni sur les actions ni sur la morale, et dont tant de gens se tourmentent, je ne m'en mets nullement en peine. »

Il aurait compris que le christianisme du pur Evangile, comme il l'appelle, est vraiment le levain dans la pâte sociale, qu'il apportait dans sa substance la bonne démocratie, qu'il en a posé les fondements sur les échafauds de ses martyrs et dans les œuvres de fraternité de ses philanthropes, et qu'il en peut et doit être partout, dans l'Etat comme dans les relations privées, dans la législation comme dans les mœurs, la règle souple et ferme à la fois, la sauvegarde et l'esprit vivifiant.

Il aurait compris enfin l'incohérence et l'insuffisance de sa conception de Dieu, de son déisme. Et, faisant mieux qu'entrevoir, il aurait saisi, car il en était le plus rapproché des écrivains français de son temps, cette conception religieuse qui voit en Dieu non pas seulement l'ordonnateur, le législateur et le juge, mais encore la substance spirituelle et le ressort vivant de tous les êtres, le principe et la fin du développement continu et progressif de l'harmonie et du bien dans l'univers, celui en qui, par qui et pour qui sont toutes choses. Conception à laquelle notre temps a été amené par cette connaissance plus approfondie de l'histoire de la nature et de l'humanité, par ce sens historique, en un mot, qui est sa conquête et sa gloire.

Mais quoi! Rousseau, homme du XVIIIe siècle, bien qu'un initiateur et un précurseur, aurait-il pu voir ce que ne voient clairement pas même tous les penseurs du XIXe? Et lui ferons-nous un reproche d'avoir été jusque-là du sien et pas encore du nôtre? Serait-ce faire de la critique intelligente et juste? Et trouveriez-vous bon, Messieurs les critiques, que nos descendants du XXe, s'ils s'occupent jamais de vous, ce que j'ignore, vous reprochassent d'avoir eu les idées de votre temps, et de n'avoir pas anticipé celles du leur?

La vraie originalité de Rousseau, la voici, telle que je la

vois, du moins. Il a reconnu et rendu au sentiment religieux sa suprématie. Sans doute, il n'en a pas établi assez systématiquement le droit divin ; sans doute, cet instrument de connaissance, si délicat, il l'a manié tantôt avec trop de timidité, tantôt sans toutes les précautions nécessaires. Mais enfin, il a su le prendre au milieu de beaucoup d'autres qui s'étaient rouillés, il s'en est servi et nous l'a passé. Avec ce secours, il a reporté l'idée religieuse au sein de la nature, il a essayé de la réconcilier avec les émotions naturelles du cœur, avec la vie simple des champs, de la maison, de la femme, de l'agriculteur, de l'ouvrier, du peuple. Il a voulu la faire descendre comme une paisible clarté, comme une douce chaleur, dans les tempêtes glacées de la vie. Et je lui sais gré d'avoir proclamé cet honnête et pourtant clairvoyant optimisme, qu'essaient de nous enlever aujourd'hui, en maugréant, les gens atrabilaires, les amours-propres déçus, les blasés, les athées d'outre Rhin, et les lamentables et solennels déclamateurs du Vatican. Lui, plein de confiance, il s'est laissé porter, sur les ailes de la contemplation et de l'enthousiasme, vers le Dieu bon ; il s'est passionné, — par l'imagination, hélas ! plus souvent que par la volonté, — pour l'idéal moral, et toutefois il l'a montré et l'a fait aimer à d'innombrables lecteurs qui ont su y tendre, en chancelant moins que lui ; enfin, d'un cœur où tous les amours, sacrés ou profanes, se sont trop mêlés, il s'est élancé vers l'amour suprême ; il a été gagné, ému, ravi, par cette révélation extraordinaire, qui fait l'originalité immortelle et la puissance attractive du christianisme, et qu'oubliait son temps, que Dieu est amour. Ce fut moins pour lui un dogme et par suite une sainte règle, que ce ne fut une sensation; mais une sensation délicieuse, enivrante, où son âme qui, dans un autre siècle et un autre entourage, eût été celle d'un grand mystique, s'est plongée, vous l'avez vu, dans de véritables extases.

Voilà quelle fut la puissance de son sentiment religieux, et conséquemment aussi la nouveauté de son idée religieuse. Le mouvement communiqué si vivement se propagea avec une force, dont rien aujourd'hui ne nous donne l'idée. Ce fut un vrai charme: on crut entendre « l'Evangile de l'humanité, » disait Gœthe; ce fut comme un souffle vivifiant descendu des montagnes à travers les salons, et il n'y a guère en d'âmes sérieuses à la fin du XVIIIe et au commencement du XIXe siècle, qui n'aient ressenti de ce souffle au moins quelque onde lointaine. Je n'ai point ici à le suivre; je ne fais que rappeler quelques grands noms : Bernardin de Saint-Pierre et Mme de Staël, Lamennais, dans sa seconde manière, Lamartine, Cousin, Mme Necker-de Saussure, et malgré qu'il en ait, jusqu'à notre austère Vinet lui-même. En Allemagne, le philosophe Jacobi, admirateur de l'écrivain genevois, et le grand théologien Schleiermacher proclamèrent, avec la vigueur spéculative du génie germanique, le droit de la conscience religieuse, et en marquèrent les applications si variées, que poursuivent après eux de nombreux disciples. Et ailleurs, jusque sur la terre américaine, de grands hommes de parole et d'action, un Channing, par exemple, établissaient, avec l'autorité qui n'appartient qu'aux vies saines et consacrées, ce christianisme du sentiment, ce christianisme simplifié, foncièrement spiritualiste, libre, attendri, sympathique et populaire.

Il nous revient de toutes parts, élargi par les expériences d'un siècle entier, à la fois plus hardi et plus croyant; mais ce n'est pas sans peine qu'il s'avance encore entre les deux mêmes adversaires qu'avait déjà rencontrés Rousseau, la tradition routinière, littéraliste, aisément effarouchée, et là où elle le peut, persécutrice, et la science sèche et hautaine, qui ne s'intéresse qu'aux faits matériels et semble se complaire à rester sans espérance et sans Dieu. Rousseau ne s'était point découragé toutefois, et c'est le programme de son effort qu'il traçait fièrement dans les conseils par lesquels se termine la profession du Vicaire: « L'orgueilleuse philosophie mène à l'esprit fort, comme l'aveugle dévotion mène au fanatisme. Evitez ces extrémités, restez toujours ferme dans la voie de la vérité. ..... Vous serez seul de votre parti peut-être, mais vous porterez en vous-même un témoignage qui vous dispensera de ceux des hommes. Qu'ils vous aiment ou vous haïssent, qu'ils lisent ou méprisent vos écrits, il n'importe. Dites ce qui est vrai, faites ce qui est bien; ce qui importe à l'homme, c'est de remplir son devoir sur la terre, et c'est en s'oubliant qu'on travaille pour soi. L'intérêt particulier nous trompe, il n'y a que l'espoir du juste qui ne trompe point. »

Aussi est-ce du fond de ses entrailles qu'en cessant de parler par la bouche de son Vicaire, Rousseau pousse, comme une prière d'intercession pour son œuvre, un fervent et solennel *Amen*.

Cet espoir en l'avenir, voilà tout ce qui l'a soutenu

durant sa vieillesse dépouillée. Il semble n'avoir plus gardé de forces que pour adresser du milieu de son isolement, de ses craintes perpétuelles, de ses vapeurs misanthropiques, un cri d'appel à la postérité. Voilà ce qui remplit sa correspondance depuis ses malheurs, voilà le thème émouvant, mais pénible de ses *Dialogues* et de ses *Rêveries d'un promeneur solitaire*. Laissez-moi, en finissant, vous en fournir une seule preuve. Un jour, le samedi 24 février 1776, le sexagénaire s'en va, tremblant et à moitié halluciné, jusqu'à la cathédrale de Notre-Dame, pour déposer sur l'autel, mais sans y réussir, le manuscrit de ses *Dialogues* avec la pièce que voici:

DÉPOT REMIS A LA PROVIDENCE.

« Protecteur des opprimés, Dieu de justice et de vérité, reçois ce dépôt que remet sur ton autel et confie à ta providence un étranger infortuné, seul, sans appui, sans défenseur sur la terre..... Mon seul espoir est en toi, daigne prendre mon dépôt sous ta garde et le faire tomber entre des mains jeunes et fidèles..... Nul n'a droit, je le sais, d'espérer un miracle ..... Puisque tout doit rentrer dans l'ordre, un jour, il suffit d'attendre ..... J'attends avec confiance, je me repose sur ta justice, et me résigne à ta volonté. »

Oui, pauvre infortuné ! ton vœu a été entendu sur la terre, qui s'est souvenue de ta mémoire comme de ton œuvre. On a dit que les républiques et aussi les Eglises sont ingrates. Cela n'est pas toujours exact. Les citoyens de Genève ont déjà plus d'une fois montré et montrent aujourd'hui dans ce centenaire, plus qu'auparavant, que, tout en se gardant de l'exalter — et comment l'oseraient-ils? —

ils conservent de la reconnaissance pour le penseur, le politique, l'artiste, le poëte, qui a illustré la patrie. Et les chrétiens genevois du dix-neuvième siècle seraient-ils seuls ingrats ?

Je prie qu'on me permette d'adresser à eux mes dernières paroles, puisqu'un bon nombre, et des plus sérieux, sont dans les rangs de ceux auxquels déplaît, non telle ou telle partie du programme, — j'ai fait, moi aussi, le premier, et je fais encore ici publiquement mes réserves sur ce couronnement de la statue par la jeunesse — mais le fait même de ce centenaire : Quoi ! leur dirai-je, tiendriez-vous pour nul ce qui vient d'être rappelé ici en toute vérité ? Les gains religieux du siècle qui s'achève, les progrès dont Rousseau a pris l'initiative ou donné la première impulsion, ne se peuvent nier : ne sied-il pas à vous de les reconnaître ? Et d'ailleurs, resteriez-vous froids au souvenir du martyre qu'il endura pour ses convictions, car les souffrances de l'ingratitude, de l'abandon, de l'exil, furent pour son cœur aimant un vrai martyre, vous qui vous réclamez de la religion de la croix, c'est-à-dire du martyre ? En repoussant en bloc l'*Emile*, c'est comme si vous exiliez une seconde fois son auteur ; feriez-vous cela en y pensant mieux ?

> Oh ! n'exilons personne ; oh ! l'exil est impie !

a dit le grand poëte de notre siècle, qui lui aussi a connu les amertumes de l'exil pour une généreuse foi. N'exilez pas la mémoire de Rousseau de cette patrie idéale que vous aimez dans le passé et pour laquelle vous travaillez dans le présent ; rendez-lui plutôt justice, en lui faisant

une grande place et, puisque, après un siècle, nul n'entend
plus garder de cette mémoire que ce qui est bon et durable,
allez jusqu'à lui rendre un franc hommage. Faisons plus,
Messieurs: l'héritage de Rousseau, qui nous est parvenu
bien modifié et bien accru, faisons-le valoir en le fécon-
dant d'une semence plus riche et plus pure que la sienne.
Deux grandes pensées l'avaient possédé et ressortent de
toute son œuvre: la foi à l'autorité intime et légitime du
bien dans l'homme, l'ambition de voir triompher le bien
sur la terre. L'autorité du bien, la victoire du bien, qu'est-ce
donc, sinon ce que le docteur des choses divines, que
Rousseau tenait pour son maître, a nommé d'un seul mot,
à la fois plus profond et plus vaste : le règne de Dieu ?
Nous pourrons donc résumer, transfigurer et achever,
pour les appliquer mieux, ces deux pensées de Rousseau,
dans ces deux paroles sorties de la seule bouche parfaitement véridique et sainte qui ait enseigné les hommes:
« Le règne de Dieu est déjà au dedans de vous, » et « Que
son règne vienne! »

J.-J. ROUSSEAU ET LES ÉTRANGERS

PAR

MARC-MONNIER

Professeur.

Nul n'est grand homme pour son valet, dit le proverbe,
et Gœthe ajoute: « C'est la faute du valet. » Jean-Jacques
a commis l'imprudence de se déshabiller devant tout le
monde ; il a donc eu pour valet le public entier et s'est
attiré par là le mépris des subalternes. En revanche, il
eut pour apôtres ou pour disciples la plupart des esprits
supérieurs qui régnèrent dans la seconde moitié du dernier
siècle et dans la première moitié du nôtre. En les faisant
défiler ici, sans pédanterie et sans parade, dans une revue
familière, on rendra peut-être les détracteurs plus modestes ; on tâchera du moins de ramener quelques lecteurs
au respect de Rousseau, si le respect est encore possible
de nos jours.

Seulement, il faut savoir se borner : c'est là, dit-on,
tout l'art d'écrire. A cet effet, il convient d'écarter d'abord
les Français que tout le monde connaît et sur lesquels
l'influence de Jean-Jacques a été vingt fois signalée.
Arrière donc, Bernardin de Saint-Pierre, Mirabeau,
Malesherbes, Mme Roland, Mme de Staël, Chateaubriand,
Lamennais, George Sand et leurs élèves ! Place aux

étrangers sur lesquels il y a peut-être des choses neuves
à dire. Place d'abord aux Italiens.

L'Italie, au dernier siècle, vivait sous l'influence française ; les lettrés ne parlaient que d'humanité, de justice ;
les princes furent entraînés dans le courant : un gouverneur de Milan protégea les philosophes, un roi de Naples
fit la guerre aux jésuites, un grand-duc de Toscane abolit
la peine de mort, un pape (les papes avaient encore le droit
de se tromper) s'entendit avec Voltaire. A Milan, dans un
journal qui osait presque tout dire, écrivaient librement
les membres de la société du *Café*, les frères Verri, Beccaria, l'auteur des *Délits et Peines*, petit livre qui, tout
entier, pensée et style, paraissait traduit du français : l'auteur descendait de Montesquieu et d'Helvétius, mais aussi
de Jean-Jacques. A Naples, un jeune homme de grande
maison, Gaetano Filangieri, donnait à vingt-cinq ans le
premier volume de sa *Science de la législation*, un livre
« trop vite fait par un trop jeune homme et pour une
trop jeune nation, » mais, somme toute, un beau livre.

Montesquieu et Rousseau étaient alors les deux grands
maîtres en politique : le premier, fin critique, étudiait le
possible ; le second, théoricien à outrance, rêvait l'idéal.
L'un disait ce qu'*est* réellement la société ; l'autre ce qu'elle
doit être ; il s'agissait de savoir ce que la société *peut* être,
dans telles ou telles conditions de temps et de lieu. Telle
fut la question que se posa Filangieri ; de là son système
sur les institutions qui ont, selon lui, une bonté absolue,
toute rationnelle, indépendante des temps et des lieux, et
une bonté relative. La race, le climat, la culture, le gou-

vernement modifient la valeur relative des lois ; tout code
a son évolution, naît, fleurit et tombe. Jusqu'ici, Filangieri paraît être un disciple de Montesquieu ; il semble
penser que la société tout entière est comme un organisme vivant qui se développe et tend sans cesse à la perfection, que la bonté relative des lois marche vers la bonté
absolue sans jamais l'atteindre, et que ce progrès incessant
dans les limites du possible est produit par l'idée claire
et générale de la société, de son développement historique
et réel. Mais tout à coup le rêveur s'élance de la bonté
relative à la bonté absolue, comme s'il n'y avait rien entre
deux. Après avoir décrit en expert les abus, les injustices
et les contradictions du passé, en les expliquant par l'état
de civilisation où ils naquirent, Filangieri nous dit haute-
ment : Nous sommes désormais dans une ère nouvelle où
la bonté absolue des lois doit être conquise et tous les abus
disparaître à la fois et pour toujours. Vienne aujourd'hui
un philosophe, un Machiavel soutenant que le prince peut
mentir, tromper, trahir impunément, il sera flétri par l'indignation publique. La politique et la morale, la société
et la raison doivent se mettre d'accord. L'opinion est reine
du monde, les philosophes la conduisent. La raison et la
justice triomphent partout. Ici le législateur devient orateur et roule dans l'enthousiasme. Filangieri quitte Montesquieu et passe à Rousseau.

Telle est l'opinion d'un Italien, critique éminent, M. Pas-
quale Villari, qui ajoute dans une lettre particulière : « Lisez
la *Science de la législation*. Rousseau s'y trouve à chaque
page. Il s'imposa en Italie à ceux-là même dont il com-

battait les plus chères idées. Plus tard les ennemis de l'influence française (Alfieri et les autres) furent bien plus Français ou Genevois qu'ils ne croyaient. »

Jean-Jacques connaissait l'Italie et entendait l'italien, même le dialecte vénitien dont il se servit à Venise. Il aimait cette langue musicale, citait volontiers Métastase et avait choisi le Tasse pour l'un des héros amoureux des *Muses galantes*, mais il dut substituer Hésiode au pauvre Torquato, parce que les amours d'un simple rimeur avec une princesse du sang auraient offusqué la cour. Quand Lebrun traduisit la *Jérusalem délivrée*, on attribua cette traduction à Jean-Jacques. Vieux et malade, le solitaire écrivait à M. Laliaud :

« Mes plantes ne m'amusent plus, je ne fais que chanter des strophes du Tasse ; il est étonnant quel charme je trouve dans ce chant avec ma pauvre voix cassée et déjà tremblotante. Je me mis hier tout en larmes, sans presque m'en apercevoir, en chantant l'histoire d'Olinde et de Sophonie ; si j'avais une pauvre petite épinette pour soutenir un peu ma voix faiblissante, je chanterais du matin jusqu'au soir. Il est impossible à ma mauvaise tête de renoncer aux châteaux en Espagne. Le foin de la cour du château de Lavagnac, une épinette et mon Tasse, voilà ce qui m'occupe aujourd'hui malgré moi. »

D'autres ont déjà relevé les singuliers rapports d'imagination, d'hallucination, d'irritabilité soupçonneuse qui existèrent entre le poète italien et le genevois ; Jean-Jacques les sentait lui-même et croyait que, dans une octave de la *Jérusalem délivrée* (la 77e du XIIe chant), le Tasse avait pensé à lui. Voici la strophe :

J'irai seul en traînant mes tourments sur la terre
Et mes justes fureurs, vagabond, insensé ;
J'aurai peur de la nuit dont l'ombre solitaire
Dressera devant moi les torts de mon passé ;
J'aurai peur du soleil éclairant ma misère,
Peur de moi-même : — en vain je voudrai, plein d'effroi,
Me fuir ; je serai là, toujours, derrière moi.

Cependant, le penseur genevois ne se bornait pas à chanter le Tasse, il lisait aussi Machiavel et on lui doit une opinion originale sur le livre du *Prince* : c'est, dit-il, le livre des républicains. En feignant de donner des leçons aux rois, Machiavel en a donné de grandes aux peuples :

« Machiavel était un honnête homme et un bon citoyen ; mais, attaché à la maison de Médicis, il était forcé, dans l'oppression de sa patrie, de déguiser son amour pour la liberté. Le choix seul de son exécrable héros manifeste assez son intention secrète ; et l'opposition des maximes de son livre du *Prince* à celles de ses *Discours sur Tite-Live* et de son *Histoire de Florence*, démontre que ce profond politique n'a eu jusqu'ici que des lecteurs superficiels ou corrompus. La cour de Rome a sévèrement défendu son livre : je le crois bien ; c'est elle qu'il dépeint le plus clairement. »

Cette idée déroutait alors toutes les opinions reçues. Les contemporains de Machiavel avaient admiré en lui l'artiste politique, l'utile précepteur qu'ils prenaient au sérieux. Rome l'avait condamné comme ennemi du pouvoir temporel. Le siècle humanitaire et oratoire recula d'horreur devant ce code sinistre légitimant toutes les fourberies et toutes les cruautés. Le roi de Prusse Frédéric-le-Grand écrivit son *Anti Machiavel* et le laissa publier par Voltaire. Ce fut Rousseau qui le premier ne vit dans le *Prince* qu'une sanglante et patriotique ironie. Ce commentaire fut accepté aussitôt par les Italiens, heureux de pouvoir réhabiliter leur Machiavel et de le placer devant eux dans la guerre qu'ils faisaient à leurs souverains. Ugo Foscolo traduisit en beaux vers obscurs la sentence de Jean-Jacques et la sculpta dans ses *Sepolcri* sur le tombeau de Machiavel :

> . . . Quel Grande
> Che, temprando lo scettro a' regnatori,
> Gli allôr ne sfronda, ed alle genti svela
> Di che lagrime grondi e di che sangue.

Avant d'écrire ses *Sépulcres*, Ugo Foscolo avait créé son *Jacques Ortis*, un frère de Werther et de René, c'est-à-dire un fils de Saint-Preux et de Julie. Mais avant de franchir les Alpes, la *Nouvelle Héloïse* avait passé le Rhin, faisons comme elle et laissons parler les Allemands. L'un des mieux informés, M. Hermann Hettner, nous déclare que l'influence immédiate de Rousseau fut plus puissante encore en Allemagne qu'en France. Un autre, M. Brandis, dans un cours récent professé à Copenhague, est allé plus loin encore : il a soutenu que l'école moderne, en Allemagne comme en France, est sortie de Rousseau. A son avis la révolution romantique n'a pas été, comme on le croit, une réaction contre l'influence française du dernier siècle et du siècle précédent, mais bien plutôt une insurrection contre Voltaire. Voltaire seul était en cause : son théâtre culbuté par Lessing, sa critique arrachée du sol et balayée par un débordement d'eau bénite, son rire enfin démodé grâce à l'avénement du sentimentalisme, sa gaîté fleurie étouffée sous l'ombre croissante des saules pleureurs. Pour réussir dans ce soulèvement, il fallait une autre éloquence, une autre popularité que celle de Lessing ; le chef des révoltés fut Jean-Jacques. Ce fut lui que tout le siècle dernier voulut opposer à Voltaire; c'est lui que l'école moderne a reconnu comme son chef. Par sa religiosité, son enthousiasme, sa passion sincère et fervente, son culte pour la campagne et pour la nature, sa haine contre toute culture artificielle, dans le paysage comme dans la société, le poète genevois fit école et la révolution littéraire n'eut d'autre effet que de remplacer au pouvoir un Français par un autre, Arouet de Voltaire par Jean-Jacques Rousseau.

Tout cela peut paraître excessif: il est certain, toutefois, que Rousseau fit fureur en Allemagne. Dès l'apparition de son premier livre, Lessing déclara qu'on n'en saurait parler sans respect. Tous ceux qui écrivaient sur l'éducation : Basedow d'abord, puis Jean-Paul et Pestalozzi, s'inspirèrent de l'*Emile* ; la *Profession de foi du Vicaire savoyard* devint le credo des rationalistes, ou si l'on veut, des déistes. Jean-Jacques agit puissamment, quoique différemment, sur tous ceux qui savaient lire en Allemagne. Il suggérait aux uns des idées, même des idées philologiques : Fréd.-Aug. Wolf le cita respectueusement dans ses *Prolegomena ad Homerum*. A d'autres, l'écrivain genevois donna du style: c'est après l'avoir lu que Jean de Müller se mit à brillanter l'histoire pour la rendre agréable au grand public. L'*Emile* séduisit Jacobi par la théorie de l'innocence primitive; en même temps le *Vicaire savoyard* dévoyait Wieland, qui était piétiste et qui se fit voltairien; d'autres en revanche, les athées étaient ramenés à la foi, ou du moins au doute, par l'élastique religiosité du doux pasteur. « Il a fait douter ceux qui ne croyaient plus, » a dit finement Bernardin de Saint-Pierre. C'est ainsi que tous se laissaient remuer par le puissant agitateur, mais chacun suivait sa propre pente : l'un se bornait à traverser le ruisseau, l'autre y faisait la planche, celui-ci descendait, celui-là remontait le courant. On a dit avec une certaine raideur : « Derrière Rousseau, il y a Robespierre. » Sans doute, mais il y eut aussi derrière lui des girondins et des royalistes ; tous les *rousseauistes* (c'est le mot allemand) ne furent pas des *jean-jacobins*. Si Robespierre se fût placé derrière saint Ignace ou derrière le roi Ferdinand II, il eût commis les mêmes crimes. J'allume ma lanterne; un malfaiteur y prend du feu pour incendier la ville : est-ce moi qu'on enverra aux galères? Et faut-il, parce qu'il y a des incendiaires, marcher dans les ténèbres, en renonçant à éclairer mon chemin? C'est en 1815 qu'on chantait sur tous les tons :

C'est la faute de Rousseau,
C'est la faute de Voltaire !

Un poète genevois a, depuis longtemps, ramassé cette sottise et en a fait le refrain d'une jolie chanson qui peut servir encore. Mais il est temps de revenir à nos Allemands.

Une traduction de la *Nouvelle Héloïse* parut à Leipzig en 1761; on se l'arrachait des mains, nous dit Mendelsohn. Quoi d'étonnant, on en était encore aux idylles de Gessner, ou aux paysages séraphiques de Klopstock. Rousseau le premier découvrait ou retrouvait la nature chez elle: les rochers pendant en ruines, . . . le clair-obscur du soleil et des ombres, . . . la perspective verticale des montagnes qui frappe si puissamment les yeux, . . . les redans des Alpes, le séchard qui fraîchit en éloignant les bateaux des côtes, . . . les chemins tortueux et frais, . . . le corbeau funèbre, . . . l'accumulation des glaces recouvrant les rochers depuis le commencement du monde, . . . toutes ces beautés alors si neuves qui lui arrachèrent cette exclamation frémissante : O Julie, éternel charme de mon cœur !

Les princes eux-mêmes applaudissaient des deux mains : à la fin du siècle dernier, en Allemagne, il n'y avait pas de parc un peu propre où ne se trouvât sur la lisière d'un bois, ou dans une petite île plantée au milieu d'un étang, le buste de celui qu'on appelait l'insulaire. Quant aux jeunes gens, ils lâchèrent Klopstock pour se jeter dans les bras de Rousseau. L'école d'éruption et d'irruption (peut-on traduire ainsi *Sturm und Drang?*) se précipita, Klinger en tête, dans les pas du nouveau maître. Ces jeunes gens trouvaient chez lui ce qu'ils voulaient : l'intensité du sentiment, la lutte irritée contre tout ce qui dans la vie, dans les mœurs, dans les idées, dans la science et dans la poésie, cherche à comprimer nos besoins de nature et de liberté. Plus de réalités vulgaires, adieu le présent en décomposition ! Retournons au paradis perdu de l'état primitif ! Dans notre civilisation le cœur étouffe ; il faut en sortir à toute force et remonter à la pureté originelle du genre humain. Tout cela était bien naïf et en même temps bien factice ; à force de se démener, on arrivait à un échauffement qu'on prenait pour une bonne et saine chaleur. Mais quoi ! de très-grands poètes sont sortis forts

18

et grands de cet orage artificiel. Ne leur reprochons pas de s'y être un moment fourvoyés, cela devait être ; la vigueur de l'homme fait peut venir des cabrioles et des sauts périlleux de l'enfant.

Veut-on suivre pas à pas l'influence multiple de Jean-Jacques sur les Allemands ? Il y en eut quatre, à la fin du siècle dernier, qui en 1800 étaient en pleine vie, en pleine gloire et dominaient leur pays et leur temps : Kant, Herder, Gœthe et Schiller ; quatre rousseauistes à différents degrés. Kant, le premier, s'était épris du penseur genevois et inclina vers lui dans la querelle sur le pessimisme. Il admirait qu'entre les deux chefs de la France intelligente, le plus fortuné, le plus jovial, le plus heureux de toutes façons, Voltaire en un mot, se déclarât pessimiste, tandis que l'autre, pauvre, malade, ombrageux, torturé par des souffrances réelles et imaginaires, s'écriait héroïquement : Tout va bien. C'est que Rousseau croyait à la perfection idéale de la nature et voulait y ramener la société : l'homme à son avis étant en soi un être moral, le but de l'éducation devait être de développer en lui cette disposition et de le faire remonter à la vertu originelle ; cette conclusion de l'*Emile* produisit sur Kant une vive et profonde impression. Le penseur allemand lut et relut ce beau livre et en fut si fort subjugué, qu'il oubliait pour le lire sa promenade habituelle ; or, on sait comme il tenait strictement à son programme journalier d'occupations et de distractions. Le portrait de Jean-Jacques était l'unique ornement de son cabinet de travail. Le 16 août 1766, Scheffner écrivait à Herder que la pensée de Kant était constamment en Angleterre, parce que Rousseau et Hume s'y trouvaient réunis. Même dans des cours, le professeur de Königsberg lisait souvent de longs passages de l'*Émile*. Il était séduit par la sympathie du penseur genevois pour l'homme naturel et primitif opposé à celui qu'avaient fabriqué la culture et la société mondaines. Il voulait, comme Jean-Jacques, reconnaître les conditions primitives de l'homme et l'y relever ; il aimait en lui l'enthousiaste et n'était pas d'accord avec ceux qui le traitaient de visionnaire.

En 1764 parut à Kœnigsberg une étrange figure, un homme des bois menant la vie nomade et suivi d'un enfant de huit ans ; tous deux poussaient devant eux un troupeau de vaches, de moutons et de chèvres. L'homme avait une bible à la main et lançait des prophéties à la foule accourue de tous côtés. Le peuple l'appelait le prophète aux chèvres ; Hamann le nomma un nouveau Diogène, un spécimen de l'homme naturel. C'était un exemplaire unique au milieu de la société du XVIIIe siècle et assez alléchant pour les imaginations qu'excitaient et remplissaient alors les idées de Rousseau. Kant se laissa prendre aussi par cet aventurier, et ce qui l'intéressa surtout, ce fut le petit sauvage qui, élevé dans les bois, avait appris à résister gaîment aux intempéries, ne montrait sur son visage ni rudesse, ni embarras, ni les effets de la servitude ou de l'attention forcée ; c'était enfin, à ses yeux, « un enfant parfait, tel que pouvait le désirer un moraliste expérimental qui serait assez modéré pour ne pas compter parmi les belles chimères les sentences de Rousseau, avant de les avoir mises à l'épreuve. » La phrase est un peu lourde (il ne faut pas attendre de Kant une extrême légèreté), mais elle montre clairement la pensée du philosophe allemand.

Il ne traitait pas de fantasques imaginations les idées du Genevois sur la nature et sur l'éducation de l'homme. Ceci n'est point une assertion amenée étourdiment pour les besoins de la cause; c'est l'opinion raisonnée d'un expert dont le témoignage est irrécusable, M. Kuno Fischer.

Kant eut à Kœnigsberg un élève excellent qu'il introduisit dans les idées de l'*Émile* : ce fut le jeune Herder, qui ressemblait à Jean-Jacques par bien des côtés : la naissance obscure, la jeunesse indigente, la lutte entre les besoins de l'esprit et les nécessités de la vie, l'irritabilité sentimentale qui fut à la fois sa faiblesse et sa force, la cause de son génie et de ses malheurs. Dès lors, et pendant de longues années, Herder ne quitta plus son nouveau maître, revenant toujours à lui dans ses méditations solitaires et dans ses entretiens intimes et sérieux. Une poésie de lui, datant de cette époque, se termine par ces mots: « Je veux me chercher moi-même, afin de me trouver et de ne plus jamais me perdre; viens, sois mon guide, ô Rousseau. » Le jeune penseur allemand subit plus tard d'autres influences: Hume, Shaftesbury, Leibnitz, Platon, Bacon lui apprirent beaucoup et son horizon s'élargit sans doute; mais le fond, la substance de ses opinions ne varia jamais.

On sait qu'à l'âge de vingt-quatre ans (1769), Herder quitta Riga et ses monotones fonctions d'instituteur et de pasteur pour courir le vaste monde. Il écrivit en mer le journal de son voyage et de sa pensée; on y sent à chaque page la griffe de Rousseau. Herder s'y plaint amèrement de n'être que l'encrier d'un compositeur savant, un dictionnaire d'art et de science, un *repositorium* garni de livres et de papier, puis il interrompt ses plaintes pour se promettre chaleureusement de ne plus appartenir désormais qu'à une vie active et féconde. A certains moments il caressait l'idée de devenir un politique prudent et hardi, le sauveur de la Livonie. Il basait ses plans de réforme générale sur la réforme de l'école et de la maison et songeait à faire de l'*Emile*, à la fois si naturel et si humain, l'enfant national de la patrie relevée. Il voulait fonder une œuvre qui durât une éternité, qui embrassât tous les siècles et tous les peuples. Son cœur alors battait plus vite et son éloquence coulait à pleins bords. C'est sous l'inspiration de Rousseau que naquirent chez Herder, sur la transformation et le rajeunissement de la science et de la poésie, les puissantes idées qui lui sont propres, qu'il a su exprimer et qui resteront.

Ce qu'il y a de vraiment grand chez Herder, c'est qu'il donna d'emblée aux tendances de son maître une formule nouvelle et originale. Le penseur genevois ne tirait de son principe fondamental que les conclusions relatives à l'Etat et à la société, mais il les poussait avec une rare intrépidité jusqu'à leurs dernières conséquences. Herder, en vrai Allemand, restait dans l'enclos silencieux de la contemplation, de l'observation intérieure, et transportait les idées de son guide sur le terrain moins périlleux de la poésie, de l'histoire et de la religion. Il s'écartait de lui quelquefois et ne voulait pas le suivre dans l'évocation arbitraire et romanesque de temps qui n'ont jamais été ; c'était là, selon lui, un dévergondage insensé de la fantaisie. La tendance de Rousseau vers la nature et l'état primitif devient, chez le penseur allemand, un vif désir de remonter le courant, d'étudier l'origine et la création de l'être humain et de ramener la plus haute éducation à la simplicité, à la pureté, à la fraîcheur de la source vive. Telle est l'opinion d'un critique ingénieux, M. Hermann Hettner, qui conclut par ce mot net et juste: « Ce que Rousseau fut à Voltaire, Herder le fut à Lessing. »

Après son voyage de France, étant retenu à Strasbourg par une ophthalmie, Herder vit entrer chez lui un étudiant qui avait tous les enchantements à la fois: le génie, l'intelligence, la jeunesse, la beauté, l'amour. C'était Gœthe, qui menait de front l'étude du droit, des sciences, des lettres, des arts, et de Frédérique. Les deux jeunes hommes causèrent fort longuement de Saint-Preux et de Julie; mais ce qui attira le plus à cette époque le prochain auteur de Werther, qui avait certaines velléités de mysticisme, ce fut la *Profession de foi du Vicaire savoyard*. « Rousseau m'avait réellement plu, » écrira-t-il longtemps après, un peu froidement, dans ses mémoires; cependant ses cahiers d'étude, qu'on a gardés, sont pleins de passages tirés des livres que Herder aimait tant, et dans la thèse présentée à Strasbourg, Gœthe tâchait de prouver la nécessité d'une religion d'Etat, unique, obligatoire; c'étaient presque identiquement les conclusions du *Contrat social*. On trouve encore l'inspiration de Jean-Jacques dans un écrit qui date de ce temps, la *Lettre d'un pasteur de la campagne*. Ces simples faits montrent assez quelles étaient les lectures de l'étudiant en droit et ses entretiens avec Herder. Kestner, qui le vit quelque temps après, a dit de lui dans une lettre souvent citée que s'il n'était pas un adorateur aveugle, il était au moins un admirateur respectueux de Rousseau.

On sait que Gœthe à Wetzlar fut une sorte de Saint-Preux amoureux d'une Julie qui se nommait Charlotte. De cette liaison naquit *Werther* et *Werther* n'est autre chose qu'une brillante reprise, en Allemagne et en allemand, de la *Nouvelle Héloïse*. Ici je n'insiste pas ; vingt autres avant moi ont noté la conformité de ces deux romans: tous deux par lettres, tous deux sans aventures et se passant dans le cœur, tous deux reposant sur une scène de la vie ordinaire et cherchant l'intérêt dans la lutte entre la passion et le devoir, tous deux posant la fatale question du suicide et indiquant aux autres ce tragique moyen d'en finir avec la douleur; tous deux malsains, œuvres de cerveaux malades et communiquant leur langueur contagieuse à des milliers d'imaginations qui n'en guériront jamais ; tous deux enfin riches d'idées, merveilleux de style, élevant pour la première fois le récit en prose, l'épopée domestique, au rang des grands poèmes en vers qu'on n'écrira plus. M. Émile Montégut a prétendu que Werther fut le premier livre où les classes moyennes, entrant en scène, eussent remplacé les grands seigneurs ; il oubliait Saint-Preux, l'humble précepteur de Julie. Les deux jeunes bourgeois lettrés, le welche et l'allemand, sont deux cousins et se ressemblent comme leurs pères, aussi bien par les goûts que par les passions. Ils sont formés à la fois par la nature et par l'étude; ils aiment la botanique autant que le paysage, et les beautés de la forêt tiennent leur esprit dans une alternative continuelle d'observation et d'admiration.

Ce n'est pas tout. M. Hettner voit la main ou l'esprit du Genevois jusque dans le premier drame de Gœthe. Quand la douce et bienveillante figure de Gœtz, égarée dans un temps d'anarchie, excita les sympathies du poète, celui-ci songeait sans doute au théâtre de Shakespeare, mais encore et surtout aux idées de Rousseau. Faust lui-même (à quî Gœthe pensait déjà pendant qu'il étudiait à Strasbourg), ce Faust emprisonné dans un cabinet d'étude où il se lance éperdûment dans toutes les sciences jusqu'à ce qu'il en ait reconnu le néant, ce penseur débridé luttant contre la lettre qui tue, aspirant au libre développement de la nature humaine, à l'affranchissement de toute gêne et de toute limite, qu'est-ce autre chose, demande le critique allemand, que l'épanouissement de la plante vigoureuse dont Jean-Jacques avait semé les germes dans l'esprit largement ouvert du poète étudiant?

Ici le rapprochement semble un peu forcé; M. Hettner est plus à l'aise en montrant comment Schiller descendit de Jean-Jacques. Nous connaissons tous la jeunesse et l'enfance de l'écolier souffreteux qui devait un jour nous donner *Guillaume Tell.* Cloîtré dans une sorte de caserne ou de couvent où rien n'entrait du dehors, il recevait en cachette des livres prohibés et faisait le malade afin de les lire à l'infirmerie. Parmi ces livres, il y eut l'*Émile* et la *Nouvelle Héloïse* : quel contraste entre l'école militaire et l'éducation libre, en pleine nature, sous le ciel ou au fond des bois ! Surexcité par Jean-Jacques, Schiller écrivit *les Brigands*, le plus échevelé de ses drames: il conçut un héros armé contre la société corrompue et retournant à l'état de nature pour accomplir une œuvre de justice et d'humanité. La même insurrection éclate dans les drames suivants, *Cabale et Amour* et *Fiesco*: c'est toujours la nature sincère, la passion fervente opposées aux intrigues du monde, aux roueries des politiciens, à la raison du plus fourbe et au droit du plus fort; c'est toujours l'aveugle adoration de la liberté, seule déesse qui restât debout dans la ruine des temples et parmi les débris des idoles. Plus tard, quand son âme fut apaisée et qu'il écrivit *Don Carlos*, Schiller pensait encore à son maître: le marquis de Posa n'est qu'un Jean-Jacques au repos, réconcilié avec le monde et rêvant pour lui l'âge d'or.

Sont-ce là de simples conjectures? Je ne le crois pas. Le jeune croyant a nommé son prophète; dès ses premiers vers il a glorifié le géant, et abattu à ses pieds les critiques minuscules et minutieux (*Splitterrichter*) que n'enflamma jamais le souffle divin de Prométhée. On sait les strophes qu'il écrivit sur la tombe de Jean-Jacques; toute l'audace et l'intempérance du premier Schiller y éclatent avec une passion en fureur:

> O monument d'un éternel outrage,
> Toi qui flétris son pays et notre âge,
> Tombeau sacré, je te salue aussi!
> Paix et repos aux débris de sa vie!
> Paix et repos, sa longue et vaine envie,
> Paix et repos, il ne les a qu'ici.
>
> Quand la rage de sang sera-t-elle assouvie?
> Quand viendra l'avenir que nos rêves doraient?
> Les sages, au vieux temps des ténèbres, mouraient;
> Le sage meurt au temps de lumière où nous sommes.
> Socrate fut martyr des sophistes anciens;
> Rousseau pâtit, Rousseau tombe sous les chrétiens,
> Rousseau qui des chrétiens voulut faire des hommes.

Gœthe nous apprend dans ses mémoires (*Wahrheit und Dichtung*) qu'il s'était formé de son temps, autour du nom de Rousseau, une sorte de communauté silencieuse ou, si l'on veut, une société secrète. Un âge d'homme après, au dire de Niebuhr, Jean-Jacques était encore le héros de tous ceux qui aspiraient et travaillaient à la liberté.

Il n'en fut pas de même en Angleterre, où le *Contrat social* ne pouvait rien apprendre aux politiciens; les Anglais avaient fait depuis longtemps leur révolution et n'ont jamais aimé les théories. La politique est pour eux la science et l'art des transactions et, par conséquent, tout le contraire de la logique. C'est chez les Français que les doctrines de Rousseau devaient éclater en insurrection; c'est chez les Allemands qu'elles devaient se formuler en systèmes. Les Anglais, hommes pratiques, même quand ils ont vécu dans les brumes du Rhin, jettent volontiers la pierre à tous les rêveurs.

« Jean-Jacques, écrit Thomas Carlyle, n'a-t-il pas promulgué son nouvel évangile: un *Contrat social* expliquant tous les mystères du gouvernement, et comment il est contracté et marchandé, à la satisfaction générale? Théories du gouvernement ! C'est ce qui s'est toujours vu et se verra toujours dans les âges de décadence. Appréciez-les à leur valeur, comme des procédés de la nature, qui ne fait rien en vain; comme des pas dans ces grands procédés. Mais quelle théorie est aussi certaine que celle-ci: Toutes les théories, quelle que soit la loyale conscience qui les élabore péniblement, sont et doivent être, par les conditions mêmes qui sont en elles, incomplètes, problématiques et même fausses. Sache donc que cet univers est ce qu'il fait profession d'être, un *infini*. N'essaie pas d'en faire la pâture de ta digestion logique : sois reconnaissant si, en dressant ici ou là quelque solide colonne dans le chaos, tu l'empêches de faire sa pâture de *toi*. Une jeune et nouvelle génération (en France) a changé son scepticisme contre une foi aveugle en cet évangile selon Jean-Jacques! Voilà un grand pas dans les affaires, et qui présage beaucoup. »

Cependant Ronsseau n'était pas sans rapport avec les Anglais : il les avait étudiés, imités même avec une sorte de prédilection ; il adorait Milton qu'il traitait de divin, de sublime et qu'il suppliait « d'apprendre à sa plume grossière les plaisirs de l'innocence et de l'amour. » On sait qu'il eut une sorte d'engouement pour *Robinson Crusoë*, le plus anglais de tous les livres, et l'on ne peut nier que *Clarisse Harlowe* ait été pour la *Nouvelle Héloïse* ce que la *Nouvelle Héloïse* devait être pour *Werther*, *René* et *Jacopo Ortis*. Le philosophe genevois estimait les philosophes anglais et il fut aimé de l'un d'eux qui l'emmena, comme on sait, de l'autre côté de la Manche :

« Je le trouve, dit-il, doux, aimable (*gentle*), modeste et d'heureuse humeur, et il a la tenue d'un homme du monde plus que tous les savants d'ici, excepté M. de Buffon qui, dans sa figure, son air, ses manières, répond plutôt à votre idée d'un maréchal de France qu'à celle d'un philosophe.

« M. Rousseau est de petite taille et serait assez laid s'il n'avait pas la physionomie la plus fine du monde, je veux dire la contenance la plus expressive. Son vêtement arménien n'est pas une affaire d'affectation. Dès son enfance, il a souffert d'une infirmité qui lui rend incommode l'usage des culottes. »

Voilà, certes, un Rousseau que nous ne connaissions

pas. Il est vrai que Hume était un juge suspect en fait de bonnes manières. On se souvient qu'un jour, assis entre deux belles dames françaises, il ne fit autre chose que se taper le ventre et les genoux en disant avec une cordialité embarrassée: « Eh bien, mesdemoiselles . . . eh bien, vous voilà donc, . . . eh bien, vous voilà, . . . vous voilà ici? »

Sur la querelle avec Hume, on ne connaît guère que le témoignage de Rousseau; mais il faut écouter l'autre cloche, non que celle-ci nous semble sonner plus juste, au contraire, on verra par les sarcasmes des Anglais que Jean-Jacques avait quelques raisons de ne pas se croire aimé d'eux. Forster dit ceci dans sa *Vie de Goldsmith*:

« La saison de Paris en 1766 fut étrange. Jamais assemblage plus curieux, plus mal assorti de visiteurs. A la même table mangeaient Sterne, Foote, Walpole, Wilkes, Hume, l'auteur de l'*Héloïse*, rendu à moitié fou par l'admiration passionnée avec laquelle avait été accueilli son *Emile*, mis hors de lui par la persécution qui suivit, et traversant les rues, habillé d'un caftan et de robes arméniennes, avec tout Paris à ses talons. »

Ecoutons maintenant Horace Walpole:

« M. Hume emporte en Angleterre cette lettre et Rousseau. Je désire que le premier n'ait pas à se repentir de s'être engagé avec le second, qui contredit et querelle toute l'humanité pour obtenir son admiration. Je trouve ses moyens et son but au-dessous d'un tel génie. Si j'avais des talents comme les siens, je mépriserais tout suffrage au-dessous de ma propre valeur et je rougirais de devoir une partie de ma renommée à des singularités et à des affectations. Mais ce qui est grand ressemble à de hautes tours élevées sur de hautes montagnes, plus exposées à tous les vents et plus en danger de crouler ... Rousseau affirme que le vent du nord et le vent du sud soufflent en même temps, et Voltaire démolit la Bible pour ériger le fatalisme à sa place, tant il peut y avoir de compatibilité entre les plus grands talents et les plus grosses sottises. »

A en croire les jurés anglais, Jean-Jacques n'eut à pâtir chez eux que de l'indifférence générale. Il n'y eut contre lui que la conspiration du silence; le succès éclatant de l'*Emile* contredit cette assertion. Au bout d'un an, Hume déclara que Rousseau était devenu un composé de bizarrerie, d'affectation, de méchanceté, de vanité, d'inquiétude, de folie, d'ingratitude, de férocité et de mensonge, et le plus noir et le plus atroce vilain qui ait jamais existé dans le monde. Rousseau, de son côté, tenait Hume pour le chef de la conspiration forgée contre sa personne. Walpole n'était que le vil instrument du philosophe anglais, ce qui comblait de joie l'évêque Warburton, tout ravi de voir un petit-maître si agaçant attaqué par un fou si séraphique.

A la fin de l'année (1766), la société anglaise s'amusa fort des « libelles » du Genevois et des caricatures lancées contre lui par ses adversaires. Hume écrivait à Mme de Boufflers:

« Il y a une gravure où M. Rousseau est représenté comme un yahoo récemment capturé dans les bois: j'y suis représenté comme un fermier qui le caresse et lui offre de l'orge qu'il refuse avec rage. Voltaire et Saint-Lambert le fouettent par derrière et Horace Walpole lui fait des cornes de papier mâché. L'idée n'est pas complétement absurde. »

Voici une petite anecdote rapportée par Forster et qui ne prouve pas l'indifférence des Anglais ; il s'agit d'une représentation à Drurylane. Jean-Jacques y assistait et tout le monde, y compris le roi et la reine, étaient allés au théâtre pour le voir. Garrick déployait tout son génie dans les rôles de Lusignan et de lord Chalkstone. Mais Leurs Majestés regardaient beaucoup moins l'artiste que le philosophe qui, assis dans la loge de Mme Garrick et ne comprenant ni la tragédie, ni la comédie, pleurait aux plaisanteries de Chalkstone et riait aux phrases pathétiques de Lusignan. Mme Garrick le retenait par le pan de son habit, de peur que l'homme des bois ne tombât de la loge dans le parterre, tant il se penchait et s'agitait pour attirer sur lui l'attention.

Ce petit commérage confirme ce qu'on savait déjà sur le succès de curiosité que Jean-Jacques obtint à Londres, où l'*Emile* eut longtemps de nombreux lecteurs : on raconte que la mère du poète Southey voulut élever son fils à la mode genevoise, mais l'essai ne réussit pas et Southey devait s'en moquer plus tard. Dans une de ses fables (*Pairing time anticipated*), William Cowper entre en matière par cette épigramme :

« Je ne veux pas demander à Jean-Jacques Rousseau si les oiseaux causent ou non, il est clair qu'ils furent toujours capables de faire des discours, au moins dans les fables, et l'enfant, qui ne sait rien de plus qu'interpréter à la lettre l'histoire d'un coq ou d'un taureau, ne doit certes pas avoir une cervelle ordinaire. »

C'était une petite malice contre l'*Emile* : on sait que le rigide éducateur proscrivait les fables qui attribuent aux animaux la raison et la parole, parce qu'elles peuvent tromper les enfants. « Mais quel enfant, demande Cowper, a jamais été trompé par elles, ou peut jamais l'être contre le témoignage de ses sens? » Le Danois Andersen, sans songer à mal, ne se contente pas d'accorder la parole aux animaux, il fait d'eux nos premiers maîtres. Il avait connu en Suisse un petit garçon nommé Rudy, qui commença par garder des chèvres ; et si, pour être un bon chévrier, il faut savoir grimper avec ses bêtes, le meilleur chévrier de la montagne était Rudy : il grimpait même un peu plus haut qu'elles. Il apprenait beaucoup de choses en écoutant causer les vieillards. Cependant il ne dédaignait pas de s'instruire encore par les excellentes relations qu'il entretenait avec les hôtes familiers de la maison, notamment avec un grand chien nommé Ayola, mais surtout avec un matou qui avait été son premier maître. Rudy tenait de lui l'art de grimper.

« Monte avec moi sur le toit, avait dit le chat, et cela d'une façon très-claire et très-intelligible, car, lorsqu'on est enfant et qu'on ne peut encore parler, on comprend très-bien le langage des coqs et des canards ; les chats et les chiens nous parlent aussi nettement que nos pères et mères ; il ne faut pour cela qu'être très-petit. La canne du grand-papa peut quelquefois alors hennir et se changer en un cheval complet avec tête, jambes et queue. Chez certains enfants cette compréhension subsiste plus tard que chez d'autres, et on dit d'eux alors qu'ils sont demeurés longtemps enfants. Que ne dit-on pas? »

William Cowper, qui ne lisait guère (il resta treize ans sans lire un seul poète anglais), connaissait donc Jean-Jacques: il aimait comme lui la campagne et la nature, en y joignant cette casanière et confortable affection du *home* que le Genevois ne connaissait point. Cowper écrivit un jour à un ami: « Vous vous rappelez la peinture que fait Rousseau d'une matinée anglaise (*Nouvelle Héloïse*, V, lettre 3), telles sont celles que je passe ici avec ces braves gens (les Unwin). »

Dans le livre V de la *Tâche*, le poète anglais adresse une éloquente invocation au philosophe genevois qu'il ne nomme pas, mais qu'il désigne assez clairement, l'invitant à réveiller l'épicurien endurci dans une léthargie morale:

« Philosophe, hâte-toi maintenant, rends cet homme libre, charme par ta sagesse le serpent qui n'entend pas, parle-lui de rectitude, de convenance; dis-lui combien la vertu morale est aimable, combien le sens moral est sûr. Ne t'épargne pas dans une pareille cause. Dépense toute ta puissance de rhéteur et de rhapsode (*of rant and rhapsody*) à la louange de la vertu. Atteins la suprême hauteur de la bonté, la suprême grandeur de l'éloquence; orne ta prose d'une parure poétique, tant qu'elle dépasse la magnificence des vers. Ah! la cymbale qui résonne, l'airain qui retentit frappent en vain les airs. Une pareille musique ne peut dissiper l'éclipse qui intercepte le rayon céleste du vrai, glace et obscurcit l'âme au loin vagabonde et dévoyée. Il y manque toujours la petite parole à voix basse (*the still small voice*). Celui-là seul peut la prononcer dont le verbe atteint d'un coup son plein effet, celui qui dit aux choses qui ne sont pas de venir, et elles viennent. »

Sainte-Beuve, qui cite partiellement ce passage, y ajoute la réflexion qui suit : « Il me semble qu'en cet endroit Cowper a pensé à la *Profession de foi du vicaire savoyard* et qu'il en touche l'endroit faible et défectueux, qui est aussi celui de tous les éloquents continuateurs de Rousseau : il y manque *la toute petite parole* qui change les cœurs. »

Lord Byron, qui n'avait pas les scrupules de Cowper, fut un rousseauiste passionné, le plus passionné de tous. Il voulut parcourir, la *Nouvelle Héloïse* à la main, tous les lieux décrits dans ce beau livre et il admira la merveilleuse fidélité du paysagiste.

« En juillet 1816, écrit-il, je fis un voyage autour du lac de Genève ; mes observations m'ont conduit à un examen attentif et intéressant de tous les tableaux que Rousseau a rendus célèbres ; je puis affirmer qu'il n'y a mis aucune exagération. Il serait difficile de voir Clarens et ses environs (Vevey, Chillon, Bouveret, *Saint-Gingaux*, Meillerie, Evian et l'embouchure du Rhône) sans être frappé de l'harmonie particulière entre les lieux et les personnages, les aventures du roman. Ce n'est pas tout : le sentiment qu'inspire tout le paysage de Clarens et les rocs opposés de Meillerie a quelque chose de plus large et de plus élevé que la sympathie et la passion individuelle ; c'est le sentiment de l'amour dans le sens le plus étendu, le plus sublime et de notre participation à ce qu'il a de bon et de glorieux ... Si Rousseau n'avait jamais écrit ni vécu, la même harmonie n'en aurait pas moins existé entre le sentiment et le paysage ...

« J'ai eu la chance (bonne ou mauvaise, comme on voudra) de faire la traversée de Meillerie à *Saint-Gingaux* par une tempête qui rendit cette nature encore plus magnifique, bien qu'il y eût quelque danger pour le bateau qui était petit et surchargé. C'est précisément dans cette partie du lac que Rousseau lança le bateau de Saint-Preux et de Mme de Wolmar pour y chercher un abri contre la tempête. »

Byron note encore que les collines de Clarens sont couvertes de petits bois, dont l'un est appelé le Bosquet de Julie. Ce bosquet avait été coupé « par l'égoïsme brutal des moines du Saint-Bernard, » à qui appartenait le terrain; ces moines y avaient planté une vigne, « pour satisfaire la misérable fainéantise d'une exécrable superstition. » Rousseau n'a pas eu de chance avec ses paysages : après les moines du Saint-Bernard vint Napoléon Bonaparte qui abattit une partie des rochers de Meillerie pour faire la route du Simplon. Byron fut fâché de voir le décor d'un beau roman sacrifié à l'utilité publique et il n'approuva nullement ceux qui disaient : « La route vaut mieux que les souvenirs. »

Écoutons encore toutes les cloches ; Walter Scott ne partageait pas sur la *Nouvelle Héloïse* l'enthousiasme de son rival heureux :

« Il est évident, écrit-il, que les parties passionnées du roman de Rousseau avaient fait une profonde impression sur les sentiments du noble poète. L'enthousiasme exprimé par Lord Byron n'est pas une petite preuve du pouvoir exercé par Jean-Jacques sur les passions : et, à dire vrai, nous avions besoin d'un pareil témoignage. En effet, malgré la honte d'avouer cette vérité (car, comme le barbier de Midas, il nous faut parler ou mourir), nous n'avons

jamais pu sentir l'intérêt ou découvrir le mérite de cette
œuvre fameuse. Nous admettons volontiers qu'il y a beaucoup d'éloquence dans les lettres; c'est là que gît la force
de Rousseau. Mais ses amants, le célèbre Saint-Preux et
Julie, n'ont absolument pas éveillé notre intérêt, depuis
le premier moment où nous avons entendu ce récit (que
nous nous rappelons bien) jusqu'à l'heure présente. Il peut
y avoir là quelque dureté constitutionnelle de cœur ; car
comme Crab, le chien au cœur de pierre, nos yeux sont
restés secs pendant que tout le monde pleurait autour de
nous. Et même en reprenant le volume, nous voyons
encore maintenant bien peu de chose, dans les amours de
ces deux pédants ennuyeux, qui puisse exciter nos sympathies pour l'un ou pour l'autre. Pour exprimer notre
opinion dans un langage meilleur que le nôtre, nous
avons le malheur de regarder cette fameuse histoire de
galanterie philosophique comme démodée, indélicate,
aigre, sombre, comme un terrible mélange de pédanterie,
d'impudicité, de spéculation métaphysique unies à la plus
grossière sensualité. »

Pauvre *Nouvelle Héloïse !* Par bonheur la passion de
Byron a plus de valeur que la sagesse de Walter Scott.
Quand le poète anglais visita les bords du Léman (septembre 1816), le guide qui lui montra Clarens était plein
de Rousseau, qu'il prenait continuellement pour Saint-
Preux, confondant l'auteur et le héros du livre. Byron ne
se contenta pas d'écrire des lettres sur les paysages que
Jean-Jacques avait célébrés. Il les chanta lui-même en
vers admirables et le premier mot de son fameux sonnet

sur le *Lac de beauté* est le nom de l'auteur bien aimé à qui nous devons Héloïse.

> Rousseau, Voltaire, our Gibbon and de Staël !
> Leman, these names are worthy of thy shore,
> Thy shore, of names like these !

Longtemps après, dans le chant VII de son *Don Juan*, en se défendant contre ses détracteurs, Byron prétendait n'avoir jamais dit autre chose que ce qui avait été dit avant lui par Dante, par Salomon, par Cervantès :

> By Swift, by Machiavel, by Rochefoucauld,
> By Fenelon, by Luther, and by Plato,
> By Tillotson, by Luther, and Rousseau,
> Who knew this life was not worth a potate.
> 'Tis not their fault nor mine, if this be so.

N'oublions pas, enfin, Childe Harold : à Genève et à Clarens, il ne vit que Jean-Jacques :

> ... Lui dont la cendre un jour fut une flamme humaine,
> Lui, fils de cette rive où je passe, exilé,
> Dans l'air limpide et pur que je respire à peine
> Il a puisé la vie et, de gloire affolé,
> Pour saisir ce fantôme il a tout immolé.
>
> Sophiste émancipé se torturant lui-même,
> Apôtre qui tirait de son affliction
> Des torrents d'éloquence, et sur la passion
> Versait à pleines mains l'enchantement suprême !
> C'est ici que Rousseau vit la clarté des cieux ;
> C'est ici que, voilant d'un manteau radieux
> La folie, il couvrit l'erreur de tant de charmes,
> Que l'erreur, en passant, éblouissait les yeux,
> Et les yeux éblouis se remplissaient de larmes.
>
> Il aima : comme l'arbre où s'est heurté l'éclair,
> Il brûlait, dévoré par les flammes de l'air ;

L'amour n'était pour lui que passion fervente.
Il aima, mais non pas une femme vivante,
Ni ces mortes par qui le sommeil est hanté . . .
Ce qu'il aima, ce fut l'idéale beauté :
C'est elle qu'en son cœur on sent frémir et vivre,
Et, malgré le tumulte apparent de son livre,
Elle y répand la joie et la sérénité.

Ce fut un long combat que sa vie âpre et dure :
Que d'ennemis cachés ! que d'amis rebutés !
Car le soupçon rongeait ses esprits agités ;
Car lui-même a choisi, pour sa propre torture
Ceux que sa rage aveugle, étrange, a détestés.
Il s'égara ; Dieu sait quelle mélancolie
Ou quelle infirmité l'abreuva de poison,
Mais il tomba frappé de la pire folie,
Celle que voile encore un masque de raison.

De là vint son génie, et, comme les paroles
De l'antique Pythie en qui vivait un Dieu,
Ses sentences d'oracle ont mis le monde en feu,
Tant qu'au monde il resta des rois et des idoles.
Réveillée à sa voix, la France avec horreur,
Secouant et brisant des chaînes séculaires,
Sentit bondir en elle et rugir ces colères
Dont l'excès suit toujours les excès de terreur.

Ici le poète éclate en imprécations contre les tyrans,
puis il reprend de sa voix la plus douce :

> Clair, placide Léman, comme ton eau dormante
> Contraste avec mon vers tumultueux ! ...

Ecoutons maintenant Childe Harold à Clarens. Il va
fixer dans des vers immortels ce que Byron avait jeté
en courant dans la lettre que nous avons citée :

> Clarens, mon doux Clarens, dans l'amour tu reposes :
> Ton souffle est un soupir d'amants passionnés ;
> Tes arbres dans l'amour semblent enracinés ;
> La neige des glaciers revêt des teintes roses

Quand un rayon l'embrasse à la chute du jour,
Et même les rochers parlent ici d'amour.
Ici l'amour peut fuir les vanités moroses,
Le monde et ses conflits, l'esprit tendre et moqueur
Tour à tour, qui remue et déchire le cœur.

Clarens, dans tes sentiers marchent des pieds sublimes :
C'est l'immortel amour, qui monte dans l'air bleu ;
Il s'élève et son trône a pour degrés des cimes
Où se répand en vie, en lumière, le dieu.
Mais il n'habite pas seulement les abîmes,
Les forêts, les glaciers éblouissants à voir,
Il reluit dans la fleur que frôle son haleine,
Douce brise d'été qui dépasse en pouvoir
Les tourmentes croulant des grands monts dans la plaine.

A lui tout appartient ici : les noirs sapins
Qui sont là-haut, son ombre, et le torrent sauvage
Qu'il écoute mugir sur les gouffres alpins ;
Pour lui descend la vigne en talus au rivage :
La vague y vient baiser ses pieds en l'adorant ;
Pour lui les vieux troncs noirs ont des feuilles nouvelles,
Jeunes comme la joie, et le bois odorant
Fait un désert peuplé pour lui, pour ses fidèles…

On aimerait ici, n'eût-on jamais aimé,
Et si déjà l'on aime, ici l'amour augmente,
Car c'est le calme asile où, fuyant la tourmente
Et le néant du monde, Amour s'est enfermé.
Il ne peut que grandir ou mourir : il décline,
Ou s'élève et s'exalte en transports si joyeux,
Qu'en sa béatitude éternelle et divine,
Il pourrait défier les étoiles des cieux.

N'est-ce que pour donner un décor à ses drames
Que le poète ému trouva ce lieu caché ?
Non, Amour l'eût choisi pour le nid de Psyché.
Où pourraient mieux s'unir et s'épurer deux âmes
Qu'en cette solitude, où tout ce qu'on entend,
L'on voit, où l'on respire est douceur, où le Rhône
Creusa son lit d'azur, où l'alpe a fait son trône
Entre le lac paisible et le ciel éclatant.

Villemain, qui a noté l'un des premiers l'influence de Rousseau sur Byron, regrette qu'elle ait été gâtée dans les ouvrages du poète anglais par un alliage de scepticisme. De là cette poésie mélancolique et pourtant sensuelle, amère sans être sérieuse, empruntant au spectacle de la nature les plus riches couleurs et comme illuminée de cet éclat physique du monde, mais n'y portant pas l'émotion morale qui en serait la grandeur et la vie. « Le génie de Rousseau, dit Villemain, n'en a pas moins une grande part dans les impressions qui ont formé le poétique égoïsme du peintre de *Childe Harold* et de *Lara*. »

Voilà de bien grands noms ; on pourrait ajouter ceux de Fichte, de Hegel, de Dickens, de Thackeray, de vingt autres. Mais il est temps de s'arrêter et de dire posément aux détracteurs : Allons ! mes amis, résignez-vous, votre concitoyen fut un grand maître ; il eut pour admirateurs, sinon pour disciples, les plus puissants penseurs, les plus illustres poètes qui vinrent après lui. Il a laissé une famille spirituelle, une postérité glorieuse ; les fils de sa pensée et de son génie remplacent avantageusement pour nous les enfants de Thérèse qu'il eut le très-grand tort d'abandonner. De tous les citoyens de Genève, il est celui qui a jeté sur son pays le plus d'éclat par la vigueur de son esprit, l'éloquence de sa diction, l'universalité de son influence. Consolez-vous donc d'avoir eu pour compatriote un pareil homme, et pardonnez à l'Université si elle a regardé comme un devoir et comme un honneur de s'incliner devant lui.